JN074417

立ち上げから組織づくりまで

実践
ゼロから
法務！

柴山吉報／官澤康平／深津幸紀／堀切一成／高岸 亘／桑名直樹［編著］

飯田裕子／岩塚知世／橋詰卓司／石渡真維／草原敦夫／高野慎一［著］
長澤　斉／内藤陽子／品川皓亮／齊藤源久／藥師神豪祐

中央経済社

はしがき

　成長過程のスタートアップにとって，法務体制をどのように構築するかは重要な問題である。提供するサービスの適法性を確保し，自社の権利を確保した契約を締結し，適切なガバナンス体制を構築することは，スタートアップの成長の先にある IPO や M&A での Exit のためにも不可欠だからである。

　しかしながら，スタートアップにとって法務体制の構築は容易ではない。これまで法務担当者の採用経験がないスタートアップにおいて，採用候補者の能力の見極め，採用する法務担当者のポジションの決定，採用後の法務担当者のマネジメント等を行うことには困難を伴う。また，採用する法務担当者の能力やキャラクターは，スタートアップの法的リスクをどの程度減らせるかという点に関わるだけでなく，企業全体のカルチャーをも左右しうる。企業の法的リスクに対応するための社内の権限策定や稟議制度等の運用を含むガバナンス体制の構築と，スタートアップの自由なカルチャーは，往々にして両立が難しく，法務担当者次第で企業の雰囲気自体が変わりうるところもあり，その意味でも法務担当者の役割は重要である。

　このように，成長過程のスタートアップにとって，法務体制の構築は非常に重要な課題であるが，この点を主題とした書籍はあまりないように思われる。そこで，本書では，法務体制の構築に悩む担当者の方の参考となるように，法務体制の構築に焦点を当て，直面する課題への対応方法のヒントを得られるように法務体制の構築に関わるさまざまな専門家が執筆を行った（逆にいうと，本書は，資金調達や契約といった具体的な法的論点の解説は目的としていない）。本書は，以下のような課題の解決に資することを目指している。

　・経営者・管理部門の責任者がもつ課題：
　　➤ 1人目の法務担当者を採用したいが，どのようなポジションでどのようなスキルセットの人物を採用すればよいかわからないという課題

> 法務担当者の採用後，当該法務担当者をマネジメントする立場になったが，法的バックグラウンドがないため，法務担当者の目標設定や評価に苦労しているという課題

・1人目の法務担当者として入社した者がもつ課題：

> 1人目の法務担当者としてスタートアップに入社したが，山積する法的課題にどのように手を付けてよいかわからない，という課題

> 法務業務の「仕組み化」，知的財産権を守る取組み，自身のスキルアップなど，一人法務が悩みがちな課題

・人事担当者がもつ課題：

> 法務担当者の採用にあたってスキルや人柄など，どのような要素を重視すべきかという課題

> 具体的にどのようなステップで法務担当者の採用を進めていけばよいかという課題

　なお，本書は法務体制構築の必要性が特に高いことが多いスタートアップを主に想定しているが，スタートアップではない中小企業も本書をお役立ていただけると考えている。

　本書は，2部構成になっている。

　第1部では，スタートアップの法務体制構築の総論的な解説を行う。具体的には，第1章で，主に経営者や管理部門の責任者を想定読者として，法務体制構築時の留意点について説明をしている。次に，第2章で，1人目の法務として入社した法務担当者を想定読者として，一人法務としての業務の特徴や具体的な対応方法について記載した。最後に，第3章・第4章でスタートアップが対応すべき法的課題について，チェックリストを設けて各項目について説明をしている。これは，経営者や管理部門の責任者が法務担当者を採用するか否かの意思決定をする前提として，自社がどの程度法的リスクに対応できているかをチェックすることを想定している（対応できていない箇所が多い場合，法務担当者の採用の必要性が高い）。また，法務担当者が，自社の法的課題を洗い出

すために利用することも可能である。

　第2部では，法務担当者，法務担当役員，管理部門の責任者，法務採用の経験豊富な採用エージェント，スタートアップの法務の支援経験豊富な弁護士等が，上記の課題について解説している。実際に法務体制の構築にさまざまな立場で関わってきた専門家が，それぞれの視点で解説を行っている。なお，それぞれを読み進めると，各執筆者による解説は必ずしも一貫しているわけではない箇所もあることにお気づきになるかもしれない。法務体制の構築に1つの正解があるわけではないため，多様な視点での解説が重要であると考え，あえてそのまま掲載していることをご理解いただければ幸いである。

　本書がスタートアップの法務体制の構築の一助となり，ひいてはスタートアップの成長に少しでも資することができれば幸いである。

2023年3月

執筆者代表

柴山吉報，官澤康平

目　次

第4章　契約書審査の基本とレビューの視点 ――――――― 81

第 1 部

法務体制構築の考え方と視点
～経営層・管理部門責任者・法務それぞれから検討する法務体制構築

第1章

スタートアップにおける法務体制の構築

本章では，法務体制の構築という観点から，法務担当者が0〜数人程度のスタートアップの経営者，管理部門の責任者および法務のマネージャーを想定読者として，企業の規模や実情に応じた適切な法務体制や体制構築時の注意点について解説を行う。

著者はベンチャーキャピタルにおいて多数のスタートアップを投資という目線から見てきた経験を有するほか，外資系コンサルティングファームでの組織支援，大企業の法務部における法務経験を有する弁護士である。

1　はじめに

1人目の法務の採用や採用後のマネジメントは，多くの経営者や管理部門の責任者にとって初めての経験であり，また，法務という専門外の領域のことであることから，困難を伴う。そこで，本章では，経営者や管理部門の責任者が法務組織の構築にあたって直面しうる以下のような項目について，解説を加える。

・どのような法務担当者をどのようなポジションで採用するか
・いつ採用するか
・採用時の考慮要素は何か
・採用後の法務担当者をどうマネジメント・評価するか
・顧問弁護士などの外部のリソースをどのように考えるか

2　どのような法務担当者をどのようなポジションで採用するか

　法務担当者を採用する場合，従業員として雇用するケースが多いが，一口に従業員といっても，肩書や管理部門内での位置づけはさまざまである。また，近年ではCLO（Chief Legal Officer）等の肩書で役員として登用するケースも増えている。どのようなスキルを持った法務担当者をどのようなポジションで採用するかは難しい問題であるが，法務にどのような役割を求めるかという視点と，法的リスクが発見された場合のレポートラインをどのようにするかという視点から，この問題を検討したい[1]。

(1)　法務の役割は何かという視点

　「法務」の役割とは何か？　と聞かれると，契約のレビューなどの法律に関連する問題を扱うことを想像される方が多いであろう。実際，企業における法務の中心的な役割は，事業部門からの法律相談や契約のレビューなどの法律問題を扱うことである。とりわけ大企業では，業務が定型化・専門化されて分化しており，純粋な法務業務のみが法務部に割り当てられることが多い。

　しかしながら，とりわけスタートアップにおいては，法務が果たすべき役割は，これにとどまらない。これは，多くのスタートアップにおいては，管理部門の各担当者の役割は大企業ほど専門化しておらず，かつ，人員も十分とはいえないことに起因する。このような状況下では，法務担当者は，単に「法律問題を処理する人」というだけでなく，法律に「関連する」問題について，本来的な法務の役割ではないような部分も含め，広く扱うことが求められる。例えば，従業員にメンタルヘルス上の問題が生じた場合，大企業であれば人事部門等に専門的知識を有する担当者がおり，ある程度マニュアル化された方針に基づいて対応するが，スタートアップにおいては，人事部門はそこまでの知識や対応方針を有していないことが多い。この場合，人事部門に対応を任せてしま

---

[1]　法務担当者の採用については，第2部「IV-1　1人目の法務担当者採用時のポイント」および「IV-2　1人目法務の採用成功と定着」も参照されたい。

うと，法的に問題がある対応をしてしまう可能性があるし，人事部門として具体的にどのようなアクションを起こすべきなのか全く知見がないことも多い。このような場合，法務としては，人事部門が考えたアクションについて法的に問題がないかについて意見を述べるという「法務的」な受け身の対応ではなく，判例等において過去に問題となったケースを参考に，どのような対応をとると法的に問題がありうるのか，リスクが少ない対応としては具体的にどのようなアクションが考えられるのか，といった積極的な発案や，面談にあたっての留意点の報告，場合によっては面談への同席といった人事部門の業務のサポートも行うことが望ましいことも多いであろう。

　また，スタートアップの法務は，（IPO等を目指すにあたって整備が必要になる）業務分掌規程や職務権限規程の策定といった社内の組織に関する業務を担当し，コンプライアンス体制を確保することが求められるから，会社の組織や体制の構築についてある程度の知見を持つことが求められる。さらに，法務には契約交渉等において一定のバランス感覚や調整力が求められることも多い。このような特性を活かし，法務では，どの部署に持っていくべき事項なのかがわからない，部署間の隙間にこぼれ落ちるようなトピックについて一次的に相談を受け，適切な割り振りを行う，といった役割も担えることが望ましい。

　筆者の経験上，法務がこのような役割を担えているスタートアップは，管理部門と事業部門が良好な関係を築けており，管理部門がしっかり機能していることが多いように思われる。会社によっては，他の担当者がこのような「調整役」を担っていることもあると思うが，いずれにせよ，スタートアップにおいて法務担当者が典型的な受け身の「法務」のみを行う会社は法務が十分に機能していないことが多いように思われる。法務担当者の採用やマネジメントにあたっては，以上のような役割も念頭に置くことが望ましいといえよう。

　さらにいうと，法務担当者が純粋な法務業務だけでなく，一定のバックオフィス業務のマネジメントを行うことも検討に値する。多くのスタートアップでは，CFO（Chief Financial Officer）がバックオフィスのトップを務めていることが多い。会社の「数字」を管理するCFOがバックオフィスのトップを務めることには一定の合理性があるが，実際上は，管理部門のさまざまな雑務や調整をCFO自らが行ってしまっており，「Finance」に専門性があるはずなのに，管理

部門の雑多な業務に忙殺されていることも多いように思われる。法務担当者の能力にもよるので一概にはいえないが，CFOが本来の業務に集中するためにも，管理部門の一定の業務を切り出して分離することもありえ，分離した業務の受け入れ先としてCLO等のポストを置くことも十分に考えられるであろう[2]。

　以上のように，スタートアップにおける「法務」の1つの理想像としては，法律事項を主業務としつつも，バックオフィスの問題を包括的に解決する存在ととらえることもできるように思われる[3]。

(2)　法務からのレポートラインをどうするかという視点

　法務担当者が日々の法務業務の中で把握した法的リスクは，必要に応じて経営陣まで報告・共有される必要がある。この法的リスクのレポートラインをどうするかというのは，法務組織の構築にあたって重要な視点である。一般論としては，法務を重要視している会社ほど，法務のレポートは直接経営者に行う体制となり，法務担当者の役職も，取締役や執行役員等のより直接的に経営に関与するものになることが多い。他方，それほど重要視していない会社は，管理部門の責任者等，経営者以外がレポートラインとなるだろう。これは，自社のビジネスにどの程度の法的リスクが発生するかによっても変わってくる。海外では，社外であれ，社内であれ，多くのスタートアップで頻繁に弁護士を活用しており，経営陣に直接法的リスクをレポートしている例も多い[4]が，これは，日本のスタートアップに比べ，法的リスクを重く見ているという傾向の表

2　CLOの業務については，第2部「II－1　スタートアップにおける法務の体制とマネジメント」および「II－2　READYFORにおける法務組織の立上げ」も参照されたい。
3　このほか，法務の役割を考えるにあたり，内部統制という視点も重要である。この点については，監査役の観点から法務に期待することを解説した第2部「III－3　監査役として法務部に期待するもの」も参照されたい。
4　海外では，ベンチャーキャピタルやスタートアップにとってご用達のローファームが存在し，依頼先や相場がほぼ決まっているどころか，ローファーム自体がベンチャーキャピタルとスタートアップとのマッチングイベントを開催するなど積極的で，エコシステムの重要プレイヤーの1つとなっている。一方，日本では，ローファームはまだ受身の段階にあると評価してよいだろう。

れといえよう。日本のスタートアップでは，CLO採用を含め，弁護士が社内にいる会社はさほど多くない。ただし，例えば，法規制と密接に関連する事業を行っている場合や，センシティブな個人情報を多数取り扱っている場合などは，法的リスクが経営上の重大な危機に直結する可能性があり，経営陣がより直接的にこうした法的リスクを把握すべき場合が多い。また，出資をする側から見ると，CLOが存在するか否かで，その企業に存在する法的リスクについての見え方は大きく異なる。近年，日本のスタートアップでもCLOを置く会社が少しずつ増えているのは，このような背景によるものであろう。

⑶　どのような法務担当者をどのようなポジションで採用するか

　以上を踏まえて，どのような法務担当者をどのようなポジションで採用するかという問いについて検討すると，自社において以下のどの機能まで求めるか，という視点で一定の整理ができるように思われる[5]。

---

① 契約書のレビューや法律相談などの法務業務のコア部分を担う機能
② ①に加え，法務以外の領域も関連するような問題にも適切に対処できる「調整役」としての機能
③ ①②に加え，法的リスクの把握・分析，リスクの大小の分析・対応策の検討，経営陣のレポーティングを行う機能

　法務以外の管理部門が充実しており，①のみを求めるような場合には，一法務担当者として採用することが考えられる。②までを求める場合には，例えば執行役員等の一定の役職で採用することが考えられる。この場合，法的リスクを経営陣にレポートする機能は，当該法務担当者の上長となるCFO等が果たす必要がある。③まで求める場合には，CLO等の役員クラスで採用することが考えられよう。
　逆にいうと，候補者のスキルを見る際にも，①②③のどこまでのスキルがあ

5　各社ごとの事情もあるため，この視点だけで一概に決まるわけではないことには留意されたい。

るのか，という視点で検討することが有用であろう。

3　法務担当者はいつ必要か

⑴　法務の採用が不要なフェーズ

　法務担当者を採用するタイミングについては，単純化して説明するが，事業の性質や Exit 方針等によって異なる場合もあるので留意されたい。

　基本的には，いわゆるシード・アーリーといったフェーズのスタートアップに，従業員としての法務担当者は必要ないことが多い[6]。シード・アーリーといったフェーズでは，ひと月に多数の契約書審査が必要になるなどのまとまった法務の需要はないことが多いため，法務担当者1人を雇用するほどの必要はないことが多いからである。また，これらのフェーズでは，資金調達等の専門的な知識を有する重要な法律問題が散発的に発生することも多いことから，専門的知識を有する外部弁護士をパッチ的に活用することが適している。ここでは，いかに必要な専門性を持った弁護士へのアクセスを確保するかが重要となる。資金に余裕がないスタートアップは，固定費が嵩む弁護士の雇用よりも，外部弁護士活用（業務委託）に伴う，弁護士の変動費化が重要である。変動費化により年に数十〜数百万円の弁護士費用がかかったとしても，結局は安上がりとなり，リーズナブルな投資となる。

　一方で，IPO がある程度視野に入ってきた段階など，企業がある程度成長してきた場合には，法務人材の投入が望ましいことが多いであろう。

⑵　法務の採用が必要になるフェーズ

　レイターに近いスタートアップ，すなわち IPO を目指すスタートアップであれば，当該 IPO 年度の N−2，N−3 の時期に法務人材を投入するのが望まし

6　バイオスタートアップのように研究開発型の場合，本来ならば事業開発と法務と双方ができる人材を雇い，社内発明規程，データ管理体制，さらにはタームシート交渉などができる体制を早期から整えるのがベストだが，残念ながらそのような人材は必ずしも多くなく，採用は非常に難しいと考えてよい。

い[7]。IPO に限らず，M&A による Exit を目指す場合であっても，Exit の 2，3 年前までに法務人材を投入することが望ましいであろう。このタイミングでは，締結する契約や事業部からの法的な相談の数も多くなり，すべてを外部の弁護士に依頼することが現実的ではなくなることが多い。また，スタートアップに往々にして生じる長時間の残業時間などの法的リスクをよい形でソフトランディングさせ，コンプライアンス体制を整備することにもその理由がある。

　スタートアップの宿命ともいえる事象であるが，急成長中のスタートアップは，往々にしてその労働環境がブラックになりがちである。限られたリソースで事業を回すがゆえ，常に人手不足の状態が続き，残業時間も極めて長くなる。文化祭前日のような高揚感が続くとはいえ，身体に溜まった肉体的・精神的疲労は，いつ爆発するかわからない。また，例えば職務発明規程を整備しておらず特許権の帰属に問題があるなど，社内体制が十分でないことから多くの法的リスクを抱えていることも多い。この急成長期における法的リスクの爆発により，労働訴訟等の法的問題を抱え，IPO の阻害要因になることはスタートアップにおいて決して珍しいことではない[8]。IPO や M&A の数年前から法務体制を整えることにより，社内の規定や労働管理を徹底し，このリスクを下げておくことはスタートアップにとってかなり有益な投資となる。

　もっとも，実は，真にスタートアップに法務機能が必要な時期は，スタートアップの創業期であろう。本書の趣旨と外れるので，最低限の記述にとどめるが，創業者株主間契約，資金調達手法，適正な資本構成構築などの事項は，会社の将来に非常に大きな影響を与えうる。したがって，創業期には，社内の法務担当者ではなく，外部の有識者である外部の弁護士にアクセスできるようにしておくことが重要になる。エンジェル投資家やベンチャーキャピタルに株式の異常な割合を異常な価格で持っていかれてしまい，その後の事業継続や資金

7　法務担当者の採用時期については，第 2 部「IV - 2　1 人目法務の採用成功と定着」および「I - 1　IT ベンチャー×一人法務×新米法務」も参照されたい。

8　知的財産やノウハウなどに関連する企業の根幹に関わる重要訴訟でなければ，IPO の阻害にはならないと一般的に考えられているが，東京証券取引所は，昨今の働き方改革の時流を受け，労働問題も含め，訴訟を抱えていることに対して懸念を示す傾向があるように思われる。

調達の実施が著しく困難となり，ゾンビ化しているスタートアップは決して珍しくない。テレビや雑誌，さらには各種ランキングで上位に選出されているような有名なベンチャーキャピタルやエンジェル投資家が相手であっても，全く気は抜けないことを，ここでは強調させていただく。個人的経験によれば，資本政策の面で失敗しているスタートアップは非常に多く，専門家なしに問題のない資本政策を構築するのは非常に困難であると思われる。

4　誰を採用するか

(1)　スキル（理想と現実）

上述のとおり，法務に必要なスキルは，大まかには以下のように分類できるように思われる。

---

①　契約書のレビューや法律相談などの法務業務のコア部分を担うことができる能力
②　法務以外の領域も関連するような問題にも適切に対処できる「調整役」を担うことができる能力
③　法的リスクの把握・分析，リスクの大小の分析・対応策の検討，経営陣のレポーティングを行うことができる能力

ただ，①②③のそれぞれにもさまざまな要素が存在する。法務人材の採用募集における募集要項でよく見られるものは，弁護士相場より安い給料，数年以上の法務経験，英語ができる，コミュニケーション能力が高い，ビジネスにも関心があり挑戦したい意欲などであるが，これらがすべてそろった人材を採用することは非常に難しいことが多く，取捨選択が必要になる。

この点，最低限の法務としての能力に加えて企業側で重視すべき採用基準を1つ挙げるとすると，コミュニケーション能力に尽きるように思われる。なぜなら，多くの法的トラブルの発生原因は，会社内でのコミュニケーション不全

に基づく見落としが大半であり，かつ，その被害のほうが甚大だからである。例えば，営業が契約書を締結せずに取引を進めようとしていたり，さらには契約交渉を途中で放置していたり，さらには法務部を通さない形で，事業部内で法務決裁を通す文化が形成されていたりなどの状況が，大きなトラブルを引き起こすのである。これらのトラブルを防ぐためには，法務が他事業部から信頼され，法務情報を吸い上げるインフォメーションセンターとして機能しなければならない。他事業部からすれば，法務に相談することは，タイムロスになるだけでなく，ビジネスにストップをかける面倒な存在ととらえられがちだが，このインフォメーションセンターとして機能を発揮しなければならない。つまり，長期的にも短期的にも他事業部とのコミュニケーションが円滑な人間のほうが，法務として会社の危機を救う可能性が高いのである。

⑵　採用条件

　特に弁護士資格を有する人材を採用する場合，そういった人材は，その気になればいつでも独立ができ，他企業に移籍することも可能であり，一般のサラリーパーソンよりも高収入を得ることが可能である。一方で，企業は，弁護士有資格者を雇用する際も，人事制度や給与体系を変えることをせず，既存の体系の中で報酬を決めようとするため，条件が一致しないことも多い。

　スタートアップであれば，ストックオプションの付与といったインセンティブ付与により，かかる金銭面の条件のミスマッチを解消することが多いであろう。これに加えて，一点，魅力的な条件提示をできるとすれば副業の許可であろう。

　エンジニアなどの職業と同じように，契約書レビューや社内の管理体制構築等の需要はそれなりに存在する。これまでは，法務担当者が自社の機密性の高い情報を有していること等の懸念から，副業を許さない傾向があったと理解しているが，近年は状況が変わりつつあり，法務担当者の副業を認めている会社も出てきている。例えば，副業を前提とした社内弁護士を集めた法律事務所がいくつか設立されていることに加え，コロナ禍を受け，法務人材同士でバーチャルにつながっているグループは複数存在するようになった。このような中，スポットで互いに依頼をし合うようなケースも出てきており，今後，より増える

ことが予想される。

　副業は，経済的なメリットに加え，法務担当者の能力向上というメリットも大きい。特に法務担当者が会社に 1 人しかいない場合，上長からの指導を受けられる大企業とは異なり，自身の法務スキルをどのように向上させていくかは難しい問題となりうる。副業により，他社の法務担当者と業務を共にすることは，自身の業務を客観的に見つめ直すきっかけとなり，成長にも大きく資する。

　当然，情報管理や労働時間管理等の問題があるため，副業に関するルールを作り，社内で制度化しておくことは前提として不可欠であるが，法務担当者の副業を認めることは採用にあたり 1 つの魅力となると思われる。

　なお，やや応用的な話ではあるが，ある程度スキルがある法務部員がいることを前提に，2 人目以降の採用をする場合には，インターンに代表される教育・体験プログラムの提供も採用の手法として検討に値する。スタートアップにおいても，エンジニア等の職種ではインターンを実施している企業も多いと思われるが，法務については，エンジニアと異なりスタートアップの情報が非常に少ないこともあり，実際に業務を体験してもらうことは採用にあたり大きなアドバンテージになると思われる。

5　法務担当者のマネジメント・評価

(1)　現状の問題点

　これは，法務に限らず，バックオフィス全体を通じていえる悲哀であるが，その業務が強く防御性を帯びるため，プラス方向の評価が行いづらい。また，（これは管理部門全般にいえることではあるが）法務業務は業務の内容が定量評価しづらいことが多い。

　加えて，バックオフィスは全般的にコストセンターであり利益を生まない部署と認識されており，評価者の立場に立ったとしても，どのように評価してよいかわかりにくいという問題がある。これは，マネージャーとして法務を所管するようになった際，必ず直面する事項であり，心にとめておく必要がある。

　法務は，アクセルとブレーキ双方を扱うべきだというのが最近のトレンドだ

が，ブレーキをかけたときを想像してみよう。例えば，ある新規ビジネスの検討において，ある特定機能の違法性が強いと考え，最終決定の段階で，法務が，ビジネス自体にストップをかけたとする。このとき，法務部の意思決定と行動をどのように評価するべきだろうか？　No といえた部分を評価するべきなのか，もしくは，早期から事業部とコミュニケーションを取らず最終決定まで先延ばしにさせてしまったことを問題視するのか。ポイントは，法務が Yes とした際の結果と比較できないことにある。つまり，法務が適切に No という判断を下したとしても，その結果は，永遠に適切に評価されないのである。

　このように，法務は，そもそもとして事業部から嫌われがちな組織であり，かつ，特に評価がしにくい性質があることを理解する必要がある。換言すれば，評価をする際，一定の定性評価が避けられない部署であることを認識する必要がある。

⑵　評価基準

　上述したとおり，そもそも，嫌われ役としての性質が強い法務部員について，誰がどのように評価をするべきなのか。ここは，実は明確なプラクティスがまだ存在していないところであるが，どこに悩み，どこに妥協案を見出しているのか，先人の知恵をいくつかまとめさせていただく。

　法務部の評価形式として最も多い形は，法務部員の管理者層が各法務部員の日頃の業務内容を KPI 化し，定量的な評価へ落とし込むことである。主な KPI 指標は，契約書レビュー数，レビュースピード，法律相談数，各部署からのクレーム数などであろう。これらの要素は，改善すると直接的に事業部門にメリットが生じるものであるから向上するに越したことはないし，定量的な評価が可能であるため，法務業務の品質をわかりやすく示すことができ，有用である。ただ，契約書レビューや法律相談への対応といった，法務のコア部分の業務以外はあまり評価できないという点で問題が生じうるため，その場合には，他の観点からの評価も一定程度踏まえることが望ましい。

　他の方法として，他部署でも実施されることの多い，目標設定とその達成度による評価が考えられる。これにより，法務の枠をよい意味ではみ出した成果についても評価しようという試みである。この評価手法も一定の有用性がある

が，法務的な観点から全社的なオペレーションの改善をしたような場合には評価が難しく，また，日頃の契約書レビューや法律相談業務に割く工数を減少させて全社的なオペレーションの改善を行ったような場合に，法務の基本業務工数の減少をどのように評価するかなど，（法務に限った話ではないが）悩ましい問題がある[9]。

⑶　マネージャーが法務の専門知識を有しないという問題

　以上で述べた評価手法とは別に，一人法務の場合，法務担当者を評価するマネージャーは法務担当ではないため法務の専門知識を有しておらず，適切に評価するのが難しい，という問題もある。

　KPIによる評価手法であっても，目標設定と達成度による評価手法であっても，大元のKPIや設定する目標が適切でなければうまく機能しない。そのため，専門性はなくとも，法務担当者が持つ課題意識や目標について適切に理解しつつ，課題設定が適当でなければ方向を修正させることが重要になる。この点については，1 on 1などで法務担当者の課題意識の理解に努め，十分にコミュニケーションをとるとともに，会社全体の法的リスクの把握と対応の優先順位については，顧問弁護士等の外部の専門家にも意見を聴くことが考えられる。法的課題の把握や対応の優先順位付けといった部分は，検討にあたって法的な知識が不可欠であるから，一定の範囲で外部の専門家のレビューを経ることが有用であろう。

⑷　まとめ

　以上のとおり，法務担当者の評価については，法務業務の特殊性および一人法務の場合に評価者が法的知識を有しないという性質上，困難が伴う。

　まずは，法務担当者と十分にコミュニケーションをとりつつ，顧問弁護士等の外部専門家の意見も踏まえて法的な課題の抽出や優先順位付けを行った上で適切に目標を設定し，可能な限り定量的に評価をすることを試みるのがよいよ

9　法務組織のマネジメントや評価については，第2部「Ⅲ-2　管理部門の責任者の視点から見る法務部門の立上げ」も参照されたい。

うに思われる。その上で，定量的な評価が難しい部分については，課題の重要性を踏まえて個別に評価を検討するほかないように思われる。

　なお，近年では，弁護士がスタートアップで法務以外の役職に就いていたり[10]，戦略コンサルティングファームやベンチャーキャピタルファンドなどで活躍する例も多い。要は，「攻めの法務」をさらに飛び越えて，法律の知識や論理的思考力等を活かして法務以外の業務で活躍しているのである。今後は，スタートアップでも法務以外の業務を行う弁護士（元法務担当者）もいっそう増えると思われる。

6　顧問弁護士などの外部のリソースをどのように考えるか

　スタートアップでは，フルタイムの法務担当者を採用していない企業も多く，かつ，法務担当者がいる場合でも，顧問弁護士等の外部のリソースを多く活用しているケースが多い。ここでは，顧問弁護士などの外部のリソースの利用の仕方について解説する。

(1)　（特に有資格者）法務担当者を採用する場合の顧問弁護士との業務分担イメージ

ア　保健室の先生，大病院の専門医

　社内弁護士の採用を考える経営層の中には，「これで外部弁護士に依頼することはなくなる」とお考えの人もいるかもしれない。法務部を創設するということは，すなわち，弁護士の内製化であり，どんな法的問題にも対応してくれるのが法務部であり，社内弁護士の役割であると考えるのだ。しかしながら，法務部を創設し，さらには社内弁護士を採用した後でさえも，外部弁護士を活用するタイミングは確実に存在する。

　では，社内弁護士を採用する意味は，どこにあるのか？　いろいろな意見があるだろうが，一言でまとめれば，「法務業務の適切な仕分け」ができることにある。もちろん，社内事業に精通し，簡単な契約（例えば，秘密保持契約や各

10　第2部「Ⅳ－1　1人目の法務担当者採用時のポイント」も参照されたい。

種業法に関する法律相談など）に即座に対応してくれるという点ももちろん大きいが，何よりも重要なことは，外部弁護士に依頼すべきリスクが大きい事項を適切にピックアップし，適切な外部弁護士の先生に依頼できる仕分け体制の構築にある。

イメージとしては，会社や学校に所属する医師の先生を想定するとわかりやすい。彼ら彼女らは，日々，所属する組織構成員に対し，簡単な外傷や軽度の体調不良であれば，自分の意思で治療や処方をする一方，重症化の可能性があると判断すれば，専門医が多く所属する大病院へと転院をさせる。同様に，社内弁護士は，簡単なリーガルリスクについては日々の業務の中で解消し続ける一方，重要な案件や慎重になったほうがよい場面においては大手法律事務所などに在籍する外部弁護士への依頼を実施する。何が重大な法的リスクであるかを自分で定義でき，かつ，どの外部弁護士の先生に依頼するべきか，インフォメーションセンターとしても機能できる。これが，社内弁護士の持つ一番の効用である。

イ　顧問契約の相場とその内容

社内法務部が存在したとしても，さらには，いくつかの外部弁護士に依頼する実績があったとしても，特定の法律事務所と顧問契約を締結することはありうる。その理由は，定期的に専門性の高い依頼があることを前提に，会社にとっても弁護士事務所にとっても，単純な業務委託関係以上の長期的な関係性を築く価値があることに他ならない。以下，この価値の具体的な中身と留意点について述べる。

㈠　コミュニケーションコストの減少

顧問契約のメリットにつき，総額でのディスカウントであったり，コンフリクト形成に向けての打ち手であったりを挙げる人も多いだろうが，より本質的には，コミュニケーションの円滑化の効果が一番大きい。ラフな表現をすれば，「こんなこと，弁護士に聞いてもよいだろうか？」という躊躇がなくなり，幅広い相談を企業としては外部弁護士に相談できることが大きいということにある。法務業務の致命傷は，情報共有不足に起因することが多いからである。

大きな問題の火種というものは，何でも最初は小さいものである。その小さ

な火種を早くに摘み取れる可能性を向上させる手段が，顧問契約といってよい
だろう（ゆくゆくは，当該顧問契約は，法務部・社内弁護士の体制と両輪にな
ることが望ましい）。

㈠　価格の大原則は，安かろう，悪かろう

　バックオフィスのコストを抑えることが，経営上重要な関心事であることは
理解する一方，当然のことながら，顧問弁護士などの外部専門家は，報酬に応
じた稼働のみを行うのが通常であることから，あまり安価にすぎる場合には十
分な関与が望めないということも理解が必要である。以前，筆者は，あるスター
トアップ関連会社のデューデリジェンスで契約書・規約類を網羅的に検討した
ことがある。そこの代表は，「弁護士の友人に格安でやってもらっている」と，
ディスカウントしたことを誇っていたが，各種契約や規約がその会社のビジネ
スに即したものになっておらず，大きなリスクを抱えたものになってしまって
いた[11]。当然，企業としては，費用は抑えられるに越したことはないが，当該企
業のビジネスの特殊性を踏まえてカスタマイズされた法的サービスの提供を受
けるためには一定の費用が必要となることには留意が必要であろう。

ウ　業務分担例

　ここまでで，適正フィーの下，顧問弁護士を確保することの重要性は認識し
ていただけただろう。では，最後に，社内に法務部が設立された場合，どのよ
うに顧問弁護士との業務を棲み分けすればよいか，この疑問について回答を試
みたい。実際は，社内法務部の属人的な感覚によって行われることが多いが，
大きくまとめれば，①契約類型，②契約スコープの2つの観点から検討をすれ
ば，一応の定性的な判断になる。

　例えば，秘密保持契約や業務委託契約は，特殊なケースではない限り，単発
で終わるものであり，利害関係者も少ない場合が多い。この場合には，その頻
度が高いことも相まって，原則として社内で検討をするという建付けにするこ

11　企業から少ない予算で契約書の作成を依頼された場合，弁護士が作成する契約書はどう
　しても一般的なものにならざるをえない。それで足りる場合もあるが，企業ごとのビジネス
　の特殊性を踏まえて契約書を作成する必要があることも多いが，その場合には相応のコス
　トを覚悟する必要がある。

とには合理性があろう[12]。

　一方で，共同研究開発契約や公的機関を巻き込んでの大型プロジェクトなど，長期的コミットが前提となる契約の場合には慎重な態度で臨むべきであろう。プロジェクトベースの契約においては利害関係者が多いことが通常で，かつ訴訟に発展する可能性も高まるからである。このような場合には，原則として社内法務部のみならず，外部の顧問弁護士の目を通して，リスクを確認することは，納得性を得やすい線引きであると考えられる。

12　通常の社内意思決定権限は，金額の大きさによって分けられることが多く，かつ，それで十分である。しかしながら，契約レビュー・法律相談においては取引金額と法律難易度が単純に相関しないことが多く，契約類型やステークホルダーの観点から分類をするほうが合理的なことが多い。

第2章

一人法務としての業務対応

法務担当者が企業に1人しかいない場合，その法務担当者(本書では「一人法務」という)は，一企業の法的課題への対応という重要な役割を一手に引き受けることになるため，やりがいは大きい。一方で，一人法務ならではの悩みや苦労も多く，周りに気軽に相談できないこともある。

本章では，初めて法務担当者を採用した一人法務体制の企業，とりわけ成長過程にあるスタートアップを念頭に置いて，一人法務の悩みや苦労の解決に向けた一助となることを志向しつつ，一人法務が担う必要のある業務について解説する。

1　一人法務の業務の特徴

一人法務の業務の特徴としては，主に，対応が求められる法務の領域が広いこと，純粋な「法務業務」以外への対応も求められること，法務組織の基礎を作ることが求められること，の3つを挙げることができる。

(1)　対応が求められる法務の領域が広い

一人法務では，大規模な法務組織を有する企業であれば専門化・分業化して対応する業務を，1人の法務担当者がこなさなければならない。したがって，対応が期待される領域は，日常的な法律相談や契約書のレビューのほか，会社のガバナンス体制構築，株主総会・取締役会の準備・運営，資金調達，業務提携などの重要案件への対応，事業部門の法的リテラシー向上，労務問題への対応，知的財産権を守るための取組みなど，多岐にわたる。

　対応領域が広いという点は，スタートアップの一般的な法務機能の特徴とも類似しているが，1人で対応しなければいけないという点が，一人法務ならではの特徴である。業務量に圧倒されるかもしれないが，すべての領域に完璧に精通して対応することは現実的ではない。実務的には，濃淡をつけて対応をしていくことになる。

　例えば，自社の事業内容およびその事業領域で特に問題になる法分野については深く理解し，原則として自ら対応できるようにスキルを身につけておき，それ以外の業務分野については，最低限，法的な問題点を発見できる程度の知識を身につけておくということが考えられる。理想としては，すべて1人で対応できることが望ましいところではあるが，法的な問題を「発見」することさえできれば，自分で解決まではできなくとも，専門家等と連携することにより，問題解決に向けた動きができるからである[1]。

⑵　純粋な「法務業務」以外への対応も求められる

　スタートアップでは大企業ほど組織が整備されておらず，各役職員の役割が固定化されていないことも多い。そのような中で，一人法務が淡々と「法務」の業務を遂行しているだけでは事業部門がその結果を活用できず，価値を感じてもらえないことも多い。例えば，事業部門の担当者が契約に不慣れな場合には，契約書を修正するだけではなく，その修正を取引相手に受け入れてもらうための交渉シナリオを考え，説明資料を作成することもある。単に契約書の修正といった「法務業務」を提供するという法務の視点を超えて，事業部門の立場に立ち，その抱えている「課題」の解決を共に考えていく必要がある。

　また，人事制度の検討や登記手続のための司法書士との連携など，「典型的な法務業務ではないものの，法律の知識がないと対応できない社内の課題」への対応を求められる場合も多い。しかも，問題点が煮詰まっていない状態で，ざっくりとした相談という形で法務に持ち込まれることもある。このような点は，法務の役割が明確に決まっていることが多い大企業と比較した場合の一人法務

1　具体的なケースにおける法務業務の範囲や一人法務の取組み方については，第2部「I-3　一人法務中毒から脱却せよ」も参照されたい。

の特徴といえよう。

　このような場合に，法的観点から意見を述べるだけなのか，検討すべき論点の洗い出し，社内におけるタスクの割り当て，専門家への相談といった全体的な課題解決に向けたスケジュールや進捗を管理するといったプロジェクトマネジメントもできるのかによって，一人法務の存在感は大きく変わってくるであろう。

⑶　法務組織の基礎作り

　企業は順調にいけば規模が拡大していき，それに伴って法務も組織化されていく。したがって，一人法務は，今後組織化される法務の基礎を構築する役割を担う必要がある。

　組織を作っていくという観点からは，法務業務が属人化しないように意識することが重要である。例えば，過去の法務への相談とその回答や契約書のレビュー過程については，後から入社した法務担当者も参照できることが望ましい。また，サービス立上げの際に検討した法的論点を記録したり，締結済みの契約書の検索性を確保して容易に事後的に参照できるように整えたりすることなども重要である。一人法務の段階で基礎ができていない場合，人数が増えてきた時に仕組み化するために多大な労力を割かなければならなくなる。

　近時「ナレッジ・マネジメント」が注目を集めているが，一人法務による組織作りもナレッジ・マネジメントの一環といえる。安定的な法務組織の基礎を作るためには，法務への相談フローを整えつつ，ワークフローシステムや契約書管理のシステムを導入して電子化を進めることなどが必要になる。

2　具体的な業務と一人法務の特徴を踏まえた対応

　前述のとおり，一人法務の場合，大規模な法務組織であれば分業することをすべて1人で行わなければならないため，対応が求められる法務の領域は広い。大企業の法務部でも対応する内容もあると思うが，本項では，筆者の一人法務としての経験に基づき，以下の業務について，一人法務の特徴を踏まえてどのような対応をしているのか説明していく。あくまで筆者の経験に基づくものに

はなるが，第2部のさまざまな法務担当者や法務と関わりのある方の解説とあわせて，自社の特質に即した法務機能を作り上げるための参考としていただきたい。

---

① 法律相談・契約書レビュー依頼への対応
② 契約書レビュー・締結プロセスの定型化・効率化
③ 会社のガバナンス体制構築
④ 株主総会・取締役会の準備・運営
⑤ 資金調達，業務提携などの重要案件への対応
⑥ 労務分野の対応
⑦ 事業部門の法的スキル向上のための取組み
⑧ 知的財産に関する取組み

---

(1)　法律相談・契約書レビュー依頼への対応

　事業部門からの日常的な法律相談や，契約書のレビュー依頼といった業務は，法務業務の中でも中心的な業務になる。専門家等と連携するかどうかについては，相談内容によるところであるが，事業に密接に関わる法分野や日常的な法律相談には可能な限り自分で回答できるようになることが望ましい。

　個々の法律相談の内容は会社や事業ごとに大きく異なり，また，契約書レビューを行う際の視点については(2)で述べるため，本項では具体的な法律相談の内容や契約書レビューの方法には立ち入らず，業務の前提として，一人法務でも対応できるように筆者が行っているルール作りの方法を説明したい。また，法律相談・契約書レビュー依頼への対応といった日常的な業務を行うにあたって一人法務として特に意識している点についても述べる。

ア　日常的な法務業務遂行のためのルール作りの方法

　これまで法務の専任の担当者がいなかった企業では，法務部門への法律相談のフローが決まっていないことが多い。そのため，以下のような事態が生じうる。

> ・相談方法の不統一：相談や契約書レビューの依頼が，メール，社内のチャット
> 　ツールのダイレクトメッセージやチャンネル，口頭など，さまざまな方法で行
> 　われる
> ・意思決定権者が曖昧：契約条件や方針について，最終的に誰が意思決定をする
> 　のかが明確でない
> ・法律相談の必要性の認識の欠如：本来相談が必要なことについて相談がなされ
> 　ない
> ・ナレッジの非蓄積：同じ質問が何度も繰り返される

　こうした事態を防ぐためには，法律相談や契約書レビュー依頼時のルールを作る必要がある。ルール作りにあたっては以下のような観点が有益であり，筆者が実践しているところである[2]。

(ア)　法律相談のルールを決めること

　まず，法律相談については，相談内容の管理を容易にしておくために，法務への相談方法のルールを決めることになる。例えば，社内チャットツールで法務のグループを作り，守秘性が高くない相談についてはそのグループで相談を行い，ダイレクトメッセージでの相談は制限するといった方法を決めることが考えられる。また，「相談の背景」「相談者が問題であると考えていること」「相談者が回答を求めている事項」「その他」といった，相談時に記載が必要な項目をあらかじめ定めておくことも有用である[3]。

(イ)　契約書レビューのルールを決める

①　依頼方法

　契約書レビュー依頼についても，法律相談と同様に依頼方法を一本化させることが望ましい。また，契約書レビューの場合には，自社と相手方の修正の往復が何度も続くこともありうるため，こうした修正の記録を見やすい形で残しておくことが必要であるし，誰が承認して契約を締結したのかも明確にしてお

2　このような「ルール作り」の具体例については，第2部「Ⅰ-2　一人法務のための法務
　業務の『仕組み化』」において具体的な解説がなされているので，参照されたい。
3　項目を設ける場合，相談内容によってはそもそも相談者がどのように記載すればよいか
　わからないこともあるため，その場合には柔軟な対応が必要となる。

く必要がある。そこで，契約書レビューについては，ワークフローシステムと呼ばれるような，システム上で審査過程や承認の記録を残しておくことができるツールを導入することも検討に値する。

② レビューの要否

一口に契約書といっても，自社のひな型そのままに締結する契約，自社のひな型を修正して締結する契約，相手方から提示されて締結する契約，利用規約に同意する形での契約，定型化された契約など，さまざまなものがありうる。

このうち，自社のひな型が修正された場合や相手方から提示されて締結する契約については法務担当者による審査の必要性が大きいが，自社のひな型そのままに締結する契約については審査の必要性は小さい。また，定型化された契約の1つである雇用契約についても，給与等の条件以外は定型化されているのが通常であり，法務の審査を経ずに締結されるのが通常である。利用規約については，変更が認められないことも多く，すべてを法務が審査すると負担が著しく重くなる一方で，自社の情報を契約相手が不当に広い範囲で利用できる規定があるものなどもあり，すべて確認が不要とすることも適切ではない。

そこで，例えば以下のようなルールを設けることが考えられる。

・自社ひな型を変更せずに締結する契約には法務審査は不要
・定型化された契約も法務審査は不要であるが，責任者（雇用契約であれば人事責任者）が契約条件について確認する
・利用規約のような契約内容の変更が期待できないものに同意する形で締結する契約は，年間○円以下の契約については原則として法務審査は不要とする。ただし，自社の○○に関する情報を開示する場合，個人情報を開示する場合，○○の場合には審査を必要とする。また，担当者は必ず利用規約を確認しなければならず，不明点があれば法務に相談することとする

---

③ レビュー依頼時に記載すべき項目

契約書レビューの要否のルールに加え，法律相談の依頼と同様に，契約書レビュー依頼時に記載すべき項目を指定しておくことも考えられる。例えば，秘密保持契約（NDA）の審査時においては，自社が開示する情報の種類と相手方

から開示を受ける情報の種類，開示対象となる情報に個人情報が含まれるかなど，定型的に確認が必要な事項が存在する。このような事項について，レビュー依頼時に必ず記載するようにルール化することも考えられる。ワークフローシステムにおいて，レビュー依頼の申請時にこのような情報を記入する欄を設けておけば，スムーズに情報を取得することができる。

㋒　ルールの周知等

　作成したルールは，事業部門に十分に周知する必要がある。例えば，社内のポータルサイトがある場合には，そのサイトの直下に法務の情報提供のページを作成して案内することが考えられる。

　また，事業部門から質問が多い事項については，FAQ などを作成し，事業部門に周知することも理解の促進につながる。

　なお，新しいルールというのは，従業員からすると「面倒ごと」が増えることを意味するので，興味をもって内容を確認してもらうことはあまり期待できない。一度全体にアナウンスして終わりではなく，折を見て繰り返し周知することも重要である。

㋓　ルールの見直し・規程の整備

　以上のように，ルールを作るメリットは大きい。一方で，あまり細かくルールを定めてしまうと，相談のハードルを上げてしまうことにもなりかねない。ルール作成後，事業部門の反応を見ながら，定期的に改善していくことが必要である。なお，契約の締結時に誰が承認をするかといったことは，単に法務内のルールとして定めるだけでは足りず，職務権限規程等の社内規程として定める必要がある。こうした社内規程の整備が十分でない場合には，規程類の整備の優先度を上げて対応すべきであろう。

イ　日常的な法務業務を行うにあたっての一人法務としての意識

㋐　業務スピード

　スタートアップでは，意思決定の迅速性が特に重視されることが多い。また，事業部門としては法務の検討がどのくらいで完了するのかによって，その後のスケジュールや顧客への説明が変わってくる。したがって，法務業務の迅速化を図ること，および法務の検討に要する時間の予測可能性を高めることが重要

である。

　一人法務の場合には，法務リソースが限られている以上，迅速化には限界もあるため，法務の検討に要する時間についての予測可能性を高めておくことが特に重要になる。法務に相談や契約書のレビュー依頼があった場合の標準処理期間などを定めておくことに加え，個別の案件において検討に要する期間の目途を伝えること，社内の依頼者と密にコミュニケーションをとり，緊急性の高い案件は個別に優先的に対応するということも，意識的に行うことが重要である。

(イ)　事業部門が判断しやすいように心がける

　法律相談に対する回答については，事業部門が判断しやすいように気をつける必要がある。具体的には，事業部門側に判断を仰ぐ際には，法解釈レベルではなく事実レベルに落として判断を仰ぐこと，自社のビジネスを前提としたレベルまで落とすことが重要である。例えば，自社ひな型の損害賠償責任の上限を定める規定が相手方から削除されて提案された場合に，「損害賠償責任の上限が削除されているので，受け入れ可能かご判断ください」では，事業部門が受け入れ可能か判断できない。社内の法務は顧問弁護士と違い，自社のビジネスを理解した上でのアドバイスが求められるから，「損害賠償の上限が削除されています。今回の契約ですと，懸念される一番のリスクは○○の事態が生じたときに○○の損害を請求されることです。それを前提に，相手方との関係なども踏まえて受け入れ可能かご判断ください」といった形で，ビジネス上の問題として判断できる内容に落とし込むようなコメントをすべきである。

(ウ)　検討過程を記録に残しておく

　事業部門から法務への相談は，過去の相談と似た内容が繰り返し相談されることも多い。そこで，法務への相談とそれに対する回答は記録に残しておき，法務として一貫性のある回答をすることが望ましい。また，将来的に法務担当者が増員する場合に備えるという観点からも，過去の法務としての回答や判断過程は記録化しておく必要がある。したがって，顧問弁護士に相談した内容等についても，相談内容と得られた回答については簡単にまとめて記録に残しておくことが有用である。

⑵　契約書レビュー・締結プロセスの仕組み化・効率化

　一人法務の重要な役割の1つとして，将来的な法務機能の拡大に備え，属人化した「法務担当者」ではなく，組織としての「法務」の土台を作ることを挙げることができる。そのためには，法務業務を「仕組み化」し，かつ業務を効率化しておくことが求められる。この観点からは，⑴のルール作りのほか，契約書レビューや締結プロセスの仕組み化・効率化といったことが必要になる。

ア　契約書レビューの定型化・効率化

　法務業務の属人化の排除や効率化のためには，契約審査をできるだけ定型化することが有益である。具体的には，以下のような取組みが考えられる。

・よく使う契約類型についてはひな型を整備すること
・整備したひな型の重要な条件について，どこまで譲歩できるかを決めておくこと
・よく使う契約条項について，各条項をテンプレート化して管理しておくこと

　1点目についてはいわずもがなではあるが，自社のビジネス上不可欠な契約については，ひな型を整備しておく必要がある。

　2点目については，整備したひな型を契約の相手方に提案した際，相手方から修正を求められる箇所はある程度共通していることが多い。そのため，頻繁に修正を求められる箇所について，あらかじめ事業部門の責任者等と協議し，修正方針を決めておくことがありうる。例えば，Webサービスを提供する会社であれば，サービスの提供に関する契約に，自社の責任を軽減するためのさまざまな規定を置いていることが通常であるが，相手方からするとすべては受け入れられず，大幅に修正を求められることも多い。このようなケースで，例えば，「○○についての免責事項については修正を求められれば譲歩しうるが，損害賠償責任の上限を定める規定については譲歩しない」といった方針を定めておくと，個別のケースで事業部門の担当者とすり合わせをする時間を減らすこ

とができるほか，法務としても統一的な対応ができ，ケースごとに対応がまちまちになってしまうという事態を避けることができる。

　3点目については，例えば，秘密保持条項や反社会的勢力排除に関する条項など，ある程度どの契約にも共通して使える条項について，条項ごとに自社のテンプレートを準備しておくという対応である。そうすることで，過去の契約から必要な条項を探し出し，コピー＆ペーストして必要に応じて修正するといった作業を減らすことができ，法務としても統一的な対応をすることが可能になる。

イ　契約締結プロセスの電子化

　契約締結のプロセスは，大まかにいうと，契約書のレビュー・稟議手続→契約の締結→締結済みの契約の管理，という過程に分解することができる。契約締結業務の仕組み化・効率化のためには，これらの一連の過程のすべてを電子化することが重要である。

　まず，契約書のレビュー・稟議手続については，上述したとおり，ワークフローシステムを導入することで電子化をすることが可能である。契約書のレビュー・稟議手続を電子化することで，契約の締結までのレビューや社内の検討過程が記録として残り，それらの記録は容易に検索可能になる。これにより，例えば2人目の法務担当者を採用した場合に，当該法務担当者が過去の契約における交渉方針などを参照することが可能になるなど，法務内の方向性のずれを防ぎ，統一的な対応を行うことが可能になる。

　次に，契約の締結については，電子化するためには電子契約システムを導入することが考えられる。電子契約は新型コロナウイルス流行の影響で出社が困難になったことをきっかけに企業で導入が進んだ。普及する以前は，契約書のレビュー・稟議と締結済み契約書の管理は電子化できても，肝心の締結の部分が電子化できず，法務業務のデジタル化の大きな障害となっていた。電子契約の導入により，契約締結プロセスの全体の電子化が可能になり，以下のようなメリットを享受できるようになった。

・**締結済み契約の管理の容易化**：電子契約を利用した場合，締結済みの契約の原本は電子ファイル（多くは PDF ファイル）となる。したがって，原本をそのまま保存することで締結済み契約書の管理の電子化も可能になる。また，契約書の内容を検索することも容易になるため，例えば「競業」というワードで検索をかけることで競業避止義務を負う契約の検索が可能になり，締結済みの契約の管理が容易になる

・**契約締結までの期間の短縮**：紙の契約書により契約を締結する場合，契約の締結には双方当事者の押印が必要であることから，契約内容について合意に至ってから契約を締結するまでに1週間程度要するのが通常である。これに対し，電子契約の場合には，締結に1，2日しか要しない。事業部門からすると，契約締結に要する時間を数日短縮できることは非常に大きなことである

・**契約締結に関する業務の工数削減**：契約書の製本，押印，郵送作業，締結済み契約書のファイリングなどの作業が不要になり，契約締結に関する業務の工数を大幅に削減できる

・**印紙代の削減**：電子契約により締結した契約は，印紙の貼付が不要であると解されていることから，印紙額の検討に要する工数や印紙代を削減することができる

　以上のように，電子契約導入のメリットは大きいが，留意すべき点も多い。本書ではこの点について詳述はしないが，以下のような点に留意しつつ，法的リスクを十分に検討し，当該リスクを最小化した上で電子契約を導入すべきである。

・**契約締結権限者**：紙の契約書の場合，締結には押印が必要であり，社内で押印できる者は限られているのに対し，電子契約は，メールアドレスに紐づいて契約の締結ができてしまう。したがって，契約の相手方（実際に契約締結行為を行う担当者）が契約締結権限を有していなかったという事態が生じないよう，必要な措置を講じる必要がある

・**アカウントの管理**：電子契約がメールアドレスに紐づいて契約の締結ができてしまうということは，自社の営業担当者等が，必要な社内の稟議手続を経ずに契約を締結してしまうリスクがあることも意味する。かかるリスクに対応するためには，印章を印章管理規程で管理するのと同じように，電子契約について

も契約を締結するアカウントの管理責任者等を定める規程を策定・運用すべきである

・**電子帳簿保存法の規制**：電子契約システムを用いて締結した契約は，電磁的に作成されているため，電子帳簿保存法の規制が及びうる。管理時に正確性の保持および検索性の確保等の観点から一定の義務が定められているため，この点に対応する必要がある

・**電子契約の利用に制限がある類型**：法令の中には，書面で契約の締結等を行うことを原則としているものがある。例えば，下請法は3条書面の電子化に下請事業者の承諾を必要としている。また，労働条件通知書は，労働者が電子化を希望していることを条件としている。近年の法改正により，書面での契約締結を要求する法令は減少する傾向にあるが，このような書面を原則とした法令に留意する必要がある

　最後に，締結済みの契約の管理についても，電子化を進めておくことが望ましい。具体的には，締結したすべての契約について，契約当事者・契約締結日・契約名などを一覧化した台帳を作成するとともに，契約書をPDFファイルの形で保存しておくことが重要である。また，契約書のファイルを保存する際には，ファイル名について一定のルールを作り，容易に検索できるようにしておくことが望ましい。例えば「年月日_契約名_契約相手方名」というファイル名にするというルールを作り，2022年8月4日に株式会社XXXと締結した秘密保持契約書について「20220804_秘密保持契約書_株式会社XXX」というファイル名にする，といったイメージである。

　なお，電子化した契約の管理にあたっては，閲覧権限についても検討することが必要である。全契約を全従業員が閲覧できる状態は情報管理の観点から好ましくなく，場合によっては契約の秘密保持条項にも違反しうる。閲覧権限を法務や管理部門に限定するのも一案ではあるが，そうすると，事業部門から「○○社との契約を確認したい」といった要望があった場合に，法務担当者が逐一契約を探して個別に送信するといった作業が必要になる。契約書をフォルダに分け，フォルダごとに閲覧権限を設定するといった対応もあるであろう。また，契約書管理のためのリーガルテックサービスでは，契約書ごとに閲覧権限を設定できる機能がついているものもあるので，このようなサービスを利用しても

よい。

　また，電子契約を用いて締結した契約を電子ファイルの形で管理するのは容易であるが，電子契約を導入した場合であっても，やはり紙の契約書を利用せざるをえない場合もあり，すべての契約について電子契約を利用するのは困難である。この場合，面倒ではあるが，紙の契約書については，原本を紙で保管するとともに，電子化も行うことが望ましい。これにより，契約書を電子化して一元的に管理できるようになるからである。なお，一元化という観点からは，過去に締結した契約書についても，（少なくとも過去数年に遡って）すべて電子化することが望ましい。契約書の電子化作業を代行するサービスも存在するため，必要に応じてこのようなサービスの利用を検討することも一案であろう。

⑶　会社のガバナンス体制構築

　「ガバナンス」という言葉に含まれる事項は幅広いが，法務を採用したばかりのスタートアップに求められるものとして特に重要なのは，社内の権限や諸手続の策定およびそれを反映した社内規程の整備と，契約締結時において遵守すべき法令の遵守体制の確立である。社内規程の策定や運用管理等は法務のみで行うことではなく，管理部門の他の担当者や経営陣などと協力して行う必要があるが，法務が果たすべき役割は非常に大きい。

ア　社内の権限や諸手続の策定・社内規程の整備
⑺　必要な規程等

　社内の意思決定や業務を適切に行うためには，社内の権限や諸手続を定める必要がある。

　まず，会社としての基本事項や事業上の重要な意思決定を行う会議体に関するルールが必要である。例えば，株主総会・取締役会といった機関について，運営上のルールや付議事項等を定める必要がある。また，適切に内部統制やコンプライアンス遵守体制が機能しているかを常に確認していく必要もある。具体的には，取締役会規程，経営会議規程，内部統制基本方針，内部監査規程，コンプライアンス規程および規程管理規程といった規程が設けられていることが多いであろう。

　次に，社内の組織体制や各組織・役職の権限について定める必要がある。企業がどのような組織から成り立っていて，各役職者がどのような権限を有するかを定めておかないと，誰が意思決定を行うべきかが明らかでないからである。また，意思決定を具体的にどのような手続で行うかといったことも定める必要がある。具体的には，組織規程，業務分掌規程，職務権限規程および稟議規程といった規程が設けられていることが多い。

　以上のように，会社の基本事項や組織，意思決定の手続を定めた上で，個別の業務を適正に行うためのルールを定める必要がある。例えば，経理や財務に関連する業務として，経理業務，予算の管理，販売管理，購買管理，与信管理，棚卸資産管理，債権管理等の業務が挙げられる。また，知的財産権の管理や職務発明のルールなども定めておくことが望ましい。

　これとは別に，人事・労務関連のルールの整備も重要である。就業規則や給与規程といった基本的なものはほとんどの会社に存在しているが，人事考課については明確なルールが存在していないような企業は多い。全従業員を創業者兼代表者自身が評価できるような規模であれば大きな問題も生じないかもしれないが，組織が大きくなると，ルール化した上で公正に評価をする必要があるため，人事考課に関する規程を作成する必要がある。また，例えば，明確なルールはないが福利厚生的なサポートが存在している場合には，組織が大きくなるとサポートを十分に受けている従業員と受けていない従業員が出てくるなど，取扱いに不公平が生じるおそれがあることから，明確にルール化しておくことが望ましい。さらに，出張の場合に誰の承認が必要か，宿泊費用は1泊いくらまで認められるのかといったことも不公平が起こりやすく，定めておく必要がある。加えて，セクハラやパワハラなど従業員間でのトラブルが起こる場合も想定し，ハラスメントに関する規程や，内部通報に関する規程を置くことも必要である。

　その他に，情報セキュリティや情報管理，個人情報の取扱いに関するルールや，契約書などの文書の管理，会社の印章の管理を決める印章管理規程，反社会的勢力の排除に関する規程など，さまざまな規程が必要になりうる。

(イ)　規程の運用
　以上のように，策定すべき社内規程は実はかなり多い。自社の現状の運用を

洗い出し，運用を最大限尊重した上で，修正が必要な点は修正して規程に落とし込む作業はかなり大変である。IPO を目指して主幹事証券会社を選定して準備を進めている場合には証券会社のアドバイスを受けることも可能であるが，その他にも顧問弁護士等の専門家に相談するなどして，法務が割くリソースをできるだけ小さくする工夫も必要である。また，同業他社や同じような企業の法務に知り合いがいれば，（開示してもらえる範囲で）他社の運用を聞くことが非常に有益である。一人法務の場合，自社内に相談相手がいない分，同じような境遇にある他社の法務担当者とのネットワークが非常に重要になる。

　また，規程の策定だけでなく，運用にも苦労は多い。当初策定した規程は，実態に応じて見直しが必要になることも多い。また，運用面で特に重要なのは，従業員に規程の内容を理解して，守ってもらうことである。規程策定時および改定時に従業員に周知する業務フローを作り，かつ，従業員がアクセスしやすい場所に規程を置いておく必要がある。なお，従業員は（おそらく法務担当者が思っているよりもずっと）規程等の社内ルールに無関心であり，規程を案内しても見てくれないことが多い。わかりやすく伝えることと，特に重要なことは折を見て繰り返し発信するなど，根気強く対応することが必要になる。また，そもそも論として，社内の諸手続がルール化されることについて拒否反応を示されることも多い。スタートアップにいる従業員は，自由な社風やその企業ならではのカルチャーが好きで当該企業に所属していることも多く，社内規程の整備により「大企業化」していくことに拒否感を覚えるのはある意味で仕方のないことではある。規程を策定し，守らせる側の法務としては，規程の周知の際に形式的に規程の内容を案内するだけでなく，規程の必要性や当該規程が会社のカルチャーを壊すものではないことなどを伝えることが重要である。この点は非常に重要で，重要な規程については経営陣からも説明してもらうなど，発信の方法にも気を遣い，従業員の感情に十分に配慮した対応を行うべきである。

(ウ)　規程の管理

　以上に加え，意外と重要（かつ面倒）なのが，規程の管理である。これは社内規程に限ったことではなく，取締役会議事録など重要な資料すべてにいえることであるが，資金調達時のデューデリジェンス（DD）や IPO の審査時には，

一定の重要な資料をすべて提出することが求められる。提出に時間がかかってしまうと資金調達等のスケジュールに遅れが生じうるし，提出した内容に不備があるとそれがリスクとしてとらえられ，また出資時の表明保証条項などで不利な内容の条項が課されうるなど，不利益が大きい。

　したがって，社内規程については，対外的に資料として提出する可能性があるものであるということも念頭に，少なくとも以下のような管理を行っておくべきである。

・最新版だけでなく，過去の規程もデータで管理しておく
・規程の一覧と，規程の改定履歴・改定日時を記録に残しておく
・規程を改定したときのタスク（最新版の格納先のフォルダ，旧バージョンの格納先のフォルダ，規程一覧への改定日の記載など）を決めておき，規程の改定時に毎回必ず実施するようにする

イ　契約締結時の法令遵守体制の確立

　契約締結の際に注意すべき法令は契約類型ごとに異なり，多数存在するところであるが，資金調達時の DD や IPO の審査等において確認されることが多いトピックとして，下請法と個人情報保護法の遵守がある。これらは，個々の契約締結時に法務担当者が意識すれば足りるものではなく，検討すべき事項に漏れがないかのチェック体制を構築することが重要になるため，ここで簡単に解説する。

㈦　下請法

　下請法で留意すべき点については，第3章において簡単に解説するが，下請法を遵守するための業務フローの改善という観点からは，特に以下の点が重要である。

・下請法の適用対象となる契約を抽出すること
・下請法において，書面で交付すべきとされている事項を契約書に記載しておくこと

> ・支払遅延等，下請法上禁止されていることに該当しないようにすること

　1点目は，取引の内容と資本金の金額がわかれば適用の有無を判断することができる。例えば，契約のレビューについてワークフローシステムを使って申請させる場合には，自社が役務等を提供する側か，提供される側か／提供される側の場合，提供を受ける役務等の内容は何か／契約相手の資本金額，を記載する欄を設けておけば，法務の側で下請法の適用の有無を判断できる。

　2点目については，契約書のひな型作成の際に必要事項を網羅する形で作成しておけばよい。必要事項と合わせて，該当する条文やガイドラインなどの記載も吹き出しコメントの形で残しておくと，作成者以外の者が見た時にわかりやすいし，相手方から契約を提示された場合にも対照して漏れがないかのチェックを行いやすくなる。

　3点目については，返品や代金減額などのイレギュラーな対応をする場合には法務に相談するような体制を作ることと，意識せずに違反してしまう事態を防ぐことが重要である。後者については，特に支払遅延の禁止に留意すべきである。すなわち，下請法上，下請事業者に対する代金は，給付を受領した日（役務の提供を受けた日）の60日以内に支払わなければならないとされている。ここで注意すべきは，検収完了日ではなく受領日を基準に起算されるという点である。したがって，例えば検収完了日を基準に，月末締め翌月末払いという条件で契約を締結した場合，この契約自体はただちに下請法に違反するものではないが，受領日と検収完了日が月をまたいだ場合には，下請法が禁止する支払遅延に該当する。例えば，3月30日に給付を受領し，4月3日に検収が完了した場合，支払がなされるのは5月末日になるが，3月30日を基準にすると60日を超えてしまうので，支払遅延に該当するのである。したがって，このような場合，月をまたいで検収しないようにする，支払サイトを短くするといった対応が必要になり，法務としては事業部門に注意喚起をする必要がある。

(ｲ)　個人情報保護法

　個人データの受け渡しが発生する場合には，個人情報保護法の遵守が必要になる。すなわち，個人データを第三者に提供し，または受領する場合には，原

則として一定の事項の確認・記録義務が課せられる。また，個人データの取扱いを第三者に委託する場合には，委託先の監督義務が生じる。

　これらの義務を履行するためには，かかる個人情報の提供の根拠となる契約の審査時に，個人データの受け渡しの有無を確認し，当該受け渡しがどのような根拠によるのか（本人の同意を得て行う提供か，委託に基づくものか等）を確認し，必要に応じて記録の作成や，委託先の監督（個人情報の取扱方法等について定めた覚書を締結するとともに，委託先の個人情報の取扱状況について一定の調査を行うのが一般的な対応であろう）を行う必要がある。

　したがって，前提として，契約の締結前に，個人データの受け渡しがあるものについて，法務担当者において漏れなく検知する必要があるのである。例えば，契約のレビューについてワークフローシステムを使って申請させる場合には，申請時に個人情報の受け渡しの有無に関する回答を必須にしておくことが考えられる。

(4)　会社の意思決定の適法性確保

　会社が行う意思決定のうち，重要なものは株主総会や取締役会等の会議体で行われることになる。そのような意思決定の手続にミスがあると影響が大きいため，意思決定の適法性を確保することは法務の重要な役割である。この点については，第3章において詳述するが，法務としては以下の観点が重要になる。

- ・必要的記載事項を漏れなく記載した議事録を作成すること
- ・会議の前に決議事項を確認し，特別利害関係人の有無等を確認し，特別利害関係人がいる場合には，議長が適法に会議を進行できるよう，事前にすり合わせておくこと
- ・株主間契約や取締役会規程等により，法律上は決議事項ではなくとも，取締役会等での決議や株主の承諾・株主との事前協議が必要な事項がありうるため，かかる事項を取りまとめておき，手続の遺漏がないようにすること
- ・取締役会や株主総会で決議や報告等を行った事項については一覧でまとめておき，過去の決議事項等をすぐに確認できるようにしておくこと
- ・取締役会議事録をデータ化し，日付順に整理しておき，提出を求められた場合にはすぐに提出できるようにしておくこと

　1点目から3点目については，意思決定の適法性を確保するために，意思決定の過程や手続をサポートするために必要なことである。特にスタートアップの場合，株主間契約で多くの事項が事前協議事項や事前承認事項とされていることが通常である。事前協議事項は，一定期間を置いて協議の機会を設ける必要があるのが通常であるし，事前承認事項も，株主によっては意思決定に相当の時間を要する場合も多いため，手続に漏れがないよう，意思決定前に余裕をもって法務が必要な手続をチェックする体制を築いておく必要がある。

　4，5点目については，意思決定の適法性を事後的に検証しやすくしておくという観点から重要なことである。特に，スタートアップの場合，資金調達時のDDやIPOの審査時に，過去の決議事項の一覧と当該決議事項に係る議事録の提出を求められることが多いため，わかりやすく整理をしておくことが重要になる。

⑸　資金調達，業務提携などの重要案件への対応

　スタートアップでは，事業の成長のために，資金調達や大手企業との業務提携等が重要になることが多い。他方，一人法務の法務担当者からすると，これらの案件への対応は専門性が必要とされる上に，日常の法務業務が忙しく対応が難しい側面もある。したがって，対応を外部の弁護士に依頼することも多いであろう。

　ただし，外部の弁護士に依頼をする場合であっても，契約相手方とのやりとりや社内の説明，外部の弁護士のコントロール，期限管理等は自ら行う必要がある点には注意が必要である。外部弁護士任せにせず，自らが主体となって案件をコントロールし，その中で一部を切り出して外部弁護士等の専門家に依頼するという認識が重要になる。また，外部の弁護士に依頼する場合には，どこまでを依頼できるのかを確認しておくことが望ましい。依頼事項は契約書の修正やコメント等に限られることが多いが，交渉方針等についてのアドバイスや，取締役会等の関連する書類の作成，必要となる登記手続等についての司法書士との連携，スケジュール管理なども依頼できる場合があるからである。

⑥ 労務分野の対応

　スタートアップでは，労務関係のトラブルが生じることも珍しくない。残業代の請求などの労務関係のリスクの有無は，資金調達やIPOなどでは非常に重視されるポイントであり，早期に問題を発見して是正しておくことが必要になる。また，個別の労務紛争が生じそうな場合にも，早い段階で法務が関与して対応を検討する必要がある。法務担当者としては，労務関係の問題の洗い出し・是正を行い，個別の問題に丁寧に対応していくことが重要である。

ア　労務関係の問題点の洗い出し，是正
㋐　問題点の洗い出し
　スタートアップでは，労働時間の管理等について十分に対応できておらず，労務関係の問題点を多数抱えていることも多い。もっとも，具体的にどのような問題が生じているかを把握できていないことも多いため，まずは労務全体の問題点の有無・内容について全社的な調査を行い，問題点の洗い出しをすることが必要となる。問題点を洗い出す際には，社会保険労務士事務所や法律事務所等によって提供されている労務DD等のサービスを活用することが考えられる。調査範囲や内容にもよるが，数十万円程度で，労務上の問題点を洗い出し，問題点ごとの対応の方向性や対応の緊急性・重要度などが記載された報告書を作成してもらえる。
㋑　問題点の是正
　問題点の洗い出しを行った後は，問題点の是正を行う必要がある。例えば，労働時間管理が不適切であるという指摘を受けた場合には，労働時間の管理方法を見直す必要がある。労働時間の管理は，原則として，以下の2つの要件を満たしている必要がある。

---

① 使用者が，自ら現認することにより確認し，適正に記録すること
② タイムカード，ICカード，パソコンの使用時間の記録等の客観的な記録を基礎として確認し，適正に記録すること

　ただし，このような対応が難しい場合，自己申告制を基礎としつつ，従業員への十分な説明，必要に応じた実態調査を実施し，当該調査に基づく所要の労働時間の補正等によって，労働時間を適切に把握することが求められる[4]。近時はリモート勤務を導入している企業も多く，その場合にはオフィスでのタイムカードやオフィスの入退出時間による労働時間の管理だけでは対応できない。そのような場合には，自己申告制を導入した上で，パソコンのログイン時間などによって実態調査を実施することが必要となる。

　このような労務問題の検討は，法務や労務だけでなく，IT 部門や総務部門などさまざまな部門が共同して取り組む必要がある。例えば，上述の労働時間管理の問題であれば，実態調査の実施のためには，IT 部門が管理するパソコンのログイン情報を取得し，それを労務担当者が従業員の自己申告の労働時間と突合し，一定以上の乖離がある従業員については管理部門の責任者に報告し，管理部門の責任者が調査を行い，問題のある従業員がいれば当該従業員の上長に報告するといった形で，IT・労務・管理・各事業部門等が連携して対応する必要がある。したがって，労働時間の管理体制を構築する際には，各部門の負担が大きくないか，各部門が無理なく運用できるかを確認しつつ，法的に問題がない形で構築する必要がある。法務担当者としては，制度全体を検証しつつ，例えば他社の事例などもリサーチした上で一定のたたき台を作って各部門と調整するなど，果たすべき役割は大きいであろう。

　また，前提として，それぞれの問題点の是正について誰が何をするのか，問題点ごとの是正の責任者を誰にするのか，期限はいつまでにするかといった，役割分担や期限設定，期限に間に合うように是正が進んでいるかの管理等の是正プロジェクト全体のマネジメントを行うことが必要になる。このようなマネジメントを誰が行うかは企業ごとに異なりうるが，役割分担等に法的知識が必要なことも多く，法務担当者が適任であることも多いであろう。

---

[4]　厚生労働省「労働時間の適正な把握のために使用者が講ずべき措置に関するガイドライン」（平成29年 1 月20日策定）参照。

イ 個別の問題への対応

スタートアップは，人数が少ない分，採用した従業員のスキル等がマッチしなかった場合の影響が大きく，これが原因で労務トラブルに発展することも多い。また，スタートアップでは，勤務年数が比較的短く人の流動性が高いことも多いが，転職先が競業企業であったような場合にはトラブルが発生する場合もある。

法務担当者は，こうした労務関係のトラブルについても対応が求められる。労務関係のトラブルでは，できるだけ早い段階で相談に来てもらい，トラブルの芽を早期に摘んでおくことが重要である。例えば，従業員の能力や態度等に問題があった場合，試用期間中と試用期間終了後では状況やとりうる手段が異なりうることもある。他方，労務関係の問題は，労務・人事内部で閉じてしまい，法務になかなか相談が来ないといったことも多い。また，相談先が法務ではなく社会保険労務士であることも多い。法務としては，紛争に発展しうる場合には法務のほうが相談先として適していることを説明し，人事・労務担当者から気軽に相談を受けられる関係を構築しておくことが重要になる。

また，労務のトラブルは，事前の対応である程度防げることもある。例えば，競業避止義務違反については，退職と競業先への転職が決まった後では解決が難しいが，入社時や昇格時に競業避止義務について説明し，誓約書を差し入れてもらう運用にしておけば，従業員が競業避止義務を認識し，競業先への転職といった事態を減らすことが可能である。このように，労務関係のトラブルは，起こったトラブルを踏まえて，トラブルの予防のために何らかの措置を講じることが重要になることも多い点には留意が必要である。

(7) 事業部門の法的スキル向上

事業部門の従業員の法的スキルを向上させることは，法令遵守に資するだけでなく，契約に関する業務をスムーズに行うためにも重要である。法的スキル向上のためには，社内勉強会や社内セミナーを開催することが考えられる。特に，以下の2つの内容について実施の必要性が高いことが多いであろう。

> ・事業に特に関連する法令の基礎知識の解説
> ・契約の交渉や締結時の基本的な留意事項の解説

　1点目については，例えば個人情報を扱うビジネスであれば個人情報保護法，消費者向けのサービスで景品表示法上問題となりうるようなキャンペーンや広告を行っているようなビジネスであれば景品表示法といった形で，ビジネスごとに重要な法令を解説することが考えられる。この際，一般的な法令の解説ではなく，例えば，自社のビジネスに即した形で過去に問題となったケースなども織り交ぜながら解説をすることが望ましい。

　2点目については，初歩的な内容を中心に，契約締結に関する自社のルールや法務としてお願いしたいことを伝えることが重要になる。具体的には，以下のような項目が考えられるであろう。

> ・契約締結に必要な社内手続の説明
> ・自社の一定の情報を開示する前に必ず NDA を締結すること
> ・契約の話になったらまずは自社のひな型を提案すること
> ・自社の契約書のひな型の基本的な内容，特に重要な点（権利や責任など）の解説
> ・委託をする場合の留意点（偽装請負，下請法等）
> ・電子契約を利用する場合の自社のルールの説明

　契約内容の説明の際には，過去の他社から提案を受けた他社のひな型を示しながら，「仮にこの内容の契約を締結してしまったらどのような不利益があるか」といったことを説明する等，リスクを具体的にイメージできる形で説明することが望ましい。

　以上のような社内勉強会は，実施時点で在籍する従業員だけでなく，新しく入ってくる従業員にも受講させる必要性が高い。そこで，例えば勉強会を録画しておき，入社時のオンボーディング資料に含めておくことなどが考えられる

であろう。

⑻　知的財産に関する取組み

　やや応用的になるが，知的財産権に関する取組みも重要である。スタートアップにおいても，自社のコアとなる技術を守ることは重要であるが，知的財産の担当者を置くまでの余裕がない企業は多いであろう。その場合，知的財産の保護に関しても法務担当者が果たすべき役割は大きい。

　まず，大前提として，自社が保有・出願している知的財産権が何で，（特に特許の場合）どういった内容のもので，どういったステータスか（出願を行っただけなのか，登録まで完了しているのか等）を把握し，適切に管理する必要がある。このような情報も，資金調達やIPOなどの場面において必ず聞かれる事項であるから，常に整理をしておくことが重要である。

　また，自社が特許を保有している場合には，その事実を対外的にアピールすることにより技術力の評価の向上などが見込める。そのためには，事業部門の営業などの担当者に，自社が保有する特許について理解してもらうべく，情報を提供することが必要である。

　また，社内の情報を営業秘密や限定提供データとして保護するために，社内の情報管理体制を整備することも必要になりうる。

　以上の点は，すでに有している知的財産権の管理についての話であるが，これから特許権をはじめとする知的財産権を取得すること，そのための知的財産戦略を立案することも，自社の技術保護の観点から重要である。また，競合他社が有している特許権の内容を検討することで，他社の特許権を侵害することを防ぐような取組みも必要である。こうした活動については，項目を改めて本章の最後に概要を解説する。

3　一人法務としての研鑽

　これまで述べてきたとおり，一人法務として対応すべき業務や，意識しなければいけないポイントは多く存在する。さまざまな業務に対応するにあたっては，自分自身の法的スキルを高め，また，関連する法改正等の情報をキャッチ

アップしていくことが必要である⁵。

　一人法務であっても，業務を通じてスキルの向上やキャッチアップは可能ではある。もっとも，法務担当者が1人であるがゆえに社内の他の法務担当者の業務を見て学んだり，情報交換をしたりといったことができないため，やはり業務の中で学んでいくことには一定の限界はあることも事実である。

　そのため，一人法務としては意識的に外部からの情報に触れるよう努めることが重要となる。具体的には，同じような境遇にある他社の法務担当者とつながり，私的な勉強会を開催すること等が考えられる。法務系のコミュニティもいくつか存在するので，そうしたコミュニティに所属することも考えられる。

　また，手軽な方法として，法改正等の情報を積極的に発信している人のSNSのアカウントをフォローすることによって情報をキャッチアップすることも考えられる。

　外部弁護士との関わり方も，自身の成長につながる契機となりうる。顧問弁護士に相談する際に，可能な限り自分でも検討した上で，自分の意見を添えて相談し，自分の意見についてフィードバックをもらうことも考えられる。また，契約書等の作成を依頼する場合も，余裕があればドラフトは自分で行うことも推奨される。そうすることで，ドキュメント作成能力の向上につなげることができるし，ドキュメントの修正された箇所を見ることで，次からどのような点に気をつけてドラフトすべきかを学ぶことができる。こうした作業の繰り返しが法務のアウトプットの品質向上につながるのである。顧問弁護士に対し，このような自身のスキルアップの助けとなるような役割を期待する場合，顧問弁護士とは，電話やWeb会議等で気軽に相談できるようにしておくほか，場合によってはSlack等の自社のチャットツールを使って相談できる体制を整えておくことも検討すべきであろう（逆にいうと，そうした対応をしてくれる弁護士を顧問弁護士として選定することが望ましいといえる）。

5　一人法務の法的スキル向上や，法改正等の情報のキャッチアップについては，第2部「I－1　ITベンチャー×一人法務×新米法務」で実践的な内容が解説されているので，参照されたい。

4　社内での法務のあり方

　一人法務は，社内には自分以外に法務担当者がいないため，自己の所属する部署（通常は管理系の部署であると思われる）の中の他の分野の担当者との関わり方や，自己の所属する部署以外の事業部門との関わり方が難しい場合もある。ここでは，筆者の経験を踏まえ，事業部門や管理部門内の各担当者との関わり方について，重要と思うポイントについて簡単に解説する。

(1)　事業部門との関わり方

　法務に来る相談や契約書のレビュー依頼の多くは，事業部門からのものである。その意味で，事業部門は法務担当者の「クライアント」であるといえる。したがって，クライアントに満足してもらうために，法務への相談のハードルを下げるとともに，ビジネスを助けてくれる存在として認識してもらい，「困ったことがあれば法務に相談しよう」と思ってもらえるようにしなければならない。そのために特に重要なポイントとして，以下の3つを挙げることができる。

---

①　ビジネスへの理解を深めること
②　法務が何をしているのかを認識してもらい，法務を身近に感じてもらうこと
③　法務がビジネスを止める存在ではないことを認識してもらうこと

---

　①に関しては，当然のことではあるが自社のビジネスを深く理解することが重要である。通常は，入社時に各事業について説明を受けることができると思うが，それに加え，例えば社内のコミュニケーションをチャットツールで行っている場合には，事業部門用のチャンネルに招待してもらったり，事業部門の定例ミーティングにオブザーブ参加させてもらったりすることも，事業部門の実際の業務や課題を知るために有益であろう。

　②に関しては，法務としての情報発信が重要である。特に，法務が1人しかいないような企業の場合，事業部門の従業員は法務との接点があまりなく，法

務の業務のイメージができないために，何をどのタイミングで法務に相談して
よいかがわかっていないことも多い。法務としてのオフィシャルな情報発信の
ほか，雑談等の中で法務としてどういったことを考えているのか，どういった
ことに頭を悩ませているのか，といったことを積極的に発信・共有し，法務が
何をしているのか，何をしたいと思っているのかを知ってもらうことが重要で
ある。また，事業部門の責任者や，顧客との契約交渉の窓口となる担当者など
のキーパーソンとは，意識してコミュニケーションを増やし，気軽に相談でき
る関係を築くことも重要である。

　③に関しては，すでに述べたとおりであるが，事業部門に判断を仰ぐ際には
事実レベルにまで落として判断を仰ぐこと，法務としての意見を添えること，
「不可」という回答の場合には可能な限り代替案をあわせて提案すること等が重
要である。例えば，事業部門が行おうとしていることが法に反する可能性が高
い場合，「違法と判断される可能性があるので止めてください」という回答では
なく，「○○という事実関係の下では違法と判断される可能性が高いです。違法
となった場合，○○というリスクがあり，このリスクは重大であるため法務と
してはこの件は止めるべきと考えます。ただ，○○という部分を××に変えれ
ば適法に行いうると考えていますが，このような方法で進めることは難しいで
しょうか」といった形で回答を行うことが考えられる。

⑵　管理部門内での関わり方

　一人法務の場合，「法務部」といった組織は存在せず，法務機能は管理部門の
一部となっているのが通常である。このような場合，管理部門の中で法務担当
者が何を行うのかはある程度自分で裁量をもって決めることができる場合が多
い。他方で，管理部門の他の担当者と調整すべき事項も多い。調整にあたり重
要なポイントとして，以下の3つを挙げることができるように思われる。

---

① 典型的な法務以外の領域も積極的に行う
② 役割分担を明確にする
③ 法務の課題，法務としての活動計画，実績をしっかりと説明する

①については，スタートアップでは十分な人員がいないことも多く，その中で典型的な「法務」だけを行っていてはあまり価値を感じてもらえないことも多い。そのため，法務以外の領域に関われることもスタートアップの法務担当者の醍醐味であると思って，法務の周辺領域も積極的に関与することが望ましいことが多い。例えば，労働時間の管理体制を刷新しようとする場合，「法務」としては，誰かが策定した管理体制について，法的に問題ないかという観点からレビューすれば足りる。しかし，労働時間の管理体制の構築の段階である程度法的な知識が必要になるし，2⑹で述べたとおり，ITや労務の担当者も巻き込んだ調整が必要になる問題であり，かかる問題に対応できる適任者がいないこともありうる。そのような場合には，法務として体制の構築にも積極的に関与し，各担当者との調整を買って出ることも十分にありうるように思われる。このように，スタートアップでは，誰も担当者がいない「隙間」の領域が存在しうるため，その隙間が法務に近い場合には，積極的に対応することが求められるのである。

②については，①と同様の観点で，複数の担当者が協力して業務を進める場合に，「隙間」が生じうるため，これを防ぐために相互の役割分担を明確にしておくことが重要である。

③については，特に上長との関係で重要である。法務をマネジメントする上長（管理部門の責任者やCFOであることが多いであろう）は，法務の専門家ではないが，法務をマネジメントし，経営陣との関係では，法務をマネジメントする立場として企業の法的課題や今後の法務の活動計画等について説明する義務を負っている。また，法務担当者の業務を評価すべき立場にある。したがって，法務担当者としては，自社の法的課題が何か，なぜそれが課題なのか，それぞれの課題の緊急性はどの程度か，いつ・どのように課題に対応する予定なのか，当該対応によってどの程度の効果があるのかといった事項を上長に報告し，また状況を常に可視化しておく必要がある。また，課題に対応したことによる効果は，（難しいこともあるが，可能な限り）定性的にではなく，定量的に示すことが望ましい。例えば，電子契約を導入した場合に，「電子契約を導入したことで法務業務が効率化されました」という報告では，上長は導入の効果がどの程度か理解できないかもしれない。他方，「電子契約を導入したことによ

り，契約締結までに平均で約10日ほどかかっていたところを，平均で約1.5日まで短縮できました。これにより，先方と契約内容について合意してからサービス提供に着手するまでの期間が平均約8.5日も短縮されました。また，紙の契約では総務担当者が契約締結までに１通平均30分ほどの作成時間を要していたところを，電子契約の導入により５分程度に短縮できました。月間の電子契約締結による契約締結数は100通なので，25分×100通の業務量削減が実現できました。また，１カ月当たり約○円要していた印紙代が５割ほど削減できました」といった形で報告すると，そのインパクトの大きさが容易に理解できる。また，事業部門にも大きなメリットが生じているため，上長が経営陣に報告した際にも高く評価されうる。このように，法務担当の上長がいる場合と異なり，一人法務の場合には，法務の業務についての説明に一定の労力を要しうることに留意が必要である。

5　スタートアップが行うべき知的財産についての取組み

⑴　はじめに

　スタートアップでは，自社のビジネスのコアとなる技術等について，知的財産権で保護すべき必要性が高いが，特にアーリーステージのスタートアップでは，知的財産権についての取組みが不十分なことが多い。そこで，一人法務として入社した法務担当者は，知的財産権についての取組みを推進することも重要な課題である。しかしながら，知的財産権の保護は純粋な法務業務とはやや異なるため，法務担当者としても何をすればよいかがわからないことも多いように思われる。そこで，スタートアップが知的財産権に関して行うべき取組みについて簡単に解説する。ここでの解説の目的は，スタートアップが，自社の知的財産を守るために「いつ，何をすべきか」のイメージを持つことである。したがって，知的財産権の知識の解説は最小限にとどめ，行うべきことにフォーカスして解説する。

　なお，「いつ，何をすべきか」は各社の事業の内容によって変わってくることに留意されたい。例えば，一般的には創業後医療・バイオ系のベンチャー企業

においては，創薬などの特に特許の取得が重要なビジネスが多く，創業段階から特許を積極的に取得する必要が高いことが多い。他方，提供するサービスによっては，技術自体はあまり新しいものではない場合もあり，特許の取得が必ずしも創業段階では不要である場合もある。ここでの解説をもとに，各社の事業内容に応じた対応を検討することが肝要である。

⑵　知的財産権とは

「知的財産権」とは知的創造活動によって生み出されたものを，創作した人の財産として保護するための制度である。知的財産権とは多数の権利や制度の総称である。例えば，特許権，著作権，商標権，意匠権，回路配置利用権，育成者権といったものが知的財産権として挙げられる。そのほか，「営業秘密」や「限定提供データ」といった情報を保護する制度が不正競争防止法に定められているなど，知的財産を保護するための制度もいくつか存在する。ここではまず，主な知的財産権の概要を解説する。

ア　特許権

特許権は「発明」を保護する制度である。特許権を取得するためには，特許を出願し，登録される必要がある。特許権を侵害したことを理由として多額の損害賠償請求がされる訴訟がニュースになることも多く，自社の技術を守るために重要な権利であることは広く知られていると思われる。他方で，出願に比較的高額な費用を要し，社内に特許についての知識を持っている人材が少ないスタートアップでは，十分に特許権についての取組みができていない会社も多い。

イ　商標権

商標権は主に「ブランド」を保護する制度である。例えば会社名や会社のロゴ，サービス名などを競合他社に使用されないためには，商標として登録しておく必要がある。

【図表1-2-1】　特許権，商標権，意匠権，実用新案権の例

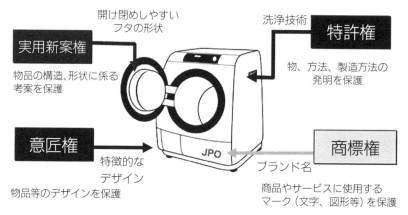

出典：特許庁「知的財産権制度入門」（2022年度）11頁

ウ　意匠権

　意匠権は，主に「デザイン」を保護する制度である。スタートアップでは，意匠権の登録をしている会社は必ずしも多くないとも思われるが，重要なデザインについては，意匠として登録しておくことも考えられる。

エ　著作権

　著作権は，「創作」を保護する制度である。例えば，小説やキャラクターの絵，写真，プログラムのソースコードなどが著作権により保護される。著作権の大きな特徴は，出願や登録が不要で，創作性があればただちに著作権が発生するということである。SaaSのサービスを提供するスタートアップでは，サービスを構成するプログラムのソースコードなどが特に問題になりうる。主にシステムの開発などを委託・受託する際の契約の場面で問題になることが多いため，この点は第4章で触れる。

オ　営業秘密・限定提供データ

　営業秘密と限定提供データは，不正競争防止法に基づき，主に「情報」を保護する制度である。一定の管理体制の下で管理している情報について，第三者

に使用された場合に差止めや損害賠償などを求めることができる制度である。

⑶　自社の技術やノウハウを守るために行うべきこと

ここでは，特に特許権に焦点を当て，自社の技術やノウハウを守るために行うべきことを解説する。

ア　特許の出願（攻めの特許戦略）
㋐　出願のための体制
特許について行うべきこととしてまず思い浮かぶのは，弁理士に依頼して特許権を出願・登録することであろう。これにより，自社固有の重要な技術やノウハウを守ることができる。ただ，自社固有の重要な技術やノウハウを守るための手段は，必ずしも特許の出願だけではない。特許は，「発明の内容を公にするが，権利によってこれを保護する」という方法であるが，「発明の内容を自社内で秘密として持っておく」ということも考えられるのである（本書では詳しく扱わないが，このような秘密として保護すべき情報やデータを「営業秘密」「限定提供データ」として保護するのが，不正競争防止法である）。

したがって，そもそも特許出願をするのかどうかという問題はあるが，そうした問題を検討する前提として，自社のコアとなる技術やノウハウを具体的に洗い出して，その後とるべき方針について弁理士や弁護士に相談をする場を設ける必要がある。

自社のコア技術の洗い出しは，法務ではなく技術者が主体となって行うが，特許について十分な知識のない技術者はどのような観点で技術を洗い出せばよいかがわからないのが通常である。そこで，法務担当者は，例えば同業他社が有する特許を紹介するなどして，具体的にどのような着眼点で特許権の出願をするのかを技術者にインプットすることが求められる場合が多いであろう。

また，特許権の出願には1件につき数十万円から100万円程度の費用が必要である。また，コアとなる技術については，1件出願すればよいというわけではなく，コア技術の周辺部分を含めて複数の特許権を出願すべき場合も多い。したがって，特許権の出願を行う場合，相応の予算を確保しておく必要がある。かかる予算の確保は経営陣が意思決定すべきことが多いと思われるが，意思決

【図表1−2−2】　特許出願の際の役割分担

	経営陣	技術者	法務
自社のコアとなる技術分野の決定，予算確保	◎	○	△
保護すべき具体的技術やノウハウの洗い出し	△	◎	○
社内メンバーの特許制度の理解促進，弁理士とのやりとり，プロジェクト主導	△	△	◎

定の前提として，自社における特許の重要性の説明は法務が行うべきことが多いであろう。

　また，出願の検討を進める場合，社内で技術者等のメンバーを集めて検討チームを立ち上げ，当該メンバーに特許の基礎知識を説明し，その後の弁理士とのやりとりの窓口となる等の検討プロジェクトの主導は法務が行うことが期待されることもあると思われる。

　したがって，具体的には，【図表1−2−2】のとおり，経営陣・技術者・法務が連携して動く必要がある。

(イ)　出願の効果

　特許権を出願，取得する効果は，自社の権利を守るということだけではなく，次のような効果も期待できる。

①　対外的なイメージの向上

　特許を出願することで，自社の技術の強みやそれを守る体制が構築できていることをアピールしやすくなる。スタートアップの場合，特許の出願状況は資金調達やIPOの際に必ず聞かれることであり，その観点からも非常に重要である。

②　権利を守るという意識の醸成

　特許を出願する前は，経営陣や技術者において，特許というもののイメージが湧かず，権利意識も低いことが多い。一度出願を経験することによって，どういったものが特許化できるかのイメージを持つことができ，普段の開発等に臨む意識が大きく変わり，その後のさらなる権利化につながることが少なくない（逆にいうと，経営陣や法務担当者は，特許出願したことを社内で周知し，発明者を表彰するなどして特許出願に積極的に取り組む姿勢を見せるとともに，

技術者を中心とした従業員の特許への取組みのインセンティブを高めることが重要である）。

　なお，以上のような効果を享受するために，出願した特許については，「どういう技術を出願しているのか」ということを言語化し，少なくとも経営陣や当該技術に関連するサービスを担当する従業員がすぐにこれを説明できる状況になっていることが非常に重要である。特許を出願して終わりではなく，こうした周知活動も重要であることに留意が必要である。

イ　他社の特許の調査（守りの特許戦略）

　自社が特許出願の検討をするということは，競合他社も同様に特許の出願を検討している可能性が高い。そこで，競合他社の特許の出願状況を調査し，競合他社の特許戦略を分析するとともに，自社が他社の特許権を侵害していないかを確認することも重要である。具体的には，弁理士に対し，一定の技術領域で出願されている特許権の調査を依頼することが考えられる。

　ここで注意すべきは，弁理士からの調査結果が出たからといってそれでリスクが洗い出されるわけではないという点である。弁理士の調査は，一定の技術領域で出願されている特許を，重要性やリスクの大きさのランクなどをつけて列挙したレポートの形で提出されることが多い。重要なのはその先で，列挙された特許が自社にどのような影響があるか，すでに侵害しているものはないか，今後の開発ロードマップの進行を妨げることはないかといったものを１つひとつ確認していかなければならない。面倒な作業ではあるが，技術者・法務・弁理士の三者で時間を確保して検証する必要がある。また，検証結果は経営陣も把握しておく必要があるため，検証結果を整理した上で経営陣に報告することも必要である。ここまでして初めて特許調査が意味を持つが，実際には特許調査を行ったきりになっているケースも多く見受けられるため，このようなことにならないよう注意が必要である。

⑷　職務発明規程の整備

　以上とは毛色が異なるが，非常に重要なのが職務発明規程の整備である。従業員が業務の一環として発明を行った場合，特許法は以下のようなルールを設

けている。

- 原則として，当該発明の特許を受ける権利は発明を行った従業員に帰属する。ただし，会社は無償の通常実施権（特許発明を実施できる権利）を付与される
- 例外として，会社は，あらかじめ使用者等が特許を受ける権利を取得すること等を取り決めておくことができ，このような取り決めをした場合，当該発明の特許を受ける権利は会社に帰属する。ただし，この場合，会社は従業員に「相当の対価」を支払わなければならない

したがって，会社が特許を受ける権利を取得するためには，職務発明についてのルールを定めておく必要がある。スタートアップの多くは，就業規則等で「使用者等が特許を受ける権利を取得すること」を定めていることは多いが，「相当の利益」の支払については定めていないことが多い。この場合，従業員が発明をしたときには，会社の従業員に対する債務が残っていることになってしまう。そこで，職務発明規程を制定し，発明をした場合の手続や「相当の対価」の算定方法などを定めておく必要があるのである。

第 3 章

法務対応チェックリスト

本章では，スタートアップ企業からの相談も多数手がける弁護士が，法
務担当者を採用する前の会社でも活用可能なツールとして作成した「法務
対応チェックリスト」について解説する。紙幅の関係で細かな解説はして
いないが，法務担当者がいる場合はもちろん，いない場合の会社の法務業
務の一助として活用していただくことを想定している。また，法務担当者
がまだいないスタートアップ企業において，自社に法務のニーズがどの程
度あるのかを測定し，法務担当者の採用について検討いただくツールとし
ても利用されたい。

1　法務対応チェックリストの活用

　第1章では法務体制の構築，第2章では一人法務としての法務対応について
述べてきたが，会社の規模や時期によっては法務担当者を採用することが難し
いという実態もある。法務担当者を採用する前の段階では，法務分野に十分な
専門性のない管理部門の人員や，場合によっては創業者自らが法務に関する業
務を行わなければならないこともある。本章は，そうした場面を想定し，法務
を専門としない方が自社の法務機能について最低限の対応を行えるよう，ス
タートアップや中小企業においてよく問題になる以下の①から⑦の7つの項目
について，確認すべき点についてのチェックリストを用意した。

① 基本的なコーポレートドキュメント
② 株主総会の手続

③　取締役会の手続
④　事業の適法性
⑤　知財管理
⑥　労務管理
⑦　契約書管理／レビュー体制

2以下ではチェックリストとその概要について説明する[1]。

2　基本的なコーポレートドキュメントのチェックリスト

(1)　チェックリスト

①　登　記
□　会社に関するどのような事項について登記手続が必要になるかを理解しているか。
□　登記事項の変更が必要な場合，期限までに登記申請が行われているか。
□　最新の登記事項を証明する書類をいつでも提出でき，また，過去の登記申請時の資料をいつでも参照できるように適切に資料を管理しているか。

②　定　款
□　定款の内容が，法令に違反していないか。
□　会社に関するどのような事項について定款に記載する必要があるかを理解しているか。
□　定款の変更が必要な場合，定款変更のための手続が適切に履践されているか。
□　最新の定款を，会社に備え置いているか。
□　変更された内容が最新の定款に反映されているか。

③　株主名簿／新株予約権原簿
□　株主名簿を作成し，保管しているか。

---

[1]　なお，法務担当者が対応すべき項目や，項目ごとに確認すべき事項は無数に存在するが，チェックリストは，基本的な項目について，特に意識してほしい内容のみをまとめる形としている。また，本章では，法務の観点から検討すべきポイントを理解してもらうことに主眼を置いているため，詳細な解説は行っていない。チェックリストに関する自社の対応状況が不十分であると感じる場合や，チェックリストの内容についてより深く知りたい場合には，脚注で紹介するような他の実務書や基本書を含む書籍などを通じた専門的な知識の習得，法務担当者の採用，外部の弁護士への相談を検討する1つの契機としていただきたい。

□　株主の変更があった場合，株主名簿の記載を更新しているか。
□　新株予約権を発行している場合，新株予約権原簿を作成し，保管しているか。
□　新株予約権者の変更があった場合，新株予約権原簿の記載を更新しているか。

④　**議事録**
□　株主総会の議事録を作成しているか。
□　取締役会の議事録・取締役決定書を作成しているか。
□　経営会議など，会社の重要な会議体の議事録を作成しているか。
□　外部から議事録の提出を求められた場合に備えて，議事録を整理しているか。

⑤　**社内規程**
□　社内規程を一覧化しているか。
□　社内規程の最新版が整理されているか。
□　社内規程が従業員に周知され，従業員が簡単にアクセスできる状態にあるか。
□　社内規程の改定履歴等が管理されているか。

⑥　**株主との契約**
□　会社が株主との間で締結している契約の一覧が存在するか。
□　会社が株主との間で締結している契約が整理して保管されているか。
□　株主との間で締結している契約の内容を理解しているか。
□　株主との契約に基づき必要な手続を整理できているか。

⑵　コーポレートドキュメントとは

　本項の「コーポレートドキュメント」について，定義は特に存在しない。一般的には，会社に関係する書類・資料を指す言葉として用いられている。そのため，コーポレートドキュメントに該当する書類は無数に存在するといえる。ここでは，株式会社を念頭に置き，コーポレートドキュメントのうちどの会社でも整理しておきたい，登記，定款，株主名簿／新株予約権原簿，議事録，社内規程，株主との契約を取り上げる。

⑶　登　記

　「登記」とは，会社に関する取引上重要な一定の事項を公開する制度である。対外的に公表された会社の履歴書のようなものといえるであろう。
　株式会社の登記事項については，会社法911条3項に定められている。登記し

なければならない事項は多数存在するが，例えば，以下のような事項について
は登記が必要である。

・商号
・本店および支店の所在場所
・目的
・資本金の額
・発行可能株式総数
・発行済株式の総数ならびにその種類および数
・取締役の氏名
・代表取締役の氏名および住所

　これらの事項については，法務局で取得できる登記簿謄本や，インターネット上で取得できる登記情報[2]を確認することで，誰でも知ることができる。

　登記事項について変更が生じた場合には，一部の事項を除き2週間以内に変更の登記をしなければならない（会社法915条）。期限内の変更登記の申請を忘れてしまう会社も多く存在するが，過料[3]を科される可能性がある。そのため，何が登記事項であるかの理解を含め，期限内に対応できる体制を構築しておく必要がある[4]。

　なお，取引先，銀行，投資契約を締結している株主や新たに取引を始める会社などから最新の登記事項証明書の提出を求められることも多い。また，過去の登記申請時の資料については，後から参照することもありうる。したがって，登記手続が完了した際に，依頼した司法書士に登記簿謄本の原本を○通送ってもらう，PDF化して特定のフォルダに保管しておく，申請資料は申請順にファ

2　一般財団法人民事法務協会が提供する「登記情報提供サービス」（https://www1.touki.or.
　jp/）を活用することで，利用可能時間内であれば，オンライン上で登記情報をすぐに取得
　することもできる。

3　行政上の秩序罰の一種である。刑事罰とは異なり前科がつくものではないが，会社として
　は過料を科せられないように気をつける必要がある。

4　厚めの書籍ではあるが，会社で登記実務を担当する場合には，松井信憲『商業登記ハンド
　ブック［第4版］』（商事法務，2021年）は手元に置いておきたい。

イルに綴じておくといった管理のルールを策定しておくことが望ましい。

⑷ 定 款

「定款」とは，会社の組織と運営に関する根本規則である。会社として設立されている限り必ず作成されているものであり，会社に関するルールブックのようなものである。定款を確認することで，登記内容だけではわからない会社の基本情報を知ることができる。

定款に定めることが法律上義務づけられている事項（絶対的記載事項）や，定めなければ会社法の制度を活用できない事項（相対的記載事項）もある[5]。相対的記載事項は株式の譲渡制限の定め，全取締役の同意による取締役会決議省略の定めなどさまざまであるが，絶対的記載事項は以下の5つである。

- ・目的
- ・商号
- ・本店の所在地
- ・設立に際して出資される財産の価額またはその最低額
- ・発起人の氏名または名称および住所

定款の記載事項は，株主総会の特別決議により変更できる（会社法466条，309条2項11号）。事業年度の変更，機関設計の変更，新たな種類株式を発行する場合などに変更手続が必要になるが，定款の記載に不備がある場合には過料を科される可能性があるため，どのような場合に定款変更が必要になるかは理解しておきたい。なお，会社法上，定款に定めることで会社法のルールと異なる内容を定めることができるものもあるが，変更できないような事項を定めて混乱しないように注意する必要がある[6]。

---

5 各社ごとに内容を変更する必要はあるが，日本公証人連合会が定款の記載例を公表している（https://www.koshonin.gr.jp/format。2023年1月5日最終閲覧）。また，具体的な文言を多く確認したい場合，田村洋三ほか『第4版 会社法定款事例集』（日本加除出版，2021年）も参考になる。

　最新の定款は会社に保管し，株主などから閲覧やコピーを求められた際に対応できるようにしておく必要がある（会社法31条）。変更内容がわかる株主総会議事録とあわせて変更内容が反映されていない元の定款を保管しておく会社もあるが，最新の内容が一目でわかるように，変更内容を反映させた上で「最新の定款」を保管しておくことが望ましい。また，データでの保管はPDFの形式だけでなく，ワードファイルなど修正可能なファイルも一緒に保管しておくと，変更が必要な時に効率的に作業が進められる。

⑤　株主名簿／新株予約権原簿

　「株主名簿」は会社の株主に関する情報を記載したもの，「新株予約権原簿」は会社の新株予約権を保有する者に関する情報を記載したものである。株式会社は，株主名簿を作成し，保管する必要がある（会社法121条，125条）。ストックオプションなどの新株予約権を発行している場合は，新株予約権原簿を作成し，保管する必要がある（会社法249条，252条）。

　実務上，株主名簿や新株予約権原簿に記載すべき事項が網羅されていない会社や，そもそも作成していない会社も多く存在する。記載に不備がある場合には過料を科される可能性があり，また，株主や債権者などから閲覧やコピーを求められる可能性もあるため，適切に作成・保管しておく必要がある。保管自体はPDF形式で問題ないが，修正可能なワードファイルなども一緒に保管しておきたい点は定款と同様である。

⑥　議事録

　株主総会は，どの株式会社でも設置される会議体である。株主総会を行った場合には議事録を作成し，会社に保存する必要がある（会社法318条）。また，取締役会を設置している会社の取締役会の議事録についても同様である（会社法371条）。取締役会を設置していない場合の取締役の決定や，会社法上の機関

6　例えば，取締役会を置いていない会社が株主総会の招集通知の発送期限を「3日前」にすることは可能であるが，取締役会を設置した後は「3日前」を発送期限とすることは認められない（会社法299条1項）。取締役会を設置する際の定款変更を忘れて手続が混乱する例も見られるところである。

ではない経営会議などの重要な会議体による意思決定については，会社法に基づく議事録の作成義務はないものの，重要な意思決定を行った証跡として決定書や議事録を残しておくことが多い。

　株主総会議事録や取締役会議事録については，株主などが閲覧を求めることができる。また，重要な会議体の議事録も含めてM&Aや投資実行の場面などで開示を求められることが多いため，開示をするかどうかの判断は都度行うとして，いずれも整理して保管しておきたい。

⑺　社内規程

　会社では，法令への対応や内部的なルールを明確にすることなどを目的として社内規程を作成することが一般的である。

　作成済みの社内規程が一覧化されていない，どれが最新版の社内規程かわからないなど，作成済みの社内規程が整理されていない会社も多く存在する。しかし，どのような社内規程が策定されているのか，最新の内容はどのようなものかを各従業員が理解することが，規程の内容に従った運用をするためには必要である。そのため，一覧を作成した上で，最新版の社内規程の保存場所を従業員に周知し，従業員が簡単にアクセスできるようにすることが望ましい。また，社内規程の意味や内容は従業員に周知するとともに，重要な規程については，内容を従業員が理解できるように，定期的に社内規程について実務に即して説明する機会を設けることも考えられる。

　加えて，例えば従業員の過去の問題行動について紛争になってしまった場合には「問題行動時点」での規程が何かが問題になる等，過去の規程の参照が必要になることや，提出を求められることもあるため，改訂履歴および過去の規程についても，参照できる形で管理しておく必要がある。

⑻　株主との契約

　スタートアップ企業はもちろん，それ以外の会社でも，投資契約や株主間契約など，株主との間で契約を締結することは多い。

　株主との間で締結する契約では，先買権，優先買取権，共同売却請求権など，理解することが難しい内容も含まれる。そのような内容について，正確に理解

しないまま契約を締結し，必要な手続が見落とされてしまうケースもある。また，事前承諾事項，事前協議事項，事後報告事項など，会社の意思決定や行為などについて，株主の承諾や株主への情報提供が求められることもある。

　契約違反を防止するために，株主との契約内容を理解し，どのような場面でどのような手続が必要になるのかを整理しておくことが望ましい[7]。

3　株主総会の手続のチェックリスト[8]

⑴　チェックリスト

---

①　株主総会の基本的事項
□　株主総会の決議が必要な事項について理解しているか。
□　株主総会の決議要件を理解しているか。
□　定時株主総会を毎事業年度開催し，必要な報告・承認手続を行っているか。
□　株主総会の決議が必要な事項について，株主総会で承認されているか。

②　株主総会の方式
□　株主総会の「実開催方式」と「書面決議・書面報告方式」を理解しているか。
□　決議が必要な際に，どちらの方式で実施するか検討しているか。

③　実開催方式で行う場合の手続
(i)　招集手続
□　会社法・定款の定めに従った招集権者・発送時期を確認しているか。
□　取締役会設置会社においてメールやSNSツールで株主総会の招集通知を発送する場合，事前に株主の同意を得ているか。

7　スタートアップが締結する投資契約や株主間契約については，桃尾・松尾・難波法律事務所編『ベンチャー企業による資金調達の法務［第2版］』（商事法務，2022年）が理解しやすい。難易度は上がるが，より深く理解する観点からは，宍戸善一＝ベンチャー・ロー・フォーラム（VLF）編『スタートアップ投資契約－モデル契約と解説』（商事法務，2020年），藤原総一郎編著『株主間契約・合弁契約の実務』（中央経済社，2021年），田中亘ほか編『会社・株主間契約の理論と実務』（有斐閣，2021年）などが参考になる。

8　電子提供制度（会社法325条の2以下）など，一般的なスタートアップや中小企業の株主総会で利用しないと考えられる制度については考慮に入れていない。あくまで基本的なチェックリストであるため，自社に適用のある制度などを踏まえて，他に確認すべき事項がありえることに，留意が必要である。

□　招集通知に記載すべき事項をすべて記載しているか。
□　招集手続を行わない場合，全株主の同意を得ているか。
□　招集手続を行わず，事前に全株主の同意を得ていない場合，全株主が出席しているか。
□　電話会議／オンラインでの出席を認めているか。
□　電話会議／オンラインでの出席を認める場合，その方法を整理しているか。
(ii)　**株主総会開催時の手続**
□　誰が議長になるかを確認しているか。
□　会社法・定款の定めに従って必要な議決権を有する株主が出席しているか。
□　決議事項ごとに，必要な議決権を有する株主による承認が得られているか。

④　**書面決議・書面報告方式で行う場合の手続**
□　書面決議・書面報告を行うことについて，全株主から同意を取得しているか。

⑤　**決議後の手続**
□　必要な事項が記載された議事録を作成しているか。
□　登記事項の変更が必要な決議がなされた場合に，期限内に登記申請を行っているか。

⑵　株主総会の基本的事項

　「株主総会」は，株式会社の最高意思決定機関として重要な会議体である。代表取締役（CEO）や取締役が最上位に位置すると勘違いされることもあるが，株主が株式会社の所有者として最上位に位置するのである。また，種類株式（会社法108条）を発行している会社は，種類株主により構成される「種類株主総会」による決議が必要なこともある。

　株主総会の決議が必要な事項については，取締役会の有無で異なる。取締役会を置いていない会社では一切の事項，取締役会を置いている会社では，会社法および定款で定めた事項が対象となる（会社法295条1項・2項）。もっとも，取締役会を置いていない会社でも，すべての事項について株主総会の決議をしているわけではない。重要性に応じて取締役の決定に委ねて業務が進められている。

　株主総会の決議事項は，決議内容によって承認するために必要な出席株主の議決権数・賛成数は異なっている。決議のうち，普通決議（過半数の出席・出席した株主の議決権の過半数の賛成），特別決議（過半数の出席・出席した株主

の議決権の3分の2以上の賛成）の違いは理解しておきたい（会社法309条参照）。実務上よく見かける決議としては，役員選任，役員報酬の決議，定款変更，新株発行・新株予約権発行，減資などがある。

　「株主は自分1人だけですし，株主総会の手続は不要ですか」という質問をよく受けるが，株主が1人であっても株主総会は必要であり，特に毎事業年度1回の定時株主総会を忘れてはならない（会社法296条1項）。また，決議が必要な事項について株主総会の決議を忘れ，事後的に対応をする例もある。よくある例としては，役員の任期満了時の再任決議漏れがある。決議が必要な事項を理解し，忘れずに手続を経るようにしたい。

⑶　株主総会の方式

　株主総会の方式として，実開催方式と書面決議・書面報告形式とに分けられる。実開催方式が実際に株主総会を開催するのに対し，書面決議・書面報告形式は，株主総会を開催せずに，書面による手続のみで決議や報告があったとする方式である。

　書面決議・書面報告形式は，株主全員の同意が得られればすぐに実施できるため，実務的にもよく活用されている。もっとも，株主が多いと，全員から同意を得ることは困難であるし，投資家から実開催方式での実施を求められる例もある。そのため，株主が多い場合には原則としては実開催方式で行うことを想定し，手続上可能であれば書面決議・書面報告方式を利用すると整理しておくとよいだろう。

⑷　実開催方式で行う場合の手続

　会社法上，実開催方式の手続が細かく規定されている。大きく分けると，招集手続と，株主総会開催時の手続に分けられる。

　招集通知の記載内容や招集手続は，会社法と定款に従って行う必要がある（会社法298条，299条）。実務的に不備が多く見られる点として，招集通知の発送期限を遵守していない（会社法299条1項），取締役会設置会社において株主総会の招集通知をメールやSNSツールなどの電磁的方法で送付する場合の事前同意の取得漏れ（会社法299条3項），取締役会設置会社における株主総会の招集

に際する取締役会の決議漏れ（会社法298条4項）などが挙げられる。招集通知の発送期限を遵守できない場合には，全株主から同意を得て招集手続を省略する（会社法300条），株主全員に株主総会に出席してもらうなどの方法を採ることも考えられる[9]。実開催方式の場合，電話会議方式や，Zoomなどのオンライン方式での株主の出席も認められる。

　株主総会開催時の手続としては，定款や社内の取決め上，議長が誰になるかは確認しておきたい。基本的には代表取締役が想定されるが，それ以外のケースもありうるところである。また，当然であるが，決議に必要な賛成が得られているかを確認することも必要である。

⑤　書面決議・書面報告方式で行う場合の手続

　実開催方式とは異なり，書面決議・書面報告方式については細かい手続はない。それぞれ，会社法319条・320条に基づくものであるが，全株主の同意を取得すればよい。同意の取得方法については，書面のほうが同意の証拠として残しやすいが，メールやSNSツールで同意を取得することも可能である。なお，書面決議の決議日は，全株主の同意の意思表示が到達した日となるが，特定の日に決議があったことにしたい場合に，会社のほうで決議があったとみなされる日を特定して，それより早い日に全株主の同意が集まっても特定した日に決議があったとする運用も見られる。

⑥　決議後の手続

　株主総会の決議後には，議事録に必要な事項を記載した上で，会社に保管することを忘れないようにする必要がある[10]。また，2で述べたとおり，必要な登記手続の申請を期限内に行う必要もある。

9　実開催方式の1つとして，近時話題のバーチャル株主総会も含まれるといえるが，本書で対象としている会社ではバーチャル株主総会という用語にかかわらず，電話会議／オンラインでの開催も容易であると考えられる，バーチャル株主総会の解説については省略している。バーチャル株主総会については，澤口実他『バーチャル株主総会の実務［第2版］』（商事法務，2021年）が参考になる。

4　取締役会の手続のチェックリスト

(1)　チェックリスト

---

① **取締役会の基本的事項**
☐　取締役会の決議が必要な事項について，理解・整理しているか。
☐　取締役会の決議が必要な事項について，取締役会で承認されているか。
☐　取締役会を 3 カ月に 1 回以上開催し，取締役の業務の執行内容を報告しているか。

② **取締役会の方式**
☐　取締役会の「実開催方式」と「書面決議・書面報告方式」を理解しているか。
☐　決議が必要な際に，どちらの方式で実施するか検討しているか。

③ **実開催方式で行う場合の手続**
(i)　**招集手続**
☐　会社法・定款の定めに従った招集権者・発送時期を確認しているか。
☐　招集手続を行わない場合，全取締役・監査役の同意を得ているか。
☐　招集手続を行わず，事前に全取締役・監査役の同意を得ていない場合，全取締役・監査役が出席しているか。
☐　電話会議／オンラインでの出席を認めているか。
☐　電話会議／オンラインでの出席を認める場合，その方法を整理しているか。
(ii)　**取締役会開催時の手続**
☐　誰が議長になるかを確認しているか。
☐　会社法・定款の定めに従って必要な人数の取締役が出席しているか。
☐　決議事項ごとに，必要な人数の取締役により承認が得られているか。
☐　特別利害関係のある取締役が議決に加わっていないか。

④ **書面決議・書面報告方式で行う場合の手続**
☐　書面決議を行うことについて，定款に定めがあるか。

10　議事録の記載事項は，会社法318条，会社法施行規則72条を参照。株主総会議事録について，会社法上は出席取締役等の署名（記名押印）は求められていないが，定款の定めや登記との関係で署名（記名押印）が必要なケースもあるので注意が必要である。なお，取締役会の議事録も含めて，土井万二ほか編『会社議事録・契約書・登記添付書面のデジタル作成実務 Q&A』（日本加除出版，2021年），森・濱田松本法律事務所編『会社議事録の作り方［第3版］』（中央経済社，2022年），三井住友信託銀行ガバナンスコンサルティング部編『株主総会・取締役会・監査役会の議事録作成ガイドブック［第3版］』（商事法務，2022年）等は，スタートアップや中小企業の議事録作成の際にも参考になる。

□ 書面決議を行うことについて，全取締役から同意を取得しており，監査役の異議はないか。
□ 書面報告の内容について，全取締役および監査役に対して通知しているか。

⑤ **決議後の手続**
□ 必要な事項が記載された議事録を作成し，必要な署名（記名押印）がなされているか。
□ 登記事項の変更が必要な決議がなされた場合に，期限内に登記申請を行っているか。

⑵ 取締役会の基本的事項[11]

「取締役会」は，株式会社の業務執行の決定を行うとともに，取締役の業務執行の監督を行う機関である。取締役会は，ある程度会社の規模が大きくなった会社では設置されることが多い。

取締役会は，株主総会で決定する必要がある事項以外の，すべての業務執行について決定することができる。個々の業務執行の決定を取締役に委任することが可能であり，大部分の業務執行は個別の取締役の決定に委ねられることが一般的であるが，重要な業務執行については取締役に委任できず，取締役会の決議が必須とされている（会社法362条4項）。何が「重要」といえるかは，会社の規模，取引の規模・内容などによりさまざまであり，各社ごとに整理をしておく必要がある。

また，自社で制定した取締役会規程や，株主と締結した株主間契約等も忘れてはならない。会社法上取締役会決議が必要な事項の他にも取締役会決議が必要な事項が定められていたり，決議前の事前の手続が求められることがあるので，この点も見落としがないようにしておく必要がある。

取締役会は3カ月に1回以上は開催する必要がある（会社法363条2項）。定期的な開催を忘れている会社も見かけるため，スケジュール調整には注意する必要がある。

---

11 取締役会に関して参考になる文献は多く存在するが，島田邦雄『取締役・取締役会の法律実務Q&A［第2版］』（商事法務，2022年）は，取締役会の実務で悩む点が幅広く解説されていて参考になる。

⑶ 取締役会の方式

　取締役会の方式は，株主総会と同様に実開催方式と書面決議・書面報告方式とに分けられる。

　書面決議・書面報告方式については，書面決議について定款に規定しておくことが必要であること，書面報告は報告内容を通知される取締役・監査役の同意なく可能であることが，株主総会の場合とは異なっている。特に，定款の規定がないまま，書面決議を行っている会社を見かけることもあるため，定款に定めることを忘れないようにしたい。

　また，3カ月に1回の頻度で必要となる業務執行取締役による業務状況の報告は，書面報告によることが認められていないため，少なくとも3カ月に1回は取締役会を実開催しなければならない（会社法372条2項）。さらに，取締役の善管注意義務を尽くす観点からは原則として実開催方式が望ましいとされている。書面決議・書面報告方式が有用な場面も多いが，可能な限り実開催方式で行うというスタンスでいることが無難であろう。

⑷ 実開催方式で行う場合の手続

　実開催方式のほうが細かく規定されている点は株主総会と同様であるが，株主総会よりも手続に関する規制は緩やかである。例えば，招集通知の形式などの指定はなく，書面，メール，SNSツールいずれでも対応可能である。もっとも，招集通知の発送期限など，形式面で遵守しなければいけない事項もあるため，法律・定款の内容をしっかりと確認しておく必要がある。

　取締役会を開催する時には，出席者や決議に必要な人数に漏れがないように注意する必要がある。特に，特別利害関係取締役という，決議事項と一定の利害関係のある取締役は出席者数や議決権数に数えてはいけないことに注意する必要がある。特別利害関係の有無が簡単にわかるものもあれば，実務上悩ましい議案もあり，対応方法には工夫を要する[12]。

12　例えば，特別利害関係を有すると思われる取締役も取締役会に出席させ，まずはその取締役抜きで決議し，次にその取締役を入れて決議をするという方法を採る会社もある。

⑸　書面決議・書面報告方式で行う場合の手続

　書面決議・書面報告方式は，それぞれ，会社法370条・372条に規定がある。書面報告は取締役・監査役に報告すべき事項を通知すれば足り，書面決議は，全取締役の同意を得て，監査役から異議が出なければ成立する。

⑹　決議後の手続

　取締役会の決議後の手続の留意事項は，株主総会と同様である。

5　事業の適法性のチェックリスト

⑴　チェックリスト

---

①　**事業内容の法的整理**
- □　事業のスキーム図や事業内容の説明資料を作成しているか。
- □　外部からスキーム図や事業内容の説明資料の提出を求められた場合，すぐに用意できるか。
- □　事業に関する法規制の有無や法解釈の問題点について，整理がされているか。
- □　法規制や法解釈の問題について，必要に応じて外部専門家の見解や意見書を取得しているか。
- □　法規制や法解釈の問題について，グレーゾーン解消制度などの活用を検討しているか。

②　**法令等の適用関係・コンプライアンスの整理**
- □　事業に関連する法律，政省令，条例，ガイドライン，自主規制団体による規制など（法令等）の有無を把握しているか。
- □　法令等のうち，具体的にどの規制・文言との関係で留意する必要があるか整理しているか。
- □　コンプライアンス遵守体制を確立しているか。
- □　必要な許認可について検討しているか。
- □　事業で一般的に問題となりやすい法律の適用の有無について検討しているか。例えば，以下のような法律はどうか。
　　【全業種で関係することが多い法律】
　　個人情報保護法　　独占禁止法　　下請法　　景品表示法　　特商法
　　特定電子メールの送信の適正化等に関する法律

消費者契約法　　不正競争防止法　　著作権法
特許法　　商標法
【業種によって関係することが多い法律】
金商法　　貸金業法　　銀行法　　倒産業法　　利息制限法　　割賦販売法
資金決済法　　薬機法　　医師法　　医療法　　薬剤師法
製造物責任法　　旅館業法　　旅行業法　　古物営業法　　風営法
刑法　　航空法　　食品衛生法　　食品表示法　　酒税法　　廃掃法
道路交通法　　道路運送車両法　　放送法　　電気通信事業法
プロバイダ責任制限法　　宅建業法　　建築基準法

⑵　事業内容の法的整理

　製品の製造・販売，店舗での商品の小売り，インターネットにおける商品・サービスの販売，プラットフォームビジネス，SaaS ビジネス，アプリビジネスなど，事業内容は会社に応じて多種多様である。

　どのような事業であっても適用される法規制を意識する必要があるが，商品／役務の販売方法や，対象とする事業分野に応じて適用のある法規制は異なる。また，事業を行うにあたって他の会社，ユーザーなど第三者との間で契約関係が生じることは避けられないところ，事業のスキームや契約関係によって適用される法規制が異なってくる。

　そのため，自社の事業について，商流，事業分野，他者との契約関係について整理し，どのような法規制が問題になるのかを整理することが重要である。法規制を整理するために，その時点におけるビジネスのスキーム図や，事業内容の説明資料を用意しておくことが有用である。また，これらの資料は，M&Aや出資を受ける際のデューデリジェンス（DD）において投資家や外部専門家から求められることもある。

　ビジネスに適用のある法規制を整理することで，適法性が不明確なグレーの領域が認識されることも多い。大前提として違法な事業を行うことは避けるべきであるが，何が問題点なのかを正確に分析し，外部専門家の意見書を取得するなど，適法性が不明確な事業のリスクを分析することが重要となる。近時，ビジネスの適法性を明確化するための動きとして，グレーゾーン解消制度など

の事業者単位で実行可能なルールメイキングの動きも注目されており，問題となる法規制が事業に与える影響の度合いによっては，ルールメイキングを検討すべき場合もある[13]。

⑶　法令等の適用関係・コンプライアンスの整理

⑵で記載したとおり，ビジネスごとに適用のある法規制は事業のスキームによって異なってくる。切り口は多数あるが，例えば，商品／役務の販売方法，対象とする事業分野，第三者との契約関係などによっても，適用のある法規制は変わってくる。

ア　販売方法に関する法規制

販売方法の観点でいえば，通信販売を行う場合には特商法に基づく表示が必要であり，顧客からの申込みの方法についても顧客の意に反する態様での申込みを行わせることは禁止されている。例えば，商品の購入ボタンが「送信」とのみ記載されており，他の記載を見ても申込みボタンであることが不明な場合が挙げられる。また，法令ではないが，通信販売の場合，経済産業省が策定している電子商取引及び情報財取引等に関する準則に沿った対応ができているかを確認することも必須である。

イ　事業分野ごとの法規制

事業分野の観点でいうと，事業分野ごとに適用のある法規制は異なるところである。一例を挙げると，ヘルステックであれば薬機法，お金を取り扱うフィンテックであれば金商法，割賦販売法，貸金業法，資金決済法，カーシェアリング・ライドシェアリングやモビリティであれば道路交通法，道路運送車両法，道路運送法，ドローンを使ったサービスであれば航空法，小型無人機等飛行禁止法，食品を取り扱う事業であれば食品衛生法などが関わる[14]。各分野につい

13　ルールメイキングの概要や具体例については，官澤康平ほか『ルールメイキングの戦略と実務』（商事法務，2021年），里雅仁ほか『企業法務のための規制対応＆ルールメイキング　ビジネスを前に進める交渉手法と実例』（ぎょうせい，2022年）等が参考になる。

て，ここに記載したような法律以外にも関わる法令や条例などは存在するため，事業内容に応じて細かくチェックする必要がある。

ウ　契約関係による法規制の適用の相違

　契約形態の違いについて，わかりやすい例としてはプラットフォームビジネスが挙げられる。プラットフォームビジネスは，プラットフォーマーがCtoCの取引の場を提供するような場面が想定されるが，プラットフォーマーが顧客同士の取引関係の契約当事者にはならない場合もあれば，プラットフォーマーがCtoCの間に入って自らも取引関係に入る場合もある。このような契約形態の違いは，プラットフォーマー自身が負うリスクやサービスの品質管理をする必要性などを考慮した上で決定される。プラットフォーマー自身が取引関係に入らずに，資金のやりとりにだけ関与する場合には，銀行法や資金決済法との関係で収納代行として整理できるのかを検討する必要が生じる。

　このように，ビジネスモデルに応じた法規制はさまざまであり，許認可や届出が必要になることもある。また，法規制に従った対応を行うために，コンプライアンス体制を整える必要もある。

　実際には，規制の適用があるのかどうかの判断は容易ではないことも多い。新しい事業を始める場合や，既存のビジネスモデルに修正を加える場合には，慎重に検討をすることが必要となる[15]。

14　最先端領域の事業の一般的な法規制については，TMI総合法律事務所編『起業の法務－新規ビジネス設計のケースメソッド』（商事法務，2019年）等が参考になる。また，最先端領域の事業に関する規制については，各省庁の審議会などにおいて議論がなされていることも多く，報告書の有無や議論の状況を把握するのも重要である。

15　類似のビジネスモデルがすでにある場合には，関連する資料や文献が見つかることも多いため，それらを参考にすることも有用である。他方で，新しい技術やテクノロジーを活用した事業の場合には先例や参考情報がない可能性もあるため，より丁寧に検討をしなければならない。また，容易に思いつくようなビジネスであるにもかかわらず既存の類似の例がない場合には，そのビジネスには大きな法規制の障害がある可能性もある。そのため，このような場合には本当に法律上の問題がないビジネスなのか，より慎重な検討を要する。

6 知財管理のチェックリスト

(1) チェックリスト

① 自社の知的財産権保護の検討
□ 事業展開のために重要な知的財産権やノウハウを整理しているか。
□ 取得すべき・取得しない知的財産権を検討しているか。
□ 定期的に，自社が開発／改良した製品に特許性があるかを検討しているか。
□ 知的財産権の出願手続を適切に行っているか。
□ 自社のノウハウを守秘性の高い情報として適切に管理しているか。
□ 守秘性の高い情報を第三者に不用意に開示していないか。
□ 自社の知的財産権侵害を確認するフローが構築されているか。
□ 職務発明規程を策定しているか。
□ 職務発明規程に沿った運用がなされているか。
□ 従業員が行った発明を認識できる体制が整えられているか。

② 他社の知的財産権侵害の可能性の確認
□ 自社の主要なサービス／プロダクトの名称やその内容，技術，形態が，他社の特許権，商標権，意匠権，著作権などの知的財産権を侵害していないかを確認するフローが構築されているか。
□ 記事や写真などのコンテンツを外部発信する場合，著作権侵害が生じないような確認フローが構築されているか。
□ 利用規約を作成する際に，他社の利用規約をそのまま流用していないか。

③ 契約における知的財産権条項の検討
□ 業務委託契約，共同開発契約，ライセンス契約などにおいて，自社で規定すべき知的財産権に関する条項（権利の帰属など）を検討しているか。
□ 自社の事業展開のために，他社の知的財産権が必要な場合にライセンス等での対応を検討しているか。
□ 第三者に守秘性の高い情報を開示する際に，秘密保持契約書や締結する契約書において漏えいした場合のリスクを担保できているか。

(2) 知財戦略の重要性

　中小企業やスタートアップにおける知財戦略として行うべき基本的な取組み

は，**第2章**で，特許権を例に挙げて解説した。事業をスケールさせるためには，自社の技術を特許権で保護し，他方で，自社の主要なサービス／プロダクトが他社の特許権を侵害していないことが重要である。このことは，技術のみならず，自社サービスの名称・ブランド，自社製品の形態にも同様に当てはまる。そこで，特許権以外の知的財産権（商標権，意匠権，著作権，不正競争防止法上のノウハウ等）についても同様に検討する必要があるため，その観点でチェックリストを用意した。

　このように自社の技術をしっかりと保護する一方で，一定の領域では，自社の技術情報を他社と共有しながら製品の普及を目指し，市場を拡大するという視点も自社の価値を高めるためには必要な視点である（オープンクローズ戦略[16]）。

⑶　自社の知的財産権保護の検討

　事業を進めるにあたり，アイデアやノウハウは次々に生じるだろう。それらのうち，何を権利化するのか，あるいはしないのかという判断や，権利化した後に知的財産権を侵害されないための管理方法など，知的財産権を守るための戦略が重要となる。

　第2章で解説した特許の取得についてももちろんであるが，わかりやすいところでいえば，サービスやプロダクトの名称の権利化は検討すべきである。サービスやプロダクトは自社の顔であるともいえ，商標権を取得することが考えられる。もっとも，商標権を取得する商品・役務を指定する必要があり，指定する対象が増えれば増えるほど費用もかさむ。そのため，コストの観点から，どの範囲の商標権を取得するかは考える必要がある。

　また，特許権のもととなる発明は，従業員がすることも多い。発明をする従業員との関係で重要なのが，発明をした場合の取扱いを定める職務発明規程の整備である。職務発明について会社が権利を取得する場合には，会社は従業員

16　オープンな領域は他社と技術情報を共有しながら製品の普及を目指し，クローズな領域は技術情報を秘匿しながら価値獲得を目指す戦略を意味する。スタートアップにおける知財戦略全般については，山本飛翔『スタートアップの知財戦略：事業成長のための知財の活用と戦略法務』（勁草書房，2020年）が参考になる。

に対して「相当の利益」を与える必要がある（特許法35条4項）ため，その額や算定方法などを定める必要がある。また，従業員が発明をした場合の報告フローについても規定されることが多い。従業員自身が発明であることを認識していない場合もあるため，発明をなしうる従業員との間で定期的に話をする時間を設けるなど，会社のほうで積極的に発明を認識できるような運用を確立することも大事である。

⑷　他社の知的財産権侵害の可能性の確認

　第2章で解説したとおり，競合他社も特許の出願を検討している可能性が高い。そこで，競合他社の特許の出願状況[17]を調査し，競合他社の特許戦略を分析しつつ，自社が他社の特許権を侵害していないかを確認することも重要である。他社の特許を侵害している場合には，その行為は損害賠償や差止請求の対象になりえるので，事業への影響も看過できない。

　このような調査は，商標権や著作権についても重要である。自社のサービス名やプロダクト名が他社の商標権を侵害している場合には名称を変更する事態に発展することもある。サービス名やプロダクト名はブランディングという観点から重要であり，認知度が高まった後の変更は事業戦略上大きなマイナスになる。事業が軌道に乗ってから慌てることのないように，事業を開始する際に他社の権利の侵害可能性の有無について検討しておく必要がある。

　また，実務的には，記事などのコンテンツ作成時に第三者の著作権を侵害してしまうことも多い。ブログ記事，自社事業に関連するニュースの記事，専門的な記事など，コンテンツの種類はさまざまである。それらの記事には著作権が発生していることもあり，全く同じ内容ではなくても一部の文章を使用してしまうことで，著作権を侵害していると連絡を受けることもある。特に，管理しづらい第三者に委託してコンテンツを作成した際に発生しやすい。委託する際に禁止事項などを明示したマニュアルを配布して遵守することを徹底させる

17　知的財産権については，特許庁のデータベースである J-PlatPat（https://www.j-platpat.inpit.go.jp/）で検索できる。もっとも，他社の知的財産権を侵害しているかどうかの判断は容易ではないため，詳細な検討をする場合には弁理士などの専門家に相談するべきである。

ことが大事である。また，作成されたコンテンツを確認する際にコピー＆ペーストチェックのツールなどを利用するなど，著作権侵害を防止するための体制を整えることが肝要である。

　なお，他社の利用規約は，必ずしも著作物性が認められるわけではない。しかし，自社にて内容をほぼそのまま流用した結果，トラブルとなる事例も多いため，他社の利用規約を参考にする場合でも，自社独自の利用規約になるようにする必要がある。

⑸　契約における知的財産権条項の検討

　契約においても知的財産権の取扱いを意識することが重要である。

　例えば，業務委託契約においては，必要な範囲を超えて委託先に対して自社の既存の知的財産権の利用を許諾しないように留意するべきであり，委託先で生じた知的財産権が自社に帰属するように手当てをする必要がある。また，新たな技術を開発するために共同開発契約を締結することもあるが，既存の知的財産権の利用を許諾する範囲を限定したり，研究開発の結果，新たに発生した知的財産権の帰属が過度に相手方に有利にならないよう，契約条件の交渉段階で慎重に検討し，適切な文言に落とし込まなければならない。ライセンス契約も事業に関して締結することが多い。ライセンスをする場合，受ける場合のどちらの場合においても，何をライセンス対象とするのか，独占的／非独占的のいずれか，サブライセンスは可能か，ライセンスフィーの定め方・支払時期などについて適切な契約文言を定める必要がある。

　また，他社と取引や研究を始めるために秘密情報を開示する場合，開示に先立って秘密保持契約を締結しておくことが大切である。なお，契約で縛っていても秘密情報を開示・漏えいされた場合の回復は難しいため，開示する秘密情報を本当に必要最低限のものに制限できないか，検討することも重要である。

7 労務管理のチェックリスト

(1) チェックリスト

---

① **労働条件／雇用形態**
- □ 採用の際に労働条件通知書を交付しているか。
- □ 雇用契約書を締結しているか。
- □ 各労働者の雇用条件を管理できているか。
- □ リモートワークに対応するための雇用条件の設定をしているか。
- □ 派遣労働者について労働者派遣法に従った管理ができているか。
- □ 業務委託社員について偽装請負や労働者性の問題はないか。
- □ エージェントを通じたリクルート活動をしている場合，エージェントとの契約条件の管理が行われているか。
- □ 労働者によるリファラル制度を設ける際に，職業紹介事業との関係で問題が生じないような制度設計がなされているか。

② **就業規則・労使協定**
- □ 事業場における就業規則の作成が必要か確認しているか。
- □ 就業規則の作成が必要な場合に，適法な手続で作成されているか。
- □ 作成された就業規則は，従業員に周知されているか。
- □ 実質的な賃金の変更など雇用条件の不利益な変更を行う際に適切な手続が履践されているか。
- □ 労使協定の作成，届出が適切になされているか。

③ **労働時間の管理**
- □ 実働時間と齟齬が生じない態様で労働時間の管理が行われているか。
- □ フレックスタイム制度，裁量労働制，固定残業制度など，柔軟な労働条件を採用している場合に，法律に則った運用がなされているか。

④ **懲戒処分**
- □ 懲戒処分の根拠規定が定められているか。
- □ 懲戒処分や退職勧奨を行う際に，適切な手続を履践しているか。
- □ 懲戒処分を行う際に，不相当に重い処分になっていないか。

⑵　労務管理のポイント

　事業を進めるためには業務を推進する「人材」が必要である。自社で従業員を雇用する，業務委託契約の形で業務を外注する，派遣会社から派遣労働者を受け入れるなど，人材の確保の方法はさまざまである。労務管理について確認すべきポイントは多く存在するが，ここでは，①労働条件／雇用形態，②就業規則・労使協定，③労働時間の管理，④懲戒処分について，簡単な内容のチェックリストを用意した[18]。

⑶　労働条件／雇用形態

　自社の従業員として採用する場合，労働契約の締結に際し賃金，労働時間など一定の労働条件を原則として書面により明示する必要がある（労働基準法15条，労働基準法施行規則5条）。立ち上げたばかりの会社では労働条件が曖昧で労働条件の明示義務を怠りがちであるが，忘れずに明示しなければならない。なお，労働者が希望する場合にはFAX，電子メール，SNSメッセージによる条件の明示も可能であり，実務的にはこれらの方法によることも多いが，これらの方法による場合には事前に労働者の希望を確認するフローを設ける必要がある。

　雇用契約書の作成は義務ではないが，契約条件について合意した事実を残す観点からは締結するほうが望ましいといえる。退職時に競業避止，引き抜き禁止の誓約を拒否する事例も多いため，入社時の雇用契約書において，競業避止と引抜禁止などを規定しておくことも実効性確保の観点からは有用である。また，採用後には各労働者の基本的な雇用条件を一覧化して管理しておくことも考えられる。

　雇用形態という観点からは，業務委託社員，派遣社員として業務に従事してもらうことも多い。業務委託社員については，指揮命令関係の実態によっては，

18　労務管理のポイントを把握するためにM&Aの際に行われる労務DDの確認事項をチェックすることも有用であり，東京弁護士会労働法制特別委員会企業集団／再編と労働法部会編『M&Aにおける労働法務DDのポイント［第2版］』（商事法務，2020年）などが参考になる。

他企業から受け入れている場合には偽装請負の可能性，フリーランスなど個人の場合には実質的に労働者と判断され労働基準法などの適用を受ける可能性があるため，裁判例や厚生労働省の定める基準[19]に照らして問題がないような運用をする必要がある。

　採用に際して複数のエージェント業者を利用する会社も多い。手数料率，採用後すぐにやめた場合の返金など，各社の条件を整理して把握しておく必要がある。また，自社の役職員からの紹介で採用するリファラル制度を導入する企業も多い。紹介した役職員に対して一定のインセンティブを与えることになるが，金額があまりにも多額になるなどすると，設計次第では紹介者の行為が許可の必要な有料職業紹介事業（職業安定法30条）に該当するリスクもあるため注意する必要がある。

⑷　就業規則・労使協定

　労務に関する書面としては就業規則や労使協定の作成が必要な会社も多いが，特に多いのは労使協定についての作成漏れである。

　就業規則は，企業の職場規律と労働条件を定めた文書で，常時10人以上の労働者を使用する事業場においては作成が義務づけられている（労働基準法89条）。実務的には，それ以外の事業場においても画一的な条件を定めるために作成されることが多い。労働者の過半数代表の意見聴取，所轄の労働基準監督署への届出などの作成のための手続や，作成後の労働者への周知など遵守すべき事項に漏れがないように留意する必要がある。また，作成後の変更の手続は作成の場面と同様であるが，労働者の個別の同意を経ずに不利益な変更を加えるためにはその内容が合理的なものである必要がある（労働契約法10条）。

　労使協定[20]は，法令に基づき作成が必要なもの，労働基準監督署への届出が必要なものなどに分類されるが，特に重要なものとしては時間外労働時間を定め

19　「労働者派遣事業と請負により行われる事業との区分に関する基準」（昭和61年労働省告示第37号，最終改正平成24年厚生労働省告示第518号），昭和60年12月19日付け「労働基準法研究会報告（労働基準法の「労働者」の判断基準について）」など参照。

20　労使協定の様式については厚生労働省のウェブサイトにも定められている（https://www.mhlw.go.jp/bunya/roudoukijun/roudoujouken01/。最終閲覧2022年1月5日）。

る三六協定である。自社で定める労働条件に関連して必要な労使協定の作成・届出を忘れることがないように気をつけたい。

⑸　労働時間の管理

労働時間の管理は，残業代の算定のために必要であるとともに，会社として長時間労働を防止するために必要不可欠である。労働時間の管理が不十分な場合，事後的な未払残業代の支払が必要となり予期せぬ支出が生じるリスクもある。近時はさまざまな勤怠管理システムが登場しており勤怠管理も行いやすくなっているが，退勤の打刻をした後の稼働を完全に防ぐことは難しく，入退室のログ，パソコンの操作履歴との照らし合わせなどによるチェック体制を構築する必要がある。

また，フレックスタイム制度，裁量労働制，固定残業制度など，柔軟な働き方を可能にする制度が存在するが，適法とするための形式的・実態的な条件が意外に細かいところもある。条件に不備があった場合には意図しない未払賃金が発生してしまうため，自社の運用が問題ないかについて確認する必要がある。

⑹　懲戒処分

スタートアップや中小企業においても，従業員が増えてくることによる社内トラブルは必然的に発生し，懲戒処分を検討せざるをえない場面も生じる。よくある事例としてはパソコンの紛失などによる個人情報の漏えいの可能性，ハラスメント[21]，勤怠不良，経費の使い込みなどであるが，懲戒処分の手続がきちんととられていない場合や，行為に比べて処分内容が重すぎる場合には懲戒処分が無効となることもある。懲戒解雇を選択して無効となった場合には解雇後に支払っていなかった賃金の支払など多額の支出が生じうる可能性もあるため，懲戒処分を検討する際には，自社の過去事例や裁判例等に照らして過重にならないように慎重に進める必要がある。

21　ハラスメントの早期発見には，社内外を問わずハラスメントの事実を通報できるようにしておくことが重要である。スタートアップや中小企業においても，内部通報窓口を早めに設置することを検討することが有益である。

8 契約書管理／契約書レビューのチェックリスト

(1) チェックリスト

① **契約書管理**
- □ 契約書の締結フローは決まっているか。
- □ 契約を締結する際に書面／電子契約いずれで締結するかルールはあるか。
- □ 書面で締結する場合に原本の保管方法は決まっているか。
- □ 電子契約で締結する場合にデータの保管方法は決まっているか。
- □ 契約書の締結時期，有効期間の管理，特筆すべき条項の管理などの管理ができているか。
- □ 契約書締結・契約書管理のリーガルテックの導入を検討しているか。

② **契約書レビュー**
- □ 事業でよく締結する類型の契約書ひな型を用意しているか。
- □ 契約類型ごとに自社基準に基づくチェックリストを作成しているか。
- □ 顧問弁護士に契約書レビューを依頼する基準があるか。
- □ 契約書レビューをサポートするリーガルテックの導入を検討しているか。

(2) 契約書管理

　事業を進めるにあたって取引基本契約，業務委託契約，利用規約に基づく契約など無数の契約を締結することになり，それらの契約書の管理も法務担当者が通常行うべき業務であるといえる。

　全件を法務担当者が確認することは現実的ではないことが多く，自社ひな型による契約締結かどうか，どのような契約類型・金額の契約なのかによって，法務担当者の関与を必須とすべきかどうかは異なってくる。また，事業部門の担当者が契約書を受領した後，事業部門の管理職が契約書のチェックを行うかどうかもその内容次第であるといえ，自社でどのような契約書確認フローを構築するのかは検討ポイントの1つである。

　また，近時では電子契約の形式で契約を締結することも多い。書面，電子契

約いずれの形式であっても，締結後の契約を整理して保存する必要はある（特に電子契約については，電子帳簿保存法に適合しなければならない）ので，特定のキャビネット・フォルダに保管する，契約書管理のリーガルテックを利用するなど，管理方法については明確にしておく必要がある[22]。

(3)　契約書レビュー

　契約書レビューについては次章において説明をするが，自社の事業についてよく締結する契約類型については，レビュー工数を減らす観点から自社のひな型を用意しておくことが望ましい。また，相手方から契約書を提示された場合であっても，どの条項（再委託の可否，損害賠償条項，契約不適合条項など）を重点的にレビューするのかをあらかじめチェックリスト化しておき，相手方の属性や取引規模に照らしてどこまでなら譲歩可能かをチェックリスト化しておくことも検討に値する。

　また，LegalForce などの契約書レビューを支援するリーガルテックも登場してきているため，コストや得られる利益などを数値化し，導入の検討を進めることも考えられる。

22　契約書管理業務の詳細については，第 2 章および第 2 部「I − 2　一人法務のための法務業務の『仕組み化』」で詳しく解説されている。

第4章

契約書審査の基本とレビューの視点

> 契約書審査は，法務業務の基礎ともいえ，法務組織の有無にかかわらず
> 企業運営に欠かせない業務である。
> 　そこで，本章では，契約法務を多く扱い，複数の企業に出向経験のある
> 弁護士が，契約書審査の基本とレビューの視点について解説する。一人法
> 務の担当者はもちろん，法務担当者がいないスタートアップ企業において，
> 法務を専門としない方が契約の基礎知識を確認し，契約書審査に関する最
> 低限の対応を行うために使うことを想定している。

1　契約書の目的・機能

　企業の取引や企業活動に付随して契約書を作成すべきことは感覚的に理解で
きると思うが，まずは契約書を作成する目的・契約書の機能を確認したい。目
的や機能の説明内容は人によって異なるところもあるが，①当事者間の取引上
のルールを策定する，②自社の利益を増加させる／リスクを低減する，③合意
内容を証拠として残すという点を説明する。

(1)　当事者間の取引上のルールを策定する

　契約当事者は，取引のルールを契約により自分たちで決めることができる。
　取引の一般的なルールは，民法や商法などの法律にも定められている。法律
には，当事者の合意では変更できない部分（強行法規）もあるが，民法や商法
の大部分については当事者はそれらと異なる内容の合意をすることができ，そ
の場合，当事者の合意の内容が優先する。そのため，法律と異なる内容を契約

で定めた場合には，契約の内容に従って取引が動いていくことになる。

　また，法律の内容は取引についての最低限のルールを定めたものであり，詳細なルールは契約当事者が自分で決める必要がある。例えば，売主による納品が遅れた場合や買主が不良品を受領した場合の一般的なルールは民法にも定められているが，何をもって納品に当たるとするか，またどのような場合に不良品といえるかなどの取引ごとの細かいルールは契約書で特定していくことになる。

　そのため，契約書を作成する際には，自分たちでルールを作っているという意識を持つことが重要である。

⑵　自社の利益を増加させる／リスクを低減する

　取引のルールを自分たちで決めることができる結果として，契約の内容は，当事者双方にとって公平なものにもできるし，自社にとって有利なもの／不利なものにもなりうる。

　そのため，契約締結時にその取引におけるリスクを予想し，自社の利益を増加させたり，自社のリスクを減らすように交渉したりすることもできる。

　例えば，自社がクライアントから業務を受託するにあたり，業務委託契約を締結する場面を考えると，成果物に関する知的財産権の取扱いを定めることが多い。受託者である自社の立場としては，「成果物に関する知的財産権は委託者（クライアント）に全部帰属する」という契約条項では，成果物についての知的財産権を自由に利用できなくなり，他のクライアントから受託した際にその成

【図表1－4－1】　業務委託契約における知的財産権

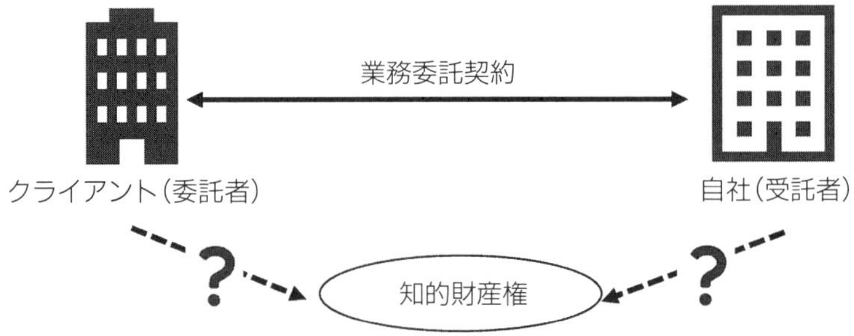

果物の知的財産権を利用できなくなるなど困った事態が生じうる。しかし，この契約条項を「成果物に関する知的財産権は受託者（自社）に帰属する」とすれば自社にとって有利になる。また，成果物に関する知的財産権は委託者に帰属するとしつつも，「成果物に含まれるノウハウ，ルーチン及びモジュール等に関する権利は，受託者（自社）に留保される」としておけば，他のクライアントから業務を受託した際にもノウハウ等を利用することができるため，元の契約案に比べてリスクを低減できている。

　別の例として，損害賠償規定の例もわかりやすい。業務委託契約において，「受託者（自社）が義務違反をした場合には，委託者（クライアント）に生じた損害についてその全額を賠償する」という条項が規定されていたとする。この条項では，うっかり義務違反をしてしまい，想定以上の損害が発生した場合に，受託者（自社）が賠償する損害の範囲が過大になってしまう可能性もある。「受託者（自社）が義務違反をした場合に委託者（クライアント）に賠償する金額は委託金額を上限とする」という条項に修正するなどして，賠償額の上限額を定めてリスクを限定することが考えられる。

　当事者間の交渉力の差や契約の目的次第では，自社の利益を増加させる／リスクを低減するための修正案を提示しないという判断もありうるが，「自社にとって不利益な条項はないか」という視点を持つことは重要である。

⑶　合意内容を証拠として残す

　契約書には，契約当事者間の合意の内容を明確にし，証拠となるという機能がある。

　友好的な関係を築いていた取引先であっても，トラブルが生じて揉める可能性は否定できない。相手方と紛争になった場合，自社の主張を正当化し，擁護してくれるのは契約書であることが多い。

　例えば，取引先に対して自社の競合会社と取引することを制限する合意をしたとする。それにもかかわらず，取引先が競合会社との間で取引をした場合に，契約違反を主張しようとしても，合意内容が明確になっていなければ「そんな合意はしていない」と言い逃れをされてしまうかもしれない。この場合，競合会社との取引を制限する定めのある契約書を取引先に根拠として提示すること

で，相手の言い逃れを防ぐことができる。また，トラブルが訴訟に発展した場合，裁判所は当事者の主張を証拠によって認定する。特に，裁判では契約書などの書面が証拠として重視される傾向にあるため，合意内容を定めた契約書があることは極めて重要である。

　そのため，契約書を作成する際には，証拠として機能するように正確な内容，文言にすることを意識する必要がある。

2　目的・機能を理解した上で避けたいありがちな話

　契約書レビューの解説に入る前に，契約書の目的・機能から考えたときに避けたいありがちな話を紹介したい。ここで取り上げる内容は，契約書レビューの場面で実際にしばしば生じていることであり，契約書審査をする担当者としては避けるようにしたい。

⑴　「揉めたことがない」からそのまま受け入れる

　取引相手と契約を締結する際に，「今まで相手と契約の内容で揉めたことはないから，今回も大丈夫だろう」ということで，特に詳細なレビューをせず，契約を締結しているスタートアップも多い。契約書は揉めたときに証拠として機能するため，「揉めた場合でも対応できるか」という観点でレビューを行う必要がある。

⑵　「大企業が用意する契約書」は安全という発想

　コンプライアンスに注意する大企業や過去にトラブルの噂を聞かない会社が用意する契約書のひな型は安全であると考え，そのまま受け入れている例がある。

　契約書は，取引のルールを取り決めるものであり，自社の利益を増加させる機能がある。そのため，ひな型には通常作成した会社に有利な条項が盛り込まれている可能性が高く，大企業であっても同様である。

　交渉力の関係で変更を求めることが難しい場面もあることは否定できないが，大企業の用意する契約書であっても，自社に著しく不利な内容について変更で

きないかは必ず検討すべきである。

⑶　契約書レビューに要する時間についての誤解

　契約書は，修正が必要な条項の有無とその内容を判断し，相手に修正を希望し，両者で交渉・調整し，双方が納得できる内容で契約書として合意し，締結作業を行うというのが一般的な流れである。そのため，契約書のレビュー作業には一定の時間がかかるのが通常である。

　それにもかかわらず，事業担当者はそんなに時間がかからないと考えている場合もあり，「今日中にお願いします！」「さくっと確認してください！」と法務部門に検討を依頼してくることがある。営業上，短時間でレビューしなければいけない場合はもちろんある。しかし，一般論としては相手方から提示される契約書には自社に不利益な内容が含まれていることが多く，レビュー時間が短いほど，自社のリスクや利益の実現方法についての検討が不十分になる可能性が高まる。そのため，契約書レビューに必要な時間や依頼してほしいタイミングについて他部門にも認識してもらいつつ，適切なタイミングでレビュー依頼が来るように調整できるようにしたい。

⑷　実態に合わないひな型の提示

　契約交渉においては，契約書のひな型を自社側から提示すべきという一般論がある。

　この一般論自体は否定されるべきものではないが，取引内容に合っていない契約書を相手方から提示される場合がある。例えば，自社で細かなサービス運用が固まっていて，契約書に細かい点まで正確に規定しているにもかかわらず，相手方が用意している一般的な業務委託契約書をベースに交渉させてほしい，などと言われることがある。また，外資系企業との取引では，「本国の意向で」という理由づけで相手方が用意したひな型をベースにした検討を求められることもある。

　交渉力の関係で，自社のひな型を提示できない場合はもちろんある。もっとも，想定している契約が異なるひな型をベースに交渉をすると，結果的に修正箇所が多くなる上に，取引の実態に沿わない内容が規定される可能性もある。

その結果，合意内容を証拠として残すという契約書の機能が損なわれることもある。

　自社で業務フローに沿ったひな型を用意しており，相手方から実態からかけ離れた契約書ひな型を提示された場合には，自社ひな型をベースに交渉できないか検討したい。

⑤　意図しない「ひな型」化

　新たな取引をするときに契約を締結する際に，過去にあった類似する取引で締結した契約書を参考にすることがある。参考にすること自体は規定のドラフトに有益なことも多い。もっとも，規定内容をそのまま使い回したり，深く検討しないまま今後の類似する取引の「ひな型」としないように気をつける必要がある。なぜなら，過去の取引で締結した契約は，相手との交渉により自社に不利な条項が一定程度規定されていることが通常であり，そのような不利な条項が「ひな型」に紛れ込むリスクが存在するからである。過去の契約書を活用する場合であっても，意図せずに「ひな型」としないように，例えば，稟議に回す際に参考にした契約書を明示するなど，活用する際のルールを明確化することが重要である。

⑥　コメント機能のリスク

　契約書の修正作業は，ワードファイルに修正履歴を付け，必要に応じてコメント欄で修正の趣旨や要望を付記し，そのファイルをメール等で送受信することにより進めることが一般的である。相手からの契約案や修正案を受領すると，担当者はその案文を法務に送るが，法務は検討の上，修正を加え，修正趣旨を「自社の担当者向け」にコメント欄に記載することがある。その内容は「相手方の契約案では，知的財産権がすべて相手方帰属になるので修正をしてもらったほうがよいです」などと自社の観点でのリスクを説明していることがあり，交渉過程で取引相手には知られたくない内容のものもある。

　しかし，自社の担当者自身は窓口として契約締結のスピードを重視しており，特にコメントの内容に適切に目を通さず，法務からの社内コメントを削除しないままに取引相手に送ってしまうことがある。法務から繰り返し指摘しても同

じことが生じる場合がよくあるため，そのような人が担当の場合には，ワード
ファイルのコメント欄ではなく，法務から担当者へのメール本文にリスクや検
討結果を記載する等して，相手方に社内向けの検討結果が不用意に伝わらない
ように契約書レビュー時に工夫することも考えられる。

3 契約書の形式面のレビュー

　ここからは，契約書のレビューの解説に入る。契約書レビューは，大別する
と形式面の審査と内容面の審査に分けられる。レビュー自体は内容面の審査か
ら行うこと，または形式面と内容面を並行して行うことが多いが，まずは形式
面における注意点を説明する。

(1) フォーマット

　契約書のフォーマットについては特段，法律上の制限はないが，一般的には，
【図表1－4－2】のようなフォーマットが用いられる。

(2) 形式上の留意点

ア 契約書の要否
　日本法において，申込みと承諾という意思表示の合致により契約は成立する
とされており，一部の例外を除いて，その締結方式に制限はない。そのため，
契約書を作成することは必須ではなく，メールやFAXのやりとりや口頭での
やりとりでも契約が成立する。また，1通の書面でなくても，「発注書」と「受
注書」の組み合わせのように，複数の書面でもって契約書として機能する場合
もある。しかし，企業間の取引においては，合意の証拠を残すため等の理由か
ら，契約書を作成することが一般的である。そのため，現状，取引先との間に
契約書がない場合，リスクの大きさなどを考慮して実態に即した契約書を作成
する必要がないか，今一度検討してみるとよい。
　また，特定の種類の契約については，例外的に書面の作成が法令上必要とさ
れる。例えば，保証契約は，書面で行わなければ契約は効力を生じない（民法
446条2項）。なお，保証契約は電磁的記録で作成した場合には書面で作成した

【図表1－4－2】 契約書フォーマット（サンプル）

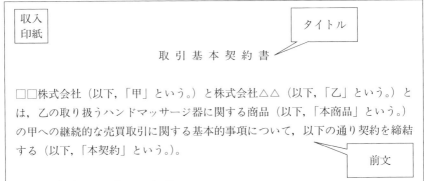

収入
印紙

タイトル

取 引 基 本 契 約 書

□□株式会社（以下，「甲」という。）と株式会社△△（以下，「乙」という。）とは，乙の取り扱うハンドマッサージ器に関する商品（以下，「本商品」という。）の甲への継続的な売買取引に関する基本的事項について，以下の通り契約を締結する（以下，「本契約」という。）。

前文

第1条（本契約の目的及び適用）

1．本契約において，乙は，甲に対して本商品を継続的に供給し，甲は，これを継続的に購入するものとし，もって，共同の利益の増進と円滑な取引の維持を図ることを目的とする。

2．本契約に定める事項は，本契約の有効期間中，甲乙間で行われる本商品の個別取引（以下，単に「個別契約」という。）に共通に適用されるものとする。但し，個別契約において本契約と異なる事項を定めたときは，個別契約の定めが優先して適用される。

（中略）

第●条（合意管轄）

　本契約に関連する訴訟については，東京地方裁判所を第一審の専属的合意管轄裁判所とする。

以上，本契約締結の証として本書2通を作成し，甲乙各自記名捺印の上，各1通を保管するものとする。

後文

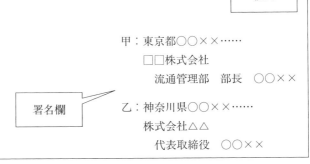

2023年●月●日

甲：東京都○○××……
　　□□株式会社
　　　流通管理部　部長　○○××

署名欄

乙：神奈川県○○××……
　　株式会社△△
　　　代表取締役　○○××

ものとみなされる（民法446条3項）。

イ　タイトル

　契約書のタイトルは，売買契約書，業務委託契約書等の「契約書」の名称が用いられる場合が多いが，当事者の意思表示が表れているものであれば，タイトルに制限はない。「合意書」「協定書」「覚書」「念書」といったタイトルでも，契約の拘束力が生じることに変わりはない[1]。もっとも，業務委託としての性質を有する契約にライセンス契約というタイトルを付けるなど，実態を反映しないタイトルにすると管理が難しくなる。そのため，実態に即したわかりやすいタイトルにすることは心がけたい。

ウ　前　文

　契約書のタイトルの下には，前文と呼ばれる記載をすることが一般的である。そこでは，①契約当事者を特定し（甲，乙，丙，……と定義されることが多いが，近年はアルファベットなどを利用した略称で記載されることもある），②契約の対象となる目的物を特定し，また③契約締結に至る背景を明確にすることが多い。①②により同一当事者間で複数の取引を行う場合でも個別の契約の対象を明らかにすることができる。また，契約の前文の記載が契約の権利義務を直接規律することはないが，各契約の条項を解釈する上で前文に記載された経緯などが指針となるため，正確に記載するべきである。

エ　後　文

　契約の各条項を記載した後には，後文と呼ばれる文書を記載するが，そこでは，契約書を原本・写しでそれぞれ何通作成し，署名捺印し，保管するということが記載される。契約書の作成部数は基本的に自由であるが，一般的には各

---

[1]　M&A取引などにおいては，契約が正式に締結される前段階の合意文書としてMemorandum of Understanding（MOU）やLetter of Intent（LOI）を締結することがある。これらは，本契約が締結される前段階のものにすぎず，守秘義務などの一部の条項を除いて，各条項には法的拘束力がないと解されることが一般的であり，そのことを明確にするためこれらの文書内に法的拘束力を有さないことを記載することもある。

当事者が1通ずつ原本を保有する。なお，後述する電子契約では原本が紙ではなく，PDF（電磁的記録）であるため，契約書は電磁的に作成し，署名捺印に代わり電磁的処理を施された上で双方保管される旨記載されることが多い。

オ 署名欄

　契約書の末尾においては，当事者の署名捺印がなされる。契約を有効に締結するためには会社を代表して契約書にサインをしてもらうことが必要になる。代表取締役に署名捺印をしてもらえれば問題ないが，実務では部長や課長クラスの人物が署名捺印者になることがある。相手方としては，当該人物が当該取引について決裁権限を有しているかを確認することが望ましい。

カ 印 紙

　契約を締結する場合にはその種類によっては，印紙を貼付する必要がある。課税の対象に該当するかは，契約書の実質的な内容で判断する必要があり，その類型は，国税庁ホームページの「印紙税の手引き」において詳細に解説されているので参照されたい。

キ 電子契約

　近年のデジタル化のための法整備や働き方改革の推進などによって，従来の紙に押印して作成する契約書に代わり，電子文書に電子署名をすることで作成する電子契約が急激に普及してきている。電子契約サービスはさまざまなベンダーにより提供されているが，自社が電子契約サービスを提供するベンダーとの間で取引がなくとも取引の相手方がベンダーのサービスを利用していれば，電子契約による契約書の作成が可能である。電子契約とすることで，契約締結までの時間を削減することができ，また，印紙を不要とすることができるメリットがある。一方で，電子契約を利用できる権限や内部的なフローを確立しておかないと，本来の決裁者が認識しない間に電子署名をされる可能性もある。

　契約の条項自体は，紙の場合と同様の点に注意すれば問題ないが，電子契約を締結し，保管する上で支障がないかは，自社においてそのメリットとデメリットを含めて検証することが望ましい。

4　契約書の内容面のレビュー

契約書の内容面のレビューについて，説明する。契約の類型，契約書の内容面の審査の視点，ひな型の重要性を説明した上で，契約類型にかかわらず共通して規定される一般条項，代表的な契約類型についてのレビューの留意点を解説する[2]。

(1)　契約の類型

ア　契約の類型

契約書の内容面のレビューをするにあたり，これからレビューする契約がどの類型に当たるのかを認識することが出発点となる。

契約の類型に制限はなく[3]，会社は企業活動を行う上で，多種多様な契約を締結することになる。ただ，その中でも，スタートアップの企業が扱うことが多いと考えられる契約を挙げると以下のとおりである。なお，契約の類型はタイトルを見ればわかることが多いが，どの類型に該当するかは，タイトルではなくて契約の内容により実質的に判断する。

---

① 取引相手：秘密保持契約（NDA），業務委託契約，販売代理店契約，ライセンス契約，賃貸借契約，共同開発契約，売買契約
② 従業員：雇用契約，労働者派遣契約，新株予約権割当契約
③ M&A 関係：投資契約，株主間契約，株式譲渡契約，事業譲渡契約

2　各類型の契約書レビューの詳細や，より詳細を知りたい方には，阿部・井窪・片山法律事務所編『契約書作成の実務と書式－企業実務家視点の雛形とその解説［第2版］』（有斐閣，2019年）が参考になる。
3　民法上は13個の典型契約が規定されているが，この類型に限らない類型の契約を締結することが可能である。

イ　約　款

　契約の類型とは少し異なるが，画一的に同じ条件で契約を締結したい場合に「約款」を用意することもあり，法務で約款の内容審査を行うこともある。

　約款とは，団体的契約関係を画一に処理するためにあらかじめ備え置き，契約成立の際に契約内容となる，完結したまとまりの条項をいう。交渉により両社が合意内容を決めていく通常の契約と異なり，一方当事者が作成した画一的な契約内容に従わざるをえないものである。伝統的なものとしては電気供給約款，保険約款などもあるが，スタートアップ企業の関係では利用規約が約款に該当しうる。

　従来，約款について具体的な規律がなかったが，2020年の民法改正で定型約款について以下のとおり定められることになった。

　定型約款とは「定型取引において，契約の内容とすることを目的としてその特定の者に準備された条項の総体」をいい，定型取引とは「ある特定の者が不特定多数の者を相手方として行う取引であって，その内容の全部又は一部が画一的であることがその双方にとって合理的なもの」をいう（民法548条の２）。

　そして，①定型約款を契約の内容として合意する場合，②定型約款を準備した当事者が当該約款を契約内容とすることを相手方に伝えて，取引を行うことになった場合，当該約款は当事者の合意の内容になる（みなし合意）ことが定められた。また，相手方の権利を制限し，または義務を加重する条項で，取引上の社会通念に照らして信義則に反して相手方の利益を一方的に害する条項は，不当条項として約款に記載されていても契約内容にならないことも定められた。その他にも，定型約款の内容を変更する方法やその周知方法についても，民法に定められた。特に，BtoC ビジネスを展開する企業は，自社が利用規約を作成するにあたり，約款に関する規律に留意する必要がある。

⑵　契約書の内容面の審査の視点

　契約書の作成をする場合を含む内容面の審査をする際の視点を解説する。社内に手順書等がない場合，漫然と契約書を眺めることになりがちなので，以下の視点を今後の内容面審査の参考にされたい。

ア　契約締結の目的・交渉力の把握

　契約書作成の依頼，契約書の内容面の審査の依頼が事業部門から来た時に，すぐ作成作業に着手するのではなく，まずは契約締結の目的を把握すべきである。例えば，1回きりの取引で，金額の規模も小さい場合には，契約書という書面を用意するのではなく，発注書や受注書だけで対応できる場合もある。

　また，相手方との関係で，交渉力を把握することも重要である。自社が交渉力をもって相手方との契約条項を決めることができるならばよいが，反対に相手方に不利な義務を記載されてしまうおそれがないかなども意識すべきである。リスクを最小化するためにそもそも契約書を作成しないという方針もありうるし，交渉力次第で契約書の内容や修正方針，コメントのレベル感も異なってくる。

イ　締結すべき契約類型の把握

　審査を始めるにあたり，締結すべき契約類型を把握する必要がある。例えば，ある取引において，秘密保持契約書を相手方から提示されていたとする。しかし，その時点ですでにビジネスを開始するかの検討を越えて，具体的に何かしらの業務を委託する段階に至っている可能性もある。その場合，秘密保持契約を締結するのではなく，業務委託契約を締結し，その中の秘密保持条項で秘密情報の取扱いを定めることが適切であるといえる。

　そのため，どのような場面で何のために契約を締結するのかを理解し，締結すべき契約類型を把握することも，適切な契約書審査を行う観点からは重要である。

ウ　どのような契約条項が必要であるか

　契約の対象となるビジネスの内容と締結すべき契約類型を把握したら，適切な契約条項が記載されているかを確認する。提供するサービスや物の内容・納期や対価に関する条項など典型的な条項のみならず，例えば，知的財産が発生する可能性がある場合，知的財産権についての適切な条項を設けておかないとトラブルになる可能性がある。このように必要な条項を検討するにあたっては，自社の事業内容と具体的なサービスの内容を適切に理解することが必須であり，

事業部門への確認が必要となることも多い。

エ 取引のどこにリスクがありそうか

　上記ウにも関係するが，漫然と契約書を審査するのではなく，具体的に当該取引のどこに自社のリスクがあり，またその大きさはどの程度かを意識することが重要である。

　例えば，ビジネスを行う上で相手方に自社の重要な秘密情報を開示するが，相手方が秘密情報の管理に関して懸念がある外国企業であるといった場合，秘密保持義務について一般的な条項に加えて，「秘密情報の開示者が求めた場合には，受領者は秘密情報の管理状況について報告する」等の条項を入れるなどの対応も検討していくことが望ましい。他にもいろいろな固有の事情があるので，どのようなリスクがあるかを事業部門から聞き出すことも法務としての腕の見せ所である。

オ 相手の要望の把握

　契約書を締結するまでには，相手と契約の条項について交渉することが一般的である。その場合には，交渉力格差にもよるが，すべて一方当事者の望むとおりの条項になることはあまりなく，契約条項は双方とも妥協することがある。この交渉を有利かつ効率的に進めるためには，相手がどのような条項に固執しているのか，契約を通して一番手当てしたい部分は何かということを意識するとよい。

⑶ 契約書のひな型

ア 自社のひな型を用意する

　自社に有利な内容で契約を締結する一番の方法は，自社の契約書のひな型を利用することである。自社のひな型を交渉の出発点にしておけば，自社に有利な条項が契約交渉のスタート地点になる。したがって，自社で締結することが多い類型の契約書については，専門家と相談し，ひな型を作成しておくべきである。その際，相手からよく修正依頼を求められるであろう条項については，その場合に備えて代替となる譲歩案を設けておくと契約交渉もスムーズにな

る[4]。

イ　相手の契約書ひな型を修正する場合

　相手方に，相手方の用意する契約書を先に提示され，交渉力の関係で自社の
ひな型を利用できない場合もある。その場合，相手の契約書における自社にとっ
てリスクとなる条項を見極め，適切に修正するという対応が不可欠である。そ
のため，重要な取引については法務で必ず審査するようにし，頻繁に締結する
取引類型については，自社として必ずチェックするポイント（損害賠償の上限
額の定め，知的財産の帰属，契約不適合責任に対応する期間をどうするか等）
を記載したチェックリストや審査手順書を作成しておくことが望ましい。

(4)　各契約類型に共通する一般条項の注意点

　契約書の具体的なチェック項目について解説をする。まずここでは，どの契
約書においても共通する最低限注意するべき記載について説明をする。

ア　一方的か双方的か

　契約条項の多くは，「甲は……できる」や「乙は……するものとする」といっ
た権利や義務で表現される。甲や乙といった直接当事者が直接主語になる場合
でなくても，「本業務の遂行過程で生じた知的財産は甲に帰属する」など一方に
のみ有利な内容になっていることもある。このように，契約の条項が片方につ
いてしか触れていない場合に，その定めによって片方の当事者だけが一方的に
義務を負うことになっていないかを確認し，双方向に修正する確認は必須であ
る。例えば，秘密保持義務を自社が一方的に負担しており，相手方が自社の重
要な機密性の高い情報を第三者に開示したが相手は秘密保持義務を負担してい
なかったので責任を追及できなかったケースがあるが，これは双方向にしてお
くべきであった例である。

4　なお，自社ひな型の重要性および作成方法等に関しては第2章2(1)・(2)に具体的に解説し
　ており，参考になる。

イ　記載が明確か

　「受託する業務範囲」といった当事者の義務を規定する記載が，不明確で解釈の幅がある文言の場合，自社の義務や責任の範囲を広く追及される可能性がある。これらを限定する観点から，文言はできるだけ明確にすることが望ましい。また，自社が保証義務を負う条項は，その内容を限定的にしか保証できない場合，努力義務にしたり，自社が知る限り，という限定を付すとよい。例えば，「乙は，本業務の遂行過程において第三者の知的財産権を侵害していないことを保証する」といった条項がある場合には，末尾を「侵害しないように努める」等に変更することが考えられる。

ウ　任意解除規定

　契約は，期間満了か，当事者の解約の合意か，当事者の一方が解除することで終了する。相手の義務違反があった場合に契約を解除できる条項を規定することは一般的であるが，「甲は，3カ月前に通知することでいつでも本契約を解除することができる」として，契約を任意に解除できる規定が含まれる場合がある。この規定は相手に容易に契約を解除されるリスクを含むものである。そこで，削除するか，少なくとも相手のみならず自社も任意に解除できるように双方向に修正する，または解除の予告期間を長くするといった修正を検討するべきである。相手の特定の分野の技術力に注目して共同研究契約を締結したが，相手は自社以外によいパートナー候補を見つけ，自社とは任意解除の規定に基づき解除を行ったという例もあるが，これは適切に任意解除規定を修正しておくべきであった例といえる。

エ　存続条項

　契約書における各条項は，契約が終了すると同時にその効力を失うことが原則である。しかしながら，特定の条項については契約終了後も存続させる定めを設けることがある。これらの存続条項において，自社に不利な条項が不合理に存続していないか，また，相手方にも契約終了後にも負担させるべき義務がある場合には存続する旨が適切に記載されているかを確認するべきである。

オ　損害賠償条項

　相手方に何らかのミスがあり損害を被った場合には，相手方に対し損害賠償を請求することになる。この原則は，民法に基づくものであり，契約書に記載がなくとも請求が可能であり，その賠償の範囲はミスと損害の間に相当因果関係があれば請求できる。しかし，契約で損害の範囲について制限を付している場合，原則としてその内容が適用される。したがって，責任の範囲を「直接かつ現実に発生した通常の損害」としたり，損害賠償額を「委託料の合計額を上限とする」ことや，損害賠償責任を負う場合を故意・「重」過失の場合（重度なミス以上の場合）に限定すること等が可能である。このように損害賠償責任については，当事者がその責任や金額の範囲を限定することができるため，相手が一方的に不合理な限定をしていないか，また反対に自社として責任を限定する余地がないかということについて検討すべきである。なお，責任範囲をあまりに限定し，一方当事者にあまりに不利な場合には裁判上そのような制限は無効とされる可能性があることには留意されたい。

　実務では，提示される契約ひな型に相手の損害賠償義務の上限額を定めたものを見かけることが多いが，例えばプロダクトやサービスを比較的安価で多数提供している会社は損害賠償の上限を各社との間に定めているからこそ，比較的安価で提供できる構造になっているため，損害賠償の上限を外すことはできないと主張してくる場合がある。自社がサービスを提供する側の場合にも同様に責任を制限することを検討するべきであろう。なお，相手方における損害賠償の上限を受け入れるかどうかは実務では事業部門等の担当部門が判断することが多いが，法務としては適切にリスクを説明することが求められる。この点については第 2 章 2 (1)イ(イ)で具体的に解説されており，参考になる。

カ　免　責

　相手方に何らかのミスがあり損害を被った場合，相手方に対し損害賠償を請求することは，原則として民法上認められている。しかし，契約において，一定の場合には相手に損害を与えたとしてもいかなる責任も負わないという免責条項を記載することがある。例えば，相手のパソコンを利用したり，相手のサーバーにアクセスしたりするようなサービスの提供者について，「本業務の遂行過

程で，委託者が管理・保有するデータ・サーバーの機能の一部又は全部に不具
合が生じ委託者に損害が生じた場合，受託者はその過失の有無を問わず，責任
を負わない」等の条項がありえる。この場合には，委託者としては，相手方に
責任を問えないため，修正を求めることになろう。このような条項を検討する
にあたっては，どのような場合に，どの範囲で責任が免責されるのかという点
を吟味して修正を希望することが重要である。また，反対に自社がサービスを
提供する場合には，負担できない責任については免責条項を設けることも検討
に値する。

キ　裁判管轄

　相手方との間で紛争が生じた場合，裁判に発展することがある。全国の各裁
判所には，どの事件を扱うかという管轄がある。原告が被告を訴える場合，被
告の本店所在地の裁判所で訴えることが原則である。しかし，当事者間で裁判
管轄をどこにするかをあらかじめ契約締結の際に定めておくことは可能である。
例えば，自社が東京にある場合，「第一審は東京地裁とする」と定めることも可
能である。そのため，裁判所の管轄はできるだけ自社に有利な場所に定めるの
がよい。もっとも，2021年頃からコロナ禍の影響も相まって裁判の手続も出廷
を要しないリモートで行われる裁判所が増えてきた。そうすると，以前ほど出
廷が手間やコストにならない可能性があり，裁判管轄を契約で自社の本店所在
地に定める意義が以前より弱くなる可能性もある。

ク　準拠法

　海外の企業が相手の場合には，契約でトラブルになった場合にどこの国の法
律を適用して解決するかという準拠法の問題がある。海外の法律が適用される
場合，現地の専門家に確認する必要が生じてしまうため，できれば日本法を準
拠法として定めておくべきである。実務では，取引相手との関係で準拠法を決
することが多く，どうしても両者が譲らない場合には第三国の法律を準拠法に
定める場合もある。日本法以外が準拠法になった場合には，日本の法務部では
契約書審査が難しくなるので，リスクのある契約については，現地の専門家に
確認するべきである。

⑸　代表的な契約類型

ア　秘密保持契約
(ア)　秘密保持契約（NDA）とは

　スタートアップ企業が利用する頻度が高い契約書について，種類ごとにポイントの解説を行う。まずは，秘密保持契約（Non-Disclosure Agreement, NDA）である。これは，自社の秘密情報について相手方が第三者に開示・漏えいすることを防ぎ，また，特定の目的以外に利用することを禁じる契約書である。

(イ)　全般的な注意点

　まず秘密情報について，自社が開示者になるか，受領者になるかを検討する必要がある。自社が開示者の立場であるにもかかわらず，秘密保持義務が自社だけに一方的に課されている場合には，相手方にも秘密保持義務を負担してもらう修正が必要である。なお，秘密保持契約は万能ではなく，いざ相手方が秘密保持義務違反を犯してもそのことを開示者が主張・立証することは難しいことが多い。そのため，NDA違反に対しては違約金の定め等を入れて抑制を図る方法もあるが，実務上開示する秘密情報は必要最低限にするなどしてリスクを最小限にすることもポイントである。

(ウ)　主要な条項の留意点

> □　保護される「秘密情報」の定義はどうなっているか
> 　秘密保持契約においては，契約の対象となる秘密情報は契約で定義される。一般的には，広く当事者が開示した情報すべてが「秘密情報」に該当するとするパターンと，開示者が「秘密」等の表記をして特定した上で情報を開示した場合にのみ「秘密情報」に該当するとするパターンの2つが多い。受領者の立場としては，秘密情報は特定されたほうが管理しやすいといったことも多いであろう。そこで，自社が開示する情報の内容はどの程度の重要性があるか，自社が開示する秘密情報のすべてに「秘密」等の表記をする運用が可能かといった自社の立場を考慮し，特定の要否を確認することが肝要である。
> □　秘密情報を利用する目的は適切か
> 　秘密保持義務と同じく重要な条項が，受領者による秘密情報の目的外利用の禁止の条項である。何が「目的」なのかが非常に重要であるため，契約書に記載する目的は活動実態に合ったものとし，目的を広く記載しすぎて受領者が自由に使

える範囲を実態より広くしすぎないように注意すべきである。

□　**禁止規定が必要か**

　サンプル品等を秘密情報として提供する場合，受領者が分析・解析・リバースエンジニアリングを行わないよう，これらを禁止する規定を入れることも大切である。

□　**秘密情報の開示範囲は適切か**

　例外的に受領者が秘密情報を開示できる第三者の範囲については，確認すべきである。受領者としては親会社等の関係会社に秘密情報を共有することが必要な場合があるため，必要な開示先をNDAに盛り込むべきである。他方，開示者の立場からは，開示可能な第三者の範囲が不当に広くないか確認し，また，開示できる場合も当該第三者が秘密情報を漏えいした場合には，当該開示を行った受領者が責任を負うことを記載するべきである。

□　**期間は適切か**

　秘密保持義務には期間制限が付されることが多い。一般的には1～5年程度の期間に限定されているものも多いが，中には自動更新条項があり更新を拒絶しない限りずっと更新されるものもある。自社と相手方が開示する情報の内容等を考慮し，主に相手方が情報を開示する場合には，自社が秘密保持義務を長期間負い続けることは避けたほうがよいので，期間も限定したほうがよいことが多い。

イ　業務委託契約

㋐　業務委託とは

　企業が自社の業務を外部の第三者に委託したり，第三者からサービスの提供を受けたりする場合に用いる契約を業務委託契約という。業務委託の結果として成果物が生じる場合もあれば，生じない場合もある。

㋑　全般的な注意点

　業務委託契約書以外にも成果物の仕様について定めた仕様書がある場合にはそれも契約の内容になる。また，成果物を伴う場合には業務委託は，役務（サービス）を提供する準委任契約またはモノを完成する請負契約のいずれかに該当する。受託者の立場では，請負契約上の完成義務を負ってしまうことは責任が重いため，準委任契約として解釈できるような建付けで契約書を作成することが望ましい。

㋒　主要な条項の注意点

□　業務委託の範囲は明確か

　どこまでの業務が委託の範囲であるかを明確にするため，契約書上も業務委託の範囲を明らかにしておくことが望ましい。別の仕様書や発注書に詳細に記載する場合にはそれらが契約の内容に含まれることが契約書上でもわかるようにするべきである。

□　再委託は認められるか

　再委託の可否と条件については明記すべきである。受託者としては再委託の可能性がある場合には「再委託は自由にできる」旨の記載にしておき，他方，委託者としては「再委託は同意がない限り認めない。また，再委託を認めた場合でも受託者は再委託先の義務違反について委託先に責任を負う」旨の条項を入れておくことが望ましい。

□　検査の合格基準は明確か

　成果物を伴う場合，納品に際し，納入，検査，検収の流れをたどることになるのが一般的であるが，検査の合格の基準について揉めることがあるので，あらかじめ契約でその内容を定めておくことも一案である。また，検査の結果不合格となった場合や検査後一定期間内に契約と不適合の点が見つかった場合，どのような対応を受託者がとるか（修補，代替品の納入，代金減額，損害賠償等）についてあらかじめ定めておくべきである。

□　知的財産権の帰属が定められているか

　成果物を伴う場合，その成果物に関する知的財産権の帰属について取り決めておくことが大切である。完成品のみならず，製造過程で生じる中間製作物や製造のもととなるデータ等も存在するため，これらについての知的財産権の帰属を定めておくことが大切である。特に，同じ元データや中間製作物を利用して，別の企業に類似のサービスを提供しようとしている場合には，これらを自社に帰属させることが何より重要である。

□　第三者の知的財産権の非侵害が保証されているか

　成果物が生じる場合には，その成果物が第三者の特許権や著作権等の知的財産権を侵害しないことを保証させること（訴訟などの紛争解決を義務づけることもある）が委託者としては望ましい。他方，受託者としては，例えば著作権などについてはすべての第三者の権利を調査することは難しいので，このような保証範囲を限定することが考えられる。

ウ 売買契約

(ア) 売買契約とは

物を購入し，その対価を支払う契約が売買契約である。

(イ) 全般的な注意点

契約書なしに個別に発注書・請書やシステム上のやりとりで受発注を行う場合もある。特段揉めるような相手ではなく，市販品を少量購入するだけの場合に，このような方法もよく用いられる。他方，継続的に発注をかけることが見込まれる場合には，取引基本契約を締結し，個別の発注は当該基本契約に紐づいた個別契約として行うことがある。したがって，売買契約といってもどのような書類を用いて行うのかということは意識しておくとよい。

(ウ) 主要な条項の注意点

売買契約では，目的物があるため，業務委託契約の成果物についての条項であるところの，検査・検収，契約不適合責任，成果物の知的財産の帰属，第三者の権利侵害についての保証の条項の説明がほぼ同じく当てはまる。

また，購入した物をさらに第三者に販売する場合には製造物責任が関わってくるため，買手としては製造物責任についても規定しておくことが望ましい。

エ ライセンス契約

(ア) ライセンス契約とは

企業がある技術や設計についてのノウハウを提供したり，自社の有する特許権等の知的財産権を他社に使用させたりして，対価を取得する契約である。

(イ) 全般的な注意点

ライセンスを付与する側（ライセンサー）であるか，付与される側（ライセンシー）であるかで注目するべき点が異なるので，自社がどちら側であるかというのは意識したい。また，ライセンスといっても単に自社の権利の利用を認めるというものではなく，対象，利用態様，独占・非独占，ライセンス料の定め方，期間等さまざまな考慮事由があるため，これらを具体的に想定して細かく定めることが大切である。

(ウ)　主要な条項の注意点

□　ライセンスの対象は特定されているか

　対象物が適切に特定されていない場合には思わぬ範囲の権利もライセンスしてしまうことになったり，ライセンスを受けられなかったりするため，適切に特定することが必要である。明確な文言で特定することに加え，改良発明が生じた場合にそれが含まれるか，また，利用される形態が複数ある場合にはどの形態を対象にするかなどは明らかにしておくべきであろう。

□　ライセンスの範囲は明確か

　独占・非独占か，利用できるテリトリーはどこの範囲を含めるか，利用する目的を限定するか，サブライセンスを認めるかといった内容は知財戦略上も非常に重要になってくるため，明確に定める必要がある。独占でのライセンスを認める場合には別の第三者にライセンスすることができなくなるため，そのことを前提にライセンス料を定める必要がある。また，テリトリーについても自社がビジネスを行ってもらいたいと考えている想定領域と一致している必要がある。サブライセンスも不用意に認めると自社が権利を利用されたくない第三者（例えば競合他社など）にサブライセンスされる可能性があるため，注意が必要である。

□　類似ビジネスの禁止が定められているか

　ライセンサーとしては，ライセンス料が収入源となるため，ライセンシーに競業の類似ビジネスを一定の期間禁止することがある。ライセンシーとしてはそのリスクを十分に理解して受け入れるか検討するべきであり，受け入れる場合であっても「類似」の範囲をできるだけ具体的にしておき，その範囲の理解に両者の齟齬が生じないようにすることが望ましい。

□　ライセンス料の支払方法は規定されているか

　ライセンス料の支払方法も一括で支払う方法やランニング（売上高に対する一定料率）で支払う方法，両者を組み合わせる方法などさまざまである。ライセンスを利用した技術に関連付けてライセンス料を計算する場合もあれば，固定額で徴収する場合もあるので，両者ともビジネス上の売上を予測して交渉することが望ましい。

□　ライセンサーの保証・免責条項は定められているか

　ライセンサーの保証・免責に関する規定も重要である。ライセンスをしたモノが第三者の権利侵害をしていた場合にはライセンシーにも損害が生じたり，第三者との交渉が必要になったりする。その場合等を想定して，ライセンサーは第三者の権利侵害をしていないことや発生した場合の対応を義務づける条項を提案される可能性がある。その場合には，対応可能な範囲で保証し，例えば，「自社の知

る範囲において」等の限定付きで第三者の権利侵害をしていないことを保証したり，ライセンサーに過失がない場合（ライセンシーが許可なく他の製品・技術と組み合わせて使用した場合等）においては責任を負わない等としたりすることが考えられる。

□　**ライセンスの期間は適切か**

　ライセンスの期間についても目を配るべきであろう。ライセンシーとしては事業に必要なライセンスである場合には，当該事業が存続する間は利用できるようにする必要がある。ライセンサーとしても，独占・非独占などによるが，自社がライセンス収入を得る上で適切な期間設定を行うべきである。

第 2 部

実体験から見る一人法務

I

一人法務の意義

I－1 IT ベンチャー×一人法務×新米法務

飯田裕子

> 　社内に法務担当者が1人しかいない場合，裁量が大きい反面，直面している法的課題に対して誰かと意見交換ができない・自身のスキルアップや情報のキャッチアップが難しいといった課題がありうる。
> 　本稿では，一人法務として奮闘する筆者が，自身の経験を通じ，一人法務の心得，行うべき学習，事業部門との関わり方などについて解説する。

1　はじめに

　一人法務と一口に言っても，いろいろな経歴や属性がある。かくいう私は，LAPRAS 株式会社という AI を用いた事業を行う企業で法務部門の責任者をしており，IT ベンチャー企業で一人法務3年目を迎える新米法務である。

　元々大学時代は司法試験を目指して勉強していたが挫折し，新卒就活で法務職への就職が叶わず，そこから大手 IT 企業の営業職，司法書士事務所の補助者，士業総合コンサルティング勤めを経て，現職の IT ベンチャーでようやく法務職に就いた。待望の法務職であったものの，当時30人規模のベンチャーであった弊社に法務職の先輩はおらず自身も法務職が初めてであり，また IT ベンチャーという独特の文化もあり，一人法務として立ち上がるまでには苦労の連続であった。

　そこで本稿では，自身がこれまで突き当たった壁とその乗り越え方をご紹介させていただく。これからITベンチャーで一人法務を始める方や，異動等の事情で本職ではない法務を1人で立ち上げることになった方の参考になれば幸いである。

2　新米法務×一人法務

　本書を手にとっていただいた方の中には，法務を専門とせず兼任しながら法務部門の立ち上げを行う方や，私のように企業法務経験が乏しいが一人法務として頑張っていらっしゃる方もいると思う。そのため，本稿では法学知識のあまりない担当者が最初に法務を立ち上げる際に，つまずきやすい点について解説する。

(1)　新米法務の勉強方法

　まずは最低限の知識をインプットするために，書籍を読んでいただきたい。ベテラン法務の方でも基本書等の読書を怠らないことからもうかがえるように，法務の勉強の基礎は書籍から得られる部分が多い。ただ，知らない分野でいきなり書籍を選ぶのも難しいため，法務に関する書籍について大きく分類して紹介したい。例えば，契約書審査を例に取ると，【図表2－1－1】のような知識が必要になり，それぞれに適した書籍が存在する。

　ここで気をつけたいのは，一人法務担当者は最初「問題検知するための知識」のインプットを優先すべきということである。規模感のある法務部や法学部では「見解を持つための知識」のインプットを優先するため，通常の法務パーソンに勉強方法を質問すると，このカテゴリの書籍を勧められることが多い。

　しかし，新米一人法務が見解を持つまで待っている間に，会社のリスクはどんどん増えてしまう。そのため，まずは「どういうことが問題で，何を弁護士に相談すればよいか」のアタリをつけることを優先すべきである。どこに問題があるかを検知できるようになった後で，個々の法律条文や逐条解説等の見解を持つための知識を取得することで，何となく通読するのではなく具体的な事例をもとに「法学」を学ぶことが可能となる。

【図表2－1－1】　法務に必要な知識とそれに対応する書籍例

知識の種類	適した書籍	
契約書や新規事業を見て「何が法的問題なのか」を検知できるための知識（問題検知するための知識）	会社規模や業界，契約形態ごとに，頻出論点をまとめた書籍	塩野誠ほか『事業担当者のための逆引きビジネス法務ハンドブック（第2版）』（東洋経済新報社，2021年），後藤勝也ほか編『ベンチャー企業の法務 AtoZ』（中央経済社，2016年），出澤総合法律事務所編『実践!! 契約書審査の実務〈改訂版〉』（学陽書房，2019年）　等
いわゆる「法の趣旨」等を理解し，発見した問題点に対して，自分なりの仮説や見解を導くための知識（見解を持つための知識）	法律ごとの基本書や逐条解説の書籍（内容によっては資格試験向けの書籍も）	江頭憲治郎『株式会社法〈第8版〉』（有斐閣，2021年），内田貴『民法』（Ⅰ，Ⅱ，Ⅲ）（東京大学出版会），伊藤靖史ほか『会社法〈第5版〉』（有斐閣，2021年）　等
事業部門の負担を軽減したり，業務フローを改善したり，自分の将来像を描いたりするための知識（業務改善のための知識）	法務担当者や弁護士の経験談やベストプラクティスなどが書いてある書籍	芦原一郎『法務の技法〈第2版〉』（中央経済社，2019年），中村豊ほか『強い企業法務部門のつくり方』（商事法務，2020年），明司雅宏『希望の法務』（商事法務，2020年）　等

　業務改善についての知識は，序盤でインプットしても活用場面がないままに忘れてしまうことが多いので，ある程度契約審査等の個々の業務が成立した時期に読むことを勧める。まずは大きなリスクの芽を摘み，目の前の業務を成り立たせ，その後に業務改善や将来的な法務としてのキャリアについて学ぶという流れが，一番必要最低限かつ最速でインプットを済ませられる方法であると考える。

　とはいえ「目の前の契約書を早く見れるようになりたい」という本音もあると思うので，それについてはリーガルテックの活用もぜひおすすめしたい。契約書審査のツールであれば，類似条項や欠落条項をチェックしてくれるようなツールが，最近は比較的安価に提供されている。

　リーガルテックの活用で気をつけたいのは，AI等のレビューをただ鵜呑みにするのではなく，指摘箇所を「問題検知するための知識」カテゴリの本で一読することである。余裕があれば，「見解を持つための知識」のカテゴリの本で深

追いすることもよい。そうすることで，業務を回しながら，必要な知識を補完していくことができる。

⑵　新米法務の情報収集方法

　新米なのに社内に法務が1人の場合，書籍を読むにもどれが今の自分に最適な本なのか，そもそも何を勉強すればよいのかがわからないということも多々ある。また，情報収集の方法がわからず，勉強の糸口がつかめないという相談もよく受ける。

　そこで活用していただきたいのが無料のウェブサイト・メールマガジンとSNS である。

ア　無料のウェブサイト・メールマガジン
　以下，おすすめのウェブサイトとメールマガジンを一部紹介する。

・商事法務メールマガジン
　https://www.shojihomu.co.jp/shojihomu-mm
　週に2回，直近の法改正の情報や最新の書籍情報がメールにて届く。
・Google アラート
　https://www.google.co.jp/alerts
　自分が登録した単語に関係するニュースがメールにて届く。
・企業法務ナビ
　https://www.corporate-legal.jp/
　ライトに読める記事が多く，話題になった時事的な事例等も取り上げている。
・契約ウォッチ
　https://keiyaku-watch.jp/
　法改正等の情報や，基礎的な法務の情報がまとまっている。

イ　SNS
　弁護士の先生や学者の先生が，SNS で発信している情報も参考になる。特に，新刊の感想や，時事的な話題についての考え方などは，非常に参考になる。

また，法務同士のつながりもSNSから生まれることが多く，例えば法務のアドベントカレンダー等は法務に関わる人が書いた50記事が無料で集約されている。

ただ，SNSの情報はすべてが正しいとは限らない。判例に対する感想を述べているが，そもそも判例の読み方を誤っているようなケースも多々あるので注意が必要である。

試しに企業法務として働いている先輩方や知見のある先生方を100人ほどフォローして見てほしい。そうすることで，書籍や話題のトレンドであったり，よくリツイートされる有名な先生の見解であったり，今他社の法務の人がどういった課題感を抱えているかがわかる。一人法務だからと諦めず，ぜひ社外につながりを作ることで，社外の法務の先輩方に学んでほしい。

⑶ 新米法務と評価方法

社内に法務が1人しかいないと，自分の仕事を理解してくれる人がおらず，社内評価をどうすべきかも悩ましいところである。弊社は職種に関わらない評価基準があり，それで運用しているが，他の職種のメンバーに自分の成果をどう理解してもらうかは課題として残り続けている。

解決策としては，まずは自分から社内に対して成果をアピールしていくことが重要である。例えば，入社当初，月に10件しかレビューが回せなかったのが，倍になった，自分が努力して知識をつけたことで弁護士の先生への質問回数が減り，タイムチャージが減った，等である。私たちがエンジニアの評価がわからないように，一人法務の評価は社内の誰もわからない。そこで「誰もわかってくれない」と諦めるのではなく，数字や結果等わかりやすい成果をしっかりと伝えていくことが重要である。

私自身は，noteに法務としての仕事ぶりをアウトプットすることで評価に生かしている。noteへの記載内容に対して社外からの評価を得て，評価された部分を自分の強みとして伸ばすと同時に，自社に対しても自分ならではの強みとしてアピールしている。比較相手がいない社内では，どのような成果も偉そうにアピールできるが，そうではなく他社の法務の人と比較しても「よい法務」だと思ってもらえるように，外の情報や外からの評価を活用することも有効に思う。何より，一人法務だと自分に自信が持てなくなる，持ってよいのかわか

らなくなる場面を迎えやすいので，そのような時に「先輩法務に評価されている部分がある」と自分を奮い立たせられるように，一人法務こそ外の世界に出ていき法務の先輩方に揉まれるべきだと思う。

3　ITベンチャー×一人法務

本節で述べる「ITベンチャー企業」とは，独自性のあるIT技術をもとに，新たなビジネスを展開しIPOやM&Aによる買収を出口戦略として目指しているような企業を広く指す。

ITベンチャー企業に1人目の法務担当者として入社する際には，次のような点で悩むことが多い。

- ・企業のビジョンやミッション，プロダクトに対して，どういったスタンスで臨むべきかがわからない
- ・入社後に求められていることが多く，どこから手をつけるべきかがわからない
- ・社内用語や業界用語が多く，社内メンバーとのコミュニケーションが難しい
- ・顧問士業の選び方，接し方がわからない

これは，ベンチャー企業では意思決定にスピード感を求められることや，自身の評価が成果ベースで決まること，規模のある企業に比べると格段に自己に裁量があることに起因する部分が大きい。実際に私自身も一人法務になった際に，非常に苦労した点なので，以下それぞれの問題点に対し，どのようなアプローチが可能かを紹介する。

⑴　ミッションやプロダクトに対するスタンス

まず前提として，ITベンチャー企業の求人に応募し，1人目の法務として入社を狙う場合，まずはその会社の目指す「ミッション」や「プロダクト」に共感できるかどうかを所属企業を選ぶ軸としていただきたい。また，現在すでに企業に所属している場合は，自分の想いと会社のミッションやプロダクトが描

く未来が重なる部分を見つけ，ぜひ強く意識して業務に取り組んでみていただきたい。

　ミッションやプロダクトに対してコミットメントを高めてほしい理由としては，①ITベンチャーでの一人法務は業務範囲が広く，会社や事業への愛着がないとつらくなること，②事業にコミットできないと，ITベンチャーの一番面白い部分に関与できないことの2点が挙げられる。

　まず，一人法務の業務範囲が広いことは，想像に難くないと思われる。実際に一人法務で仕事を始めると，予想以上に「自分しかいない」ということに自覚と責任と覚悟が必要になる。法務に関しては自分の知識上限が会社の知識上限になる一方で，勉強方法や最新情報を教えてくれるメンバーはいないため，常に自力で勉強し続ける必要がある。

　また，少し先の動向を読むためには，現在の条文や判例の解釈だけでなく，今までの歴史や改正の流れ，本来守られるべき権利は何かという哲学的な考え，諸外国との比較や現在の外交の力関係，最近の世論や政治的な流れについてもキャッチアップが必要になってくる。加えて，事業の未来や自社で活用している技術の行く先を考えるためには，ビジネスマンとしての基本的なフレームワークや業界特有の知識も必要になる。

　そうしたさまざまな知識が必要になる一方で，自身の勉強不足が会社のリスクに直結する。そのため，トラブルになった際には自分ですべて責任をとり，対応を行う必要がある。その状況を自覚した上で覚悟して歯を食いしばるためには，やはり会社の描く未来に対して熱い想いが必要だと思う。

　また，ITベンチャーでは法務にこだわっていては面白い仕事ができず，「法務の専門家であること」と同じかそれ以上に「事業にコミットメントできる人材であること」が強く求められる。

　なぜなら，規模感のある企業と異なり，ベンチャー企業の経営はずっと安定を維持することが難しい。競合の存在，大手の業界参入，社員の入退社等でいともたやすく経営が傾く可能性がある。その状況で誰もが，会社を守り自分たちの目指す世界を達成するために職種にこだわらず必要な仕事をやり，少しずつ自分たちが描く未来に近づけていくのが，ITベンチャーの一番面白い部分である。その状況で，法務だけが職種にこだわり，勝手に自分の仕事を決めてい

たのでは，自然と事業の根幹に近づけなくなり，一番楽しい部分に関与できなくなってしまう。とはいえ，法務職で仕事をしている以上，業務内容との葛藤は存在する。ミッションへの共感や事業への共感は，その間でバランスをとる役割を担う。

　私自身，営業のメンバーのように売上をあげることもなく，エンジニアのように商品そのものを生み出すこともない。そのような法務が最前線で闘っている仲間達をいかに支援するかと考えた時，やはり法務業務に固執するのではなく「今自分にできる仕事の中でも，一番会社が欲している仕事を行う」ことが重要だと感じた。その結果「メンバーが稼いだお金を無駄にしないための一時的な兼任」を現在でも積極的に受け入れている。法務業務には自身の仕事全体の5〜7割程度の時間しか割けていないが，かなえたい未来のための役割分担だととらえており不満はない。その根幹としては，やはりミッションへの強烈な共感があるからだと思う。

　では，そもそも「ミッションへの共感」や「プロジェクトへの愛着」とは何なのか。特に規模感のある企業に勤めている方にはピンと来ない部分があると思うので，私が今回転職の際に共感した弊社のビジョンとその共感部分を紹介する。

【弊社のミッション[1]】
すべての人にとってミスマッチのない世界
【弊社のコーポレートスローガン】
届くべき機会を，届ける。
【共感した部分】
九州の田舎出身で小学生から弁護士を夢見ていたが，「女の子が勉強ができても可愛げがない」「テストで100点取るよりも家事ができるようになるべき」と周囲から言われ，家族の支援があっても心が折れそうなタイミングがたくさんあった。そうした同調圧力に負けそうな昔の自分のような人に，しっかりと「届くべき機会」が届く，そのような世界になってほしいとの想いがあり，入社した。

1　「ミッション」は筆者入社当時の表現である。

⑵ ITベンチャー法務で広範な業務を１人で回すコツ

　ITベンチャーで一人法務として入社した場合，まず契約書審査等の手元の業務を求められることが多い。しかし，そこですぐに契約書に着手するのではなく，まずはぜひ事業部門との距離を詰め，自社のプロダクトを徹底して理解することに時間を使っていただきたい。

　理由としては，ITベンチャーでは入社数カ月で「成果」を求められることが多いが，圧倒的な成果を生むには事業への理解が必須だからである。

　法務の専門家として入社しているため，入社前と入社後で「圧倒的な違い」を他のメンバーに感じてもらえるかどうかが，最初の関門となる。その状態でまずは自社の事業が理解できないと，自社にとって「理想の法務」がどのようなものなのかが定義できず，小さな改善だけで数カ月が終わり存在意義を示せなかったり，望まれていない箇所から手をつけてしまって事業に理解がない法務というラベルを貼られたりするリスクすらある。

　利用規約の見直し，契約フローの改善，ひな型の変更，社内教育等，やるべきことは向こう数年分ある状況で社内に自分の存在価値を認めてもらうためには，まずは会社や事業部門が真に求めていることを確認した上で，やるべきことの優先順位をつけるところから始めるべきである。

　とはいえ，一般的な一人法務がどのような業務を行っているかがわからないと，理想の法務は描きづらいため，以下一人法務３年目の私の業務内容を紹介するので，ぜひ業務設計や優先順位付け，広範な業務を回す際の参考にしていただきたい。

ア　契約書審査（業務全体の３割）

　社内で発生する契約に関して，契約書を作成・レビューする業務。

　事業部門側にレビューの有無の判断コストがかからないよう，社内の契約書は一部の例外を除いて，まずはいったん法務に回してもらう運用にしてある。その結果，法務業務が遅いと会社全体のさまざまな契約や売上に直結するため，徹底した効率化を図っている。具体的には，①よくある修正点や許容ラインについてはドキュメント化し，事業部門である程度裁量を持って決められるよう

にする，②チェックの迅速化のために，依頼フォームを作成して必要情報をあますことなく記入してもらう，③事業部門側の提案書を共有してもらい法務で案件の大枠を把握しておき，打ち合わせで細部を詰めながらその場で契約書を作っていく，等の工夫をすることで，業務対応のスピードアップを図っている。

イ　個別の質問対応（業務全体の3割）

新機能の開発や新しいキャンペーン広告のチェック，顧客からの問い合わせに対する回答の法務チェック等に対して，個別に法的見解とリスクの程度について回答する業務。

同じ質問には，ドキュメントを送って解決できるよう，質問に対する個別回答をその都度ドキュメントに起こしている。手間はかかるが，事業部門が事前にドキュメントを見て予習してくれる，自身のチェックが前回との差分の箇所だけに集中できる等の効果が見込めるため，時間をかけてやる価値がある。

また，弊社の場合はできるだけ事業部門に負担がないよう，事業部門側の業務フローに法務チェックを組み込む形にしている。その結果，私自身がGitHubに「Legal Request」のissueを立てたり，issue単位で「Need Legal Check」のラベルがついているものを法務チェックしたりという形で，エンジニアと近い環境で仕事をしている。

ウ　中長期的な事業戦略のための調査（業務全体の1～2割）

法改正の動向をキャッチアップし事業部門への研修を行う，プロダクト開発に対して長期的な視点で法的リスクを指摘する，経営層から出てくる今後の会社の展望に関してのリスクや業界全体の潜在的なリスクに対する自社のスタンスを提言する等の業務。

個別の質問対応と異なり経営戦略に携わる部分であり，経営陣との共同作業になる。そのため，調査結果をまとめて共有し，経営陣の指摘や質問を受け，さらに再調査を行うことを繰り返し，法的に一貫性のある仮説を組み立てられるまでレビューのサイクルを回すことを心がけている。自社のサービスを理解した上での法的見解が求められるため，現在の自分の能力ではチャレンジングな分野である。

エ　社内向けの法務研修（業務全体の１割）

　弊社では新入社員全員に，１時間かけて法務の研修を行っており，それに加え，２，３カ月に１度テーマを決めて，全社員に対して研修を行っている。テーマはその時に法務が伝えたい内容であったり，社内からのリクエストに応える形であったりとさまざまであるが，大体１カ月ほど時間をかけて丁寧に準備をする。加えて，各事業部門の定期ミーティングで法改正の要点やニュースになっている事例の共有を行うこともある。

＊＊＊

　その他，株主総会関連や各種許認可の維持，法務としての社外発信等，さまざまな業務を，事業部門からのリクエストや自社に今必要なものを判断して，優先順位を付けて行っている。リソースは常に不足し，手が空くことはないため，常に全体像を見て，優先順位を付け，その順位を見直すことで，会社に対してインパクトのある成果を残せるように尽力している。

(3)　社内用語や業界用語へのなじみ方

　ITベンチャー企業では，独特の言い回しや技術的な用語への理解が必要になる。その際，事業部門側に自分から寄り添う視点は不可欠であるが，具体的にどういった勉強をするかは難しい点である。

　この点，まずは社内用語や略語を一覧のリストにすることをおすすめしたい。自分がわからなかった用語は，多くの場合似たような職種の新入社員も同じところでつまずくからである。弊社には「社内用語辞典」というものがあり，過去のメンバーが入社時にわからなかった用語とその意味を代々書き溜めて受け継いでいるが，この用語辞典があるだけで格段に新入社員が業務になじむのが早くなるので，苦労しても作って運用することを勧めたい。

　また，次点で社内のメンバーに対して「XXという分野について知りたい」と正面から素直に伝えることをおすすめしたい。そして，勧められた本や記事については，しっかりと読んで感想を伝えるべきである。

　この質問とインプットの繰り返しは，業界用語になじみができることはもちろん，社内での信頼残高を貯めるという付加価値がある。一人法務では，自分という「人間」と法務という「役割」が１対１でつながっているため，個人へ

の信頼が薄くなることは法務という部門への信頼が薄くなることに直結する。そのため，いざというときに法務が頼られるためには，信頼残高を社内に対して貯めておくことが重要になり，常に社内メンバーの満足度を意識して動く必要があるため，このような些細なコミュニケーションを蓄積していくことが一石二鳥になる。

　また他にも，その業界に強い弁護士の先生や同業種の法務仲間のSNSをフォローしておくことで，業界の記事や業界ならではの用語の使い方がわかってくるケースもあるので，参考にされたい。

⑷　ITベンチャー法務の士業との付き合い方・選び方

ア　顧問の先生との付き合い方

　一人法務にとって，専門家の先生は強い味方である。そのため，困ったらとにかくすぐに頼ることを勧める。その際，単に助けを求めるだけでなく自分で仮説や自分なりの結論を準備して質問するよう留意してほしい。理由としては，1つの質問で単に答えを得るだけでなく自身の思考過程をチェックしてもらえるほうが自身の成長につながるからである。一人法務の知識や成長は会社のリスク軽減に直結するため，仮説を持った質問とその答え合わせとしての先生の回答を繰り返すことで，自身の疑問が自身を成長させ，その成長が会社にとってのリスクヘッジにつながるという，好循環が生まれる。私自身，決して安くないタイムチャージを事業部門が生み出した利益から支払うからには，できるだけ貪欲に知識を吸収しようという気持ちで日々先生方と向き合っている。

　また，先生はあくまで「答え合わせや補足をしてくれる」存在であり，結論や仮説を作るのは自分の仕事であると認識することで，社内に対して説明するスタンスも変わる。「先生が言っていたから」という理由だけしか伝えられなければ，わざわざ法務を社内に1人抱えている意味が薄れてしまうので，自分が出した結論として伝えるためにもやはり仮説は自分で立てることを勧める。

　加えて，士業の先生方は一人法務の一番の理解者であり，一番身近で支えて，励ましてくれる存在である。そのため，できるだけ自分を信頼してもらえるように努めるほうが望ましい。具体的には，①トラブルや自分の無知も包み隠さずに伝える，②レビューしていただいた機能やサービスがリリースされた時に

はその旨を伝える，③質問した件については最終的にどう着地したのかを共有する等，その道のプロに気持ちよく力添えしてもらうような関係を築けるように，正面から素直にお願いすることがよい。

イ　顧問の先生の探し方

　士業の先生を新しく探すときは，次の点を見て決めている。

> ・専門領域について書籍を出していたり，雑誌等に文章を寄稿していたりして，その内容が同業者からも認められるようなものである
> ・自分の専門でない分野については専門外である旨を教えてもらえ，加えて専門の先生とすぐにつないでくださること
> ・何かをすべてできないと判断するのではなく，妥協案や実現可能な方法を一緒に考えてくださる
> ・依頼する案件に対してかかる費用が，案件の重要性と見合っている
> ・依頼の連絡に対して，まず何かしらのレスポンスをもらえる
> ・納期や請求金額を事前にお伺いした際に概算でもよいので教えてもらえる

　他にも，「何か大きなトラブルに発展したときにコンフリクトしてほしくない」という視点や，法務にも予算があることを理解して動いてくれるかという視点も重要である。私自身は，自社の社内のリスク感覚より少し厳し目に見てくださり，自社の経営層の判断のスピードと同じくらいのスピードで対応してくださる先生が理想だと感じている。

Ⅰ-2 ▌一人法務のための法務業務の「仕組み化」

岩塚知世

　少人数の法務組織では，業務の属人化が大きな課題となる。属人化を放置しておくと，新たに法務担当者を採用して法務組織を充実させる際の大きな障壁になることに加え，法務担当者の離職等の際にそれまで社内で積み重ねられてきた法的なノウハウが失われてしまうことにもつながる。したがって，属人化の排除は法務として早期に取り組むべき課題である。属人化の排除のためには，法務業務の「仕組み化」が重要である。

　本稿では，スタートアップにおいて1人目の法務専任者となった筆者が取り組んだ「仕組み化」の内容を中心に，属人化の排除および法務業務の効率化のための取組みを解説する。

1　スモールスタートで始める一人法務のツール活用術

⑴　一人法務で後回しになりがちな「仕組み化」

　一人法務にありがちな問題として，一人屋台で仕事が回ってしまうがゆえに，仕組みの導入や自動化への着手が遅れるといったことが挙げられると思う。ところが急な組織拡大，事業拡大が起こるスタートアップでは，仕組み化を後回しにしているうちに1人で回していた頃のやり方では対処しきれないタイミングがあっという間に来てしまう。本稿では，私のA社での経験をもとにいくつかのツール導入，仕組み化の簡単な着手法を紹介したい。一人法務が後回しにしがちな仕組み化をなるべく早期かつ，スモールスタートで始めるためのヒントとなれば幸いである。

⑵　私が一人法務になったワケ

　最初に，私がＡ社で一人法務となった経緯を紹介したい。元々私は数社での
ビジネス経験を経た後，当時従業員20人程度だったスタートアップのＡ社へ入
社した。Ａ社では事業開発のフロントを担当した後，広告ネットワーク事業を
立ち上げるとのことで広告の審査をはじめとしたオペレーション部門の立上げ
を担当していた。広告事業立上げから２年ほど経過し，管轄していた審査部門
のメンバーも拡充してきたところで仕事に一区切り感を抱いた私は，何か新し
い技能獲得ができる仕事を社内で模索した。時を同じくして，Ａ社では長年法
務担当が採用できず苦戦していた。当時は法務担当が確定するまではバックオ
フィスの担当役員が１人で兼務をしており（なお，このバックオフィス役員が
法務を兼務するというのも創業期のベンチャー，スタートアップではあるある
なのではないだろうか），外部の弁護士に契約書のレビューの橋渡しを行うよう
な形で何とか法務の機能を果たしていた。当該役員は元来財務のスペシャリス
トで資金調達の課題が常に付きまとうスタートアップではかなりの多忙を極め
ており，彼が法務業務を兼務することがボトルネックになっていると考えてい
た私は，（今振り返ればかなりおこがましいのだが）自らが事業部門側で契約書
業務をかなり得意と自負していたこともあり，何かより得意な分野を自ら切り
拓きたいという希望の下，会社側と交渉し，１人目の法務専任者となったので
あった。

　ここまでで，法務としてはかなり異色な経歴であると読者は感じることと思
う。この後，どのように契約レビュー，リーガルリサーチ等の実務スキルを獲
得したかについても紹介したいところではあるが，今回はその点は割愛して，
タスク管理や契約管理など法務に必須の事務作業についてどのようにツール導
入や自動化を行ったかにフォーカスして紹介する。

2　社内連携と案件管理の効率化

(1)　メールオペレーションからの脱却。法務チーム立上げに備えて

　このようにしてA社の1人目の法務となった私だが，当初もっぱらの仕事といえば契約書レビューであった。いったん前任者のやり方を踏襲し，メールで事業担当者から個別に依頼をもらい，必要に応じて弁護士相談に投げ，マークアップして事業担当者に戻す，という作業を行っていた私は，早速下記のような課題が目につくようになった。

> ● 自由記述で依頼がくるため，事業担当者ごとに依頼内容の粒度がまちまちになる
> ● 現在回されている案件の全体件数が見えづらい
> ● メールには基本的に最終アウトプットしか掲載しないため，途中の検討内容を記録することができない
> ● 検討結果を記録する場合，どこか他の場所にメモをすることになり，やりとりとの関連付けが困難
> ● 担当者とメールでやりとりをし始めると巨大なスレッドが形成されて経緯が追いづらくなる。転送を重ねることで，時には内部と外部のやりとりが入れ子の状態のスレッドが誕生してしまい，わけがわからなくなる
> ● 途中から新しく入ってきたメンバーは過去のメールを閲覧できない
> ● そもそも過去のメールを検索するといった作業が効率的ではない
>
> 　　　　　　　　　　　　　　　　　　　　　　　　　　　　など など

　記憶力や注意力を発揮すれば，もちろんメールでタスク管理的なことはできなくはないが，特に今後2人目3人目のメンバーを採用し，チームで分担して案件処理をすること，今後案件によっては過去の経緯などを確認する必要が出てくることを考えると，メールでの運用からは早々に脱却したいと考えるようになった。

　そこで具体的にどのような解決を図るかであるが，巷にはサイボウズ社の
メールワイズなど，メールを起点にタスク管理，内部メモ，返信対応を行うこ
とができるようにするツールなどもあるが，専用ツールを導入する場合には
ツール選定，ワークフロー検討，諸々の設定，利用者への説明会などなど，現
在すでに運用されているフローがある中で，さらに1人で検討から導入を行う
にはやや大風呂敷となってしまう懸念があった。通常業務の片手間で，少しず
つ仕組み化を進めていくのが現実的だと考えた私は，すでに全社的に利用して
いた G Suite（以下，「G スイーツ」という）[1] のクラウドアプリをメインに活用
する方法を選んだ。

(2)　Google フォームで依頼粒度の精緻化

　まず行ったのが Google フォームの活用である。当時の A 社は他のスタート
アップが常時そうであるように，採用活動も積極的に行っており，毎週，毎月
のように新しいメンバーが増えている状態であった。また，スタートアップや
ベンチャー企業にお勤めのみなさんなら心当たりがあるかもしれないが，新卒
採用を長年行っているような大企業，歴史の古い中小企業と異なり，スピード
と変化第一で成長してきたスタートアップ組織ではしばしば新入社員へのオン
ボーディングプロセス [2] や入社時オリエンテーションの体制が整っておらず，
共通ルールの浸透，特に「法務への依頼の仕方」などという，社員全員が関係
するわけでもない細かい「ルール」を事前に浸透させておくのが困難な場合が
ある。そういう環境においては，「法務への依頼の仕方はどうすればいいか」と
問われた場合の答えは，極力シンプルである必要がある。そこで便利なのが
Google フォームをはじめとしたフォーム形式のインターフェースである。
　Google フォームではウェブ上で用意されたパーツを組み合わせることで誰

1　米グーグル社の提供するビジネススイーツ。Gmail のほか，drive，docs，spreadsheet，
　presentation，form などのクラウドアプリケーションが付属している。本記事で登場する
　ツール，サービスは2019年当時の経験をもとに紹介している。最新のサービス内容，機能は
　別途各公式サイトをご確認いただきたい。なお，現在の名称は Google Workspace である。
2　新入社員が早期に活躍できるように，一律に行われる研修とは別に，個々の部門等で業務
　知識や技術のサポートを行う，一連の取組みのこと。

でも簡単にウェブフォームを作成することができる。主な特徴は以下のとおりである。なお，類似サービスで米マイクロソフト社のOffice365に含まれているFormsもほぼ同等の機能を備えている。

- 閲覧権限を組織内に限定することができる
- フォーム送信者のグーグルアカウントを自動収集できる
- パーツの種類は選択肢（単体・複数），自由記述，点数評価，画像，説明文，添付ファイルなどさまざま
- 項目によって必須，任意回答を設定できる
- ある選択肢によってその後の質問内容を変えるなど，分岐を持たせた質問票の構成がとれる
- 回答は，同じくGスイーツであるGoogleSpreadSheet（以下「スプレッドシート」という）に記載される

　私はGoogleフォームを使い，冒頭に法務依頼時の注意事項，この後の流れなどの説明を記載，その他法務に依頼する際に記載してほしい項目（依頼タイプ，依頼者の部門，相手方，依頼内容，回答希望日，添付資料などなど）を追加したフォームを作成した。記載を指定する項目さえ決まっていれば，フォーム自体の作成は数十分程度で完了するかと思う。これで，「法務への依頼の仕方は？」の答えを「このGoogleフォームから依頼せよ」という極めてシンプルなものにすることができる。あとは，チャットで社内にアナウンスしたり，引き続きメールで依頼する人にコピペ文章で「このフォームへ」と普及活動を行ったりするだけである。

　また，この手のフォームを活用することで回答をあらかじめこちらが指定した選択肢の範囲に限定したり，項目によっては回答の幅をある程度制限したりすることができる。すべてを自由入力させるよりも表記ゆれを削減でき，後々集計作業や他のツールと連携する場合に役立つ。

⑶ 自動化への最初の一歩。フォームが入力されたら確認メールを送信，チャットで通知

フォームはできあがったが，ここで追加のひと工夫を行う。フォーム化した場合には，依頼方法の説明や記入項目の統一を図れる一方で，以下の問題が新たに発生する。

- 依頼後の連絡がない場合に，現場担当者がどのように問い合わせたらよいかがわからない
- レビュー済みの契約書などアウトプットの提供時に「何の件であるか」をいちいち説明して渡す必要が出てくる

そこで私がフォームの展開と同時に行ったのがいくつかのツール連携である。なお，これが自動化の第一歩となる。

ア 自動化①：フォームに入力された内容をメールで自動送信する

依頼粒度の統一のためにフォーム化をしたわけだが，法務への依頼内容はそこそこ機密事項も含まれるため，依頼内容が全件記録されたスプレッドシートを全社大公開するのは避けたい。そこで依頼と案件管理はメールから切り離すものの，最終的な法務⇄事業担当のやりとりではいったん涙を飲んでメールに再登場いただくこととした。案件ごとに必要な範囲でのみエンドツーエンドでやりとりする場合でかつ，新しいツールの導入が不要な方法としてはやはり一番手軽だったからである。

ここでは前述のフォームで依頼された内容を転記し，依頼送信完了の確認も込めてメールで自動送信する。メールを送信する際には宛先は依頼者，CC に法務のメーリングリストを指定しておく。

フォーム記入→メール自動送信を簡単に行う方法として，米ザピアー社の Zapier（「ザピアー」）という連携サービスを紹介する。ザピアーは自動化を行うための SaaS 製品なのだが，さまざまな他社 SaaS の API と連携しており

コードを書かなくても対応ツール同士をつないで自動処理をさせることができる便利なツールである（なお，分類上はザピアーのような SaaS 製品を iPaaS（integration Platform as a Service）という）。類似の製品に，IFTTT（イフト），Integromat，マイクロソフトの Office365 に含まれる Power Automate などがある（なお，実際の私の事例では当初メールの自動送信では G スイーツの Google Apps Script を使ってメール送信をさせていたのだが，この方法では，ある程度簡単なものの，多少のコードを書く必要がありややハードルが高いのでここでの説明は割愛する。Google Apps Script は，JavaScript に近い，スクリプトを書くだけでさまざまな G スイーツアプリに自動処理をさせることができる便利な機能なので，プログラミングに興味がある人はぜひ試してみてほしい）。

　ザピアーはウェブの UI 上でトリガーとなる SaaS アプリのアクションを起点にし，さまざまなアクションを組み合わせて自動実行するよう指示することができる，いわゆるマクロのようなサービスだ。また，クラウド上で命令が実行されるため，実行時に利用者のパソコンが起動している必要がない。この特徴は，いつ何時依頼者からのフォームが送信されるかわからない法務への依頼タスクを処理するのに適している。ザピアーに実行させた命令の流れ（フローチャート）の簡略版が【図表2－1－2】である。

【図表2－1－2】　メール送信時の宛先は依頼者のグーグルアカウント，
CC には法務のメーリングリストを指定する

イ　自動化②：さらにチャットにも新規依頼発生を通知する

　また，当時社内コミュニケーションはもっぱらチャットサービス上が主戦場となっていたので依頼が送信されたことをチャット上の法務プライベートグループに通知するアクションも追加した。

【図表2－1－3】　1つ前のフローにチャット通知を追加する

　依頼件数が多いようであれば，依頼通知専用のグループを生成しておくのも
おすすめである。チームで対応する場合，チャットに通知することで，そのま
まチャット上で法務担当者アサインの相談を行ったり，滞在時間の長いチャッ
トから簡単に依頼内容を確認するための URL を開いたりすることができる。
　このようにツール活用と自動化の最初の一歩を踏み出した。ここで解決した
課題は非常に小さなものだが，このフォーム化，および連携ツールの活用を始
めたことは次のステップであるタスク管理ツールの導入の伏線にもなっている。
　さて，次はタスクの見える化，検討経過の記録を主な目的としたタスク管理
ツールの導入である。実は先に依頼のフォーム化を行っていたことがここで大
いに役立つこととなるので，順番に当時の導入過程を紹介していきたい。

⑷　タスク管理ツールの選定

　ここで初めて本格的なツールらしいツールを導入することとなる。そこで最
初に行うのはあまたあるツールの中でどれを採用するかというツール選定であ
る。タスク管理の方法は，エクセルを使う方法から本格的で高機能なプロジェ
クト管理ツールを使う方法まで選択肢が非常に多い。選択肢が多すぎて逆にど
のように選定したらいいかわからなくなるのが悩みどころだ。特に法務担当か
らしてみると，一般的に最新のツール情報などからは縁遠い上，さらに世の中
には「法務タスク管理に特化したツール」というものが（少なくとも当時の私
の知る限りでは）存在しなかった。
　そこでまず行うことは，今回のツールでクリアしたい事項，当該ツールに負
わせる業務スコープを明確にすることである。私の場合，タスク管理ツールに
求める要素は以下のとおりであった。

●案件のステータスを見える化できること

- ●案件ごとに担当を分担できること
- ●閲覧権限を法務メンバーのみに制限できること
- ●逆に法務メンバー同士であれば簡単にすべての案件のチケット（後述）が閲覧できること
- ●検討経過をメモできること
- ●ファイル，少なくともワードファイルが添付できること
- ●見やすくて，使いやすいこと
- ●先に紹介した連携ツール，ザピアーと連携が可能なこと

　ここまできてお気づきの方もいるかもしれないが，上記の要件は，一番最後の2項目以外は実は世の中のほとんどのタスク管理ツールが備えているのではないだろうか。つまり，（少なくとも私が法務タスクの管理ツールとして望む水準であれば）世の中のある程度のタスク管理ツールが法務タスク管理ツールとして活用可能なのである。

　ではどのように選定するのがよいか。他のこだわりポイントがある場合にはそれを優先して選定してもいいが，スモールスタートの一人法務から始めるツール導入としては，すでに組織内である程度使われているツールの中から選ぶのがおすすめだ。法務担当者がITツールに明るいことは稀である。そんな中，既存のツールを利用するとなれば，すでに効果的な活用方法を知っている社内メンバーからサポートを受けられるといった，いわゆるコーポレートITの部門からの支援が期待できるからである。なお，すでに社内で利用されているツールを利用する場合，全く新しくツールを採用する場合，いずれの場合であっても，法務の扱う情報は特に機微な情報が多いことから，必ずセキュリティ面で問題が起こらないようアクセス権限の確認などITを得意とする部門やメンバーにも確認をとりながら実行することが望ましい。

　私もそうした経緯で，社内ですでに活用されているタスク管理系ツールの中から最終的にスマートフォンアプリのエンジニアがコードの共同作業とバージョン管理に利用していたGithubというツールを選定した（なお，これはかなり特殊なパターンと思われるため，もう少し一般的なタスク管理ツールを本稿末でいくつか紹介しておく）。Githubは元々プログラミングのソースコードを

管理するツールなのだが，プログラムの修正事項などをトピックごとに起票して担当者をアサインする issue という機能がある。プロジェクト単位で依頼を管理し，シンプルな UI で対応履歴を残すことができるものである。私の事例では，この issue を 1 issue（以下では「チケット」という）＝ 1 依頼として法務タスク管理に利用した。

⑤ 既存フローへの導入

　お試しでもいいのでツールを決めたら，既存の依頼フローに組み込む必要がある。ここで再度ザピアーの登場である。実は前述の自動化フローに簡単に 1フロー追加するだけでフォームから起案された依頼内容をタスク管理ツール側に流し込むことができる。なお，新規作成されたチケットの URL を最後にチャット通知させたいのでチャット通知の手前にアクションを追加する。元々の依頼をフォームで行わせていたおかげで，入力項目ごとに属性がはっきりしていることから簡単に転記先のツールに合わせてデータを流し込むことができる。

【図表２－１－４】　１つ前のフローにチケット新規作成を追加，チャットには，先に作成したチケットの URL を要素として追加する

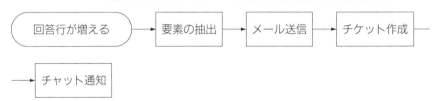

　またここで注目してほしいのが，法務チームと現場担当との連絡先をメールというややアナログな手段に据え置きしたことで依頼・タスク管理（案件検討）・結果連絡の各プロセスの結合度が低くなっている点である。これにより，各プロセスを別のツールで対応したくなった場合，別のツールを使いたくなった場合などに連携ツールで書き換えるだけで対応フロー全体を大きく変えることなく，簡単に変更することができるようになっている。導入も撤退も低コストで行えるようにしておくことで，通常業務で多忙な一人法務のみなさんでも無理のないペースでツールの変更や業務改善の検討ができるのではないだろう

か。

⑹　タスク管理ツールの活用術

　ここまでツールの選定や連携方法を中心に紹介してきたが，肝心の活用方法についても軽く触れたいと思う。

ア　ToDo リストとして活用する

　アサインやタグをきちんと設定するように運用すれば，自分のアサインに絞り込むだけで ToDo リストの代わりとして機能させることができる。多種多様な依頼をいろいろなコミュニケーション手段でもらうことが多いスタートアップの法務だが，案件管理ツールを最大限 ToDo リストとして活用するために極力即答できない依頼は依頼フォームへの入力を誘導するように心がけるのもよい。

イ　定量的な業務の振り返りに活用する

　市販のタスク管理ツールには大概チケットの集計分析の機能が何らか備わっている。これを利用すると，一定期間でどの程度の案件数に対応したかが簡単に調べることができる。もちろん依頼の粒度はさまざまであるので一概にチケット数＝業務量とはならないが，同じ指標で定点観測することで処理件数の向上や，どういった案件が増えているなどの傾向をつかむことができる。

ウ　引き継ぎ要らずの引き継ぎ道具に

　これは法務が複数人のチームになってからの話になるが，検討の経過をまめに記録しておく癖をつけておけば，引き継ぎのための説明資料をわざわざ用意する手間が格段に省ける。また，急な病気や怪我，家族の都合などで休まなければならなくなった時，夏季休暇などの長期休暇を交代で取る場合など，バックアップ要員が社内外で対応要請を受けた場合にタスク管理ツールに情報を探しにいけばおおよその案件は対応できる。

3　契約書管理の効率化

⑴　着手が遅くなればなるほど大変になる。契約書管理のすすめ

　次に，簡単にではあるがスタートアップ法務で悩みの種になりがちなものの1つ，契約書管理についても私の経験をお話しできればと思う。

　電子署名が普及して来たとはいえ，まだまだ契約書の主戦場は紙の製本＋捺印だ。となると，必然的に紙の契約書とスキャンした PDF が最終的な契約書のとる姿となる。電子署名を利用した場合であっても，最後は PDF の形で手元に保管するのが一般的だ。

　紙は当然のことながら，ワードなどのテキスト文章と違ってスキャンして得た PDF にはデジタルなテキスト情報がファイルに含まれていない。ファイルにテキスト情報が含まれていれば，とにかくどこかに取っておくだけでも最悪，後から検索などをかける手段がいくばくか残るのだが，こと契約書に至っては PDF に対してさらに記録簿を用意しておかなければ手に負えなくなってしまうのが頭の痛い点である。

⑵　まずはエクセル，スプレッドシートで始める契約書の管理簿

　最低限の管理簿として，まずはエクセルやスプレッドシートに契約書名，相手方，締結日などを記録してとりあえずの管理を開始するスタートアップが多いのではないだろうか（ちなみに，これすらしていない状態ということがあれば，契約書の数が増える前に一刻も早く棚卸しを行い，いったんリスト化を行うことをおすすめする）。

　締結してしまうと，その後引っ張り出す機会のあまりない契約書である。最初はエクセルやスプレッドシートのリストでもある程度十分だといえる。しかしながら，取引の数が拡大したり時間が経過したりすることによって，すべて手打ちで行うリスト管理にはさまざまな課題が発生する。代表的な課題は以下のようなものではないだろうか。

- 契約の相手方など，繰り返し出てくる要素に手入力による表記ゆれが生じる
- 同一名称の別の法人が出てきた場合に識別する方法がない
- エクセルの共同作業でコンフリクトを起こす
- 機密性の高い契約と低い契約が混在し，閲覧を制限しないと統制上問題が生じる
- 閲覧を制限した場合，契約書参照に人力を要し工数がかかる（例えば閲覧の許されている管理部門に問い合わせが集中する）
- エクセルの場合，変更ミスがあった場合に変更履歴をたどることが困難

⑶　契約書管理簿を，ちょっとだけデータベース化する

　私が一人法務をしていた A 社でも，とりあえずスプレッドシートに記録を残すという管理方法がしばらくとられていたが，前述のような不便な点が徐々に顕在化してきていた。特に，前述1つ目の表記揺れの課題は契約書の検索に謎の検索スキルを要求するもので，優先して解決したい課題の1つであった。また，別の会社としての課題として，全社共通の顧客管理データベースが存在していないというものがあった。支払や入金のある相手先については経理が会計ソフト上で顧客管理を行っていたが，ビジネスの性質上金銭の授受が発生しない相手方というのも数多くあり，新規事業などで営業リストを検討する際など，既存の取引先を網羅的に把握するなどのニーズが出た場合にはそれがかなり困難であった。契約書管理においても，契約は同一の相手方とさまざまなスキームで締結する可能性があり，また，新たに取引を行う場合においても，既存契約の内容によって対応を変更すべき状況が多々存在する。日々多くの案件を処理する必要がある一人法務にとっては，契約検討の手間は少しでも減らしたいものである。そこで私はまず初めに，契約書管理簿のデータベース化について考えることにした。

　データベース化といっても，先に紹介した案件管理のようにスモールスタートで着手できるのが理想である。今から紹介する情報整理の方法はもちろん同時に専用のツールを活用してもいいし，一部の機能を除けばエクセルやスプレッドシートでも再現可能な考え方であるので，ぜひ実際の業務改善を検討す

る上で活用してもらいたい。

⑷　データリストをデータベースにする

　　データのリストとデータベースの違いは，データベースでは検索や蓄積がし
やすいようにデータの構造を整えて格納するところにある。あとで扱いやすい
フォーマットに整えることで，検索をしたり，後々従来とは異なるデータの抽
出をしたくなった場合に役立つ。普段はほとんどが過去締結済みの契約書を検
索するために用いられる契約書管理簿だが，たまにとある基準で集計をかけた
り，一部のリストを抜き出したりしたいといったケースが出てくることがある
のではないだろうか。そういったたまに出てくるニーズに対応できるようにし
ておくという意味も込めて，まずは契約リストのデータベース化について考える。

ア　データ項目を洗い出す

　　まず第一ステップとして，活用したいデータ項目を洗い出す。あまり項目が
多すぎてもデータ作成が大変だが，少なすぎると結局契約書検索にしか使えな
いことになるので，ここではある程度頻度が低いもののそれなりに活用される
可能性が高い項目で洗い出しをしておく必要がある。ただし，この後のデータ
ベース整理をすることでデータ項目を増やす行為も（単なるリストよりは）容
易になるので，ここで項目を挙げられなかったとしても致命傷にはならないた
め安心してもらいたい。なお，2022年1月1日に施行された電子帳簿保存法の
改正により，電子契約等を導入した場合には取引金額等の項目も加える必要が
ありうる。ここで構築するデータベースを電子帳簿保存法上の電磁的記録とし
ても利用する場合には，この点に留意されたい。

　　私が当時契約書データベースに必要だとピックアップした項目は，主に以下
の情報である（なお，実際の項目から一部割愛している。URLは原本コピーの
PDFを格納した先のURLを指す）。

契約書名	締結日	満了日	部門	URL	相手方名	相手方住所	代表者名

　なお，後半の相手方の住所，代表者名までピックアップしているのは名称だけでは一意の企業を特定できないためだ。これ以降こうしたデータ項目の表を「データテーブル」，実際に登録されるひとつながりの情報（例えば契約書Aに関する上記の項目）を「レコード」と呼ぶこととする。

イ　データテーブルを整える。データベースの正規化

　次に，データテーブルをデータベースに適した形に変形していく。お気づきの方もいるかもしれないが，前述したデータテーブルには，繰り返し同じ情報が出現する項目がある。相手方名以降の情報である。データベースでは，この繰り返し出てくる要素を外に切り出して整理する。繰り返し出てくるので無駄があるし（情報を保存しておくのもタダではない），繰り返し出てきてしまうと例えば住所変更があった場合にすべてのレコードを更新しなければならなくなるのでこれも無駄である。ちなみに専門的な言葉では，このデータ構造に無駄がない状態にすることをデータベースの正規化と呼ぶ。

　実際にやってみよう。まず記載のとおり，相手方の名称以下が繰り返し出現する要素になるので，契約書のデータテーブルから切り離す。

契約書名	締結日	満了日	部門	URL

相手方名	相手方住所	代表者名

　ここで困った事態が生ずる。当たり前だが，契約書と相手方との関係性が途切れてしまって契約書のテーブル側から相手方情報をたどれなくなってしまった。そこで，2つのテーブルをつなぐために相手先を識別するためのIDを導入する。なお，契約書テーブル自体にも，同じく1件ごとを識別するためのIDを振っておくと後々役立つ。

ID	契約書名	締結日	満了日	部門	URL	相手方ID

相手方ID	相手方名	相手方住所	代表者名

　これで無駄な要素を整理しつつ，契約書情報から相手方の情報にたどり着けるようになった。なぜIDを用いるかだが，前述にもあるとおり会社名を使うと全く同じ名称の会社が現れたときに区別ができなくなってしまうからである。とはいえ記号だけで区別するのは人間に優しくない。そこでIDに紐づいた会社情報という形で扱う。ここでのIDはとにかく対象が一意に決まる文字列であればいいので，連番などでつけてもいいし，国から発行される法人番号を用いてもよい。

　また，正規化するほかに，表記ゆれを防ぐために一定の項目（例えば上記であれば管轄部門，契約タイプ）をあらかじめ決めたリストから選択する形式にしたり，日付やチェックボックスなどのデータ形式を指定できる機能があればそれを活用したりするのも重要である。

ウ　データを格納する

　最後に整えたデータをツールに格納する。スプレッドシートを用いる場合は，1つのブックの中に1シート1テーブルという単位で入力していくイメージとなる。私の場合は，スプレッドシートに似たUIにデータベース機能がついたAirtable（「エアテーブル」）というSaaSを活用した。市販の事務処理向けデータベースサービスはcsvの形式でのデータアップロードに対応していることが多いので，データをまとめること自体はエクセルやスプレッドシートで始めつつ，自分たちに合ったツールを選定するとよいだろう。

エ　データベース化したからできる拡張方法

　ここまで行ったデータの整理によって，データ活用の拡張がしやすくなる。先の作業で，私は契約処理リストと取引先リストを分離してお互いに関係を持たせるといった作業をした。これにより取引先情報が1つの独立したテーブル

となった。

　みなさまご認識のとおり，企業活動は取引先をキーに発生する情報が多々存在する。今回のこの純粋な取引先情報を格納するテーブルを作ったことで，契約書情報に紐づけたのと同じ要領で，別のデータ管理に同じ取引先情報を利用することが可能となる。過去の私の活動としては，取引先を新たに採用する場合に必ず行われる反社チェックの記録にここで生成した取引先テーブルを利用した。イメージとしては以下のようなものである。

相手方ID	相手方名	相手方住所	代表者名

ID	チェック日	実施方法	結果	実施者	相手方ID

⑤　データベース化した契約書データをどのように活用するか

　さて，実際の活用方法であるが，以下のような使い方がある。

ア　契約書管理簿として活用する

　まず当然であるが，当初の目的である契約書管理簿としての活用がある。先にデータ項目と構造，形式を整理したことで単純に入力の負荷が下がるほか，私が活用したエアテーブルではさまざまな条件を指定してデータを表示させることができたため，相手先を軸に紐づいている契約書リストを一覧化するなどの機能を持たせるなどした。

イ　他チームとの情報連携ツールとして使う

　元のデータをもとに一定の条件でソートした結果を表示させるビューという機能があり，ある営業部門向けに関係のある契約書だけを絞り込んで閲覧可能にするなどの工夫も簡単に行うことができた（なお，よりセキュリティを強化したい場合はグーグルサイトという，組織内向けのウェブページを簡単に作成する機能を使って，特定のアカウントにのみ閲覧を許可するページを生成し，

そのページの中にとあるビューを埋め込むようなこともできる。グーグルサイトで閲覧を許可された人以外にもビューそのものの共有をする方法が残ってしまうので万全ではないが，一定の牽制力はあるかと思われる）。

ウ　ツール連携を使ってさまざまなアラート機能を持たせる

　エアテーブルは先に紹介したツール連携のザピアーとも連携ができる。いくつかの他のサービスを連携させて，新規に取引先を追加する場合に外部から入力できるフォームを利用してフォーム申請→法務アシスタントに通知→精緻な法人情報の入力→反社チェック依頼の生成→申請者への結果の通知といったワークフローを組むことも可能である。

＊＊＊

終わりに

　本稿を使わせていただいて，明日からでもできる法務業務にまつわるツール活用，自動化の方法について紹介させてもらった。ツール選定や自動化というワードは法務という職種からは縁遠いように思うかもしれないが，スタートアップでは自部門が業務の効率化を検討しなければ何も始まらない。逆に組織が小規模なうちは，いろんなツールややり方を試すことが容易であるというアドバンテージもある。本稿でみなさんの業務改善に使えそうなアイデアのヒントを1つでも見つけてもらえたら誠に幸いである。

〈本記事で紹介したツール等〉
・G Suite, Google, Inc.（Google Workspace（旧 G Suite））
　https://workspace.google.co.jp/intl/ja/features/
・Zapper, Zapier, Inc
　https://zapier.com/
・GitHub
　https://github.co.jp/
・Airtable

https://www.airtable.com/

〈その他のタスク管理に活用できるツールの例〉

・Asana

　https://asana.com/ja/japan

・Attlasian Jira

　https://www.atlassian.com/ja/software/jira

・Attlasian Trello

　https://trello.com/home

・Wrike

　https://www.wrike.com/ja/

・Notion

　https://www.notion.so/ja-jp/product

I-3 ▌一人法務中毒から脱却せよ

橋詰卓司

> 法務を健全に機能させるためには，一人法務から規模を拡大し，法務を組織化していくことが望ましい。法務担当者から見ても，一人法務にはやりがいも多い反面，自身の成長やキャリアという観点からは法務の組織化が望ましいことも多い。
>
> 本稿では，法務担当者として，法務の立上げや組織化の多数の経験を有する筆者が，自身の法務の経験をもとに，法務の組織化の重要性について解説する。

「法務の立上げ」という本書のテーマに対し，複数社で上場準備期の法務担当者および責任者を務めてきた経験の中で得た教訓を述べるとするならば，「一人法務状態の居心地の良さに甘んじることなく，できるだけ早期に 2 人目以降の人員を採用・育成すべき」の一言に尽きる。

以下，複数社での法務立上げ期に関わった私の経験から，立上げ後の組織拡大がうまくできなかった自分自身の失敗談を披露したい。読者のみなさまには，ぜひこれを反面教師としていただければと思う。

1 下積みの中でキャパシティを広げるチャンスに没頭した二十代

私が大学を卒業し新卒入社したのは，総合商社 4 社が出資して設立した，人工衛星を用いて通信・放送サービスを提供するベンチャー企業だった。人工衛星とそれを打ち上げるロケットを海外メーカーから調達し，その人工衛星を地上から大きなパラボラアンテナでコントロールする管制設備を大手電機メーカーと協力して建設し，専門のエンジニアを育成して自前で運用する，2023年の今注目される宇宙ベンチャーの先駆けのような会社であった。入社当時，衛

星回線を使った衛星インターネット事業を開始したことに加え，政府による規制緩和の目玉として「通信と放送の融合」の掛け声の下，通信衛星を使った放送を行うことも認められ（それまでは NHK の BS 放送のために打ち上げられた専用の「放送衛星」のみに規制されていた），純粋な民間企業である同社がこれらにチャレンジするメガベンチャーとして注目され，東証一部への直接上場を見据えていた。

　この企業で，私は人事総務部に配属されて管理部門の何でも屋・雑用係を担いながら，上場に向けた株式事務および株主総会業務を担当し，これを足掛かりに法務への道を歩み出すことになる。法務部に正式に異動後は，それまで一人法務で会社を支えていた先輩の下で数カ月間鍛えていただき，その先輩の退職後は法務担当役員の下の一人法務として，先輩がいなくなった心細さを感じる暇もないほどがむしゃらに業務量をこなした。契約法務はその前任の先輩が設計・運用されていた申請書ベースの相談・審査依頼のワークフローを踏襲しつつ，そこに総務として私自身が担当していた株主総会を中心とした商事法務を融合し，手探りで業務サイクルを確立した。

　「法務の立上げ」と一言でいっても，法務という組織がどこからどこまでを担当するかは，実は会社ごとによってまちまちである。いや，正確にいえば，その会社で法務が独立した組織として立ち上がった経緯や，その時点で在籍した社員のケイパビリティによっても大きく左右されるものだと思う。私の場合，前任の先輩が中途入社され法務部として独立の組織になった時点では，あくまで契約法務をメインとする法務部であった。そこに私の異動に伴って経営企画部・総務部から法務部へ株主総会業務が移管され，それぞれがバラバラに担っていた商事法務機能が法務部に集約された。さらにその後，総合商社から転籍して入社された部長の意向により，取引先の与信審査の機能も担うといった経緯をたどる。会社によっては，契約法務以外の周辺業務の主管部門が経営企画部や総務部のままとなるケースもしばしば見受けられる。

　契約法務に関し，海外法務を経験するチャンスがあれば，英語が苦手であっても勇気をもって飛び込んでおきたい。同社は事業の根幹を支える人工衛星を海外メーカーから購入し，国際間をつなぐ衛星通信回線を販売するというビジネスであったから，海外法務も否応なしに担当することとなった。まだジュニ

アな法務部員にすぎなかった私自身の役割は，総合商社法務で経験を積んだ担当役員や部長のサポートにすぎなかったが，外国企業と数十億円を超える取引額の英文契約書を取り交わすプロセスにまがりなりにも携わり，営業社員と一緒に海外出張し交渉の場に同席させてもらえたことは，厳しいリスクを目の当たりにしながら会社組織だからこそなしうるビジネスの醍醐味を体感させてくれ，自身のキャパシティを広げる貴重な経験となった。

　また商事法務という観点からは，特に上場を予定する会社において，株主総会業務の主担当を法務部が引き受けるかどうかが，組織としてその会社における法務部の位置づけだけでなく，その後の自身のキャリアの広がりを大きく左右すると考える。招集通知および事業報告書を作成し，想定問答を検討し，事務局として総会当日の株主との対話における言葉遣いまでサポートするということは，経営者の葛藤や悩みを彼らの視点に立って擬似体験するものであり，日常フロントから寄せられる法的相談やトラブルシューティングだけでは見失われがちな高い視座へと，いやがおうにも引き上げられるからだ。さらに，1年に1回の株主との対話の場で会社の内情を把握した上で何をどこまで話すかを検討するプロセスは，詳細を知るフロントから正確な情報を収集し，それを咀嚼して端的な表現で株主に対する説明責任を果たさなければならない経営者と膝を詰めて調整しなければならない点で，究極の調整業務というべきものである。さまざまな管理部門の仕事の中でも，難易度も心労も相当高い業務であることは間違いない。

　同社は私の新卒入社から約2年で上場するに至ったが，こうした上場準備期の会社における下積み業務経験は，その後の自分を形作る大きな礎となった。上場を目指すフェーズの企業にとって法務部は重要であることは間違いないが，契約法務であっても商事法務であっても，管理部門従業員の本分は，顧客・取引先・株主といったステークホルダーに対峙するフロントが抱える問題をスムーズに解決することであり，間接的にしかお役に立てない存在であることも実感した。

　法務という立場は，一般の従業員が必ずしも持ち合わせていない法律知識の情報格差を悪用し，「ダメなものはダメ」とNGを出すだけで問題解決をしたことにしてしまう傾向にある。たしかに，間接部門である法務部のタスクはそれ

で解消されたことになるのかもしれない。しかし，NG を出されたフロントが，それをステークホルダーに対しどう説明すれば納得を得られるのか。そこに配慮のあるアドバイスを伴わなければ法務としての存在価値はないことを，法務担当としての私の生みの親ともいうべき先輩，そしてフロント社員からの厳しいお叱りを何度も受けながら，時間をかけて理解していった二十代だった。

2　三十代前半での「前に出る法務」の体現と最初のマネジメント経験

　ある程度法務パーソンとして生きていけそうだという自信が出てきた二十代のラストイヤーに，BtoC ビジネスへの興味を抱き始めた。そうして新卒時には入社がかなわなかった大手人材サービス企業への転職にチャレンジし，無事採用されることとなった。同社はその時点ですでに日本でも有数の事業規模と従業員数を誇る企業であり，満を持しての株式上場が数年後に確実視されているフェーズだった。

　前職以上にフロント第一主義・顧客第一主義の会社で，管理部門の意見を尊重してくれはするものの，「顧客のためにあなたは何の価値を発揮しているのか」を突きつけられる場面は増えた。そのおかげで，一見すると法務的には NG なものをいかにできるようにするか，アイデアを絞る習慣と瞬発力が培われた。率直に褒め合い批判し合う企業文化の中で，フロント・役員・顧客からの感謝の言葉に，やりがいを見出すようにもなった。

　あわせて，早々にマネージャーにも登用していただいた。そのきっかけとなったのが，「適法な人材ビジネス運営の仕組み化」と「取引先審査の強化」という2 つの軸を打ち出せた点にある。具体的には，人材サービスの企業として顧客に提供する求人情報に関する法的正確性の担保と，求職者に転職先として紹介すべきではないかもしれない問題企業を見極めるための審査プロセスを強化した。単に契約書や社内規程等をチェックしたり，法務相談に応じたりするだけではない，「前に出る法務」像を提案できた。人材サービスに関する法規制の1 つに「職業安定法」があるが，実は，同法にはそうした求人企業のよし悪しを審査する義務までは明記されていない。それどころか，逆に，求職者に紹介す

る求人企業を差別的に取り扱うことをよしとしない制約すら規定されていた。そうした中，法令上認められた範囲で，顧客に対するサービス価値をより高めるため，法務として事業に直接貢献できる取組みはないかという視点でのチャレンジだった。前職で，顧客に間接的にしか貢献できないという法務の悲しい性を感じていたことへの反動から生まれたアイデアでもあった。このように，法務の立上げにおいて，顧客に提供するサービスの品質を向上させる機能が担えれば，その法務組織はフロントだけでなく経営者からも評価されやすくなるだろう。実際，同社でのこうした取組みによって，私だけでなく実務を担当するメンバーが会社から表彰を受けるなどもした。

　そうした評価を受け，前職を上回るやりがいを見出せた一方で，私は自身のマネージャーとしての能力に疑問を感じるようにもなっていく。きっかけは，マネジメント経験も持つ年長のメンバーから受けた指摘だった。「橋詰さんは，言っている内容はいつも正しくて納得できるんですけど，言い方がきついんですよね(苦笑)。メンバーみんなが橋詰さんと同じように仕事ができるわけじゃないんですから。」。メンバーから見た私の姿は，期限までに何がなんでも組織としての業績と結果を出すことを冷徹に追求する，ハートのないサイコパス・マネージャーであり，「あの上司の下だから頑張れる」「上司を助けたい」と慕われるようなマネージャーではないという事実を突きつけられた。最後の砦を守る法務だからこそミスや妥協は許されないという，自身の信条を押しつけるような物言いがメンバーにストレスを与えていたのだが，すぐには直せない難しさを感じた。人を育てて自分1人では成しえない大きな仕事をやり遂げるといった，マネジメントの醍醐味を味わえているともいえない状態だった。

3　兼業法務の失敗を通じて痛感した「中の人」たる法務の重要性

　同社にはちょうど6年間お世話になったところで退職をすることを決め，一人法務を採用するまでにも至らないスタートアップ企業を兼業で（弁護士法に抵触しないよう各社と雇用契約を締結し）お手伝いするというチャレンジを始めた。ウェブサービスの会社を中心に3〜4社からお引き合いをいただき，それぞれの会社から兼業の許可をいただいた上で週1〜2日ずつ曜日を決めて常

駐した。

ところが，このチャレンジは10カ月弱で失敗に終わることとなった。私を雇用してくれた企業に貢献できているという手応えはなく，続けても貢献することは難しいと感じた。その一番の理由は，正社員として1社専属で働いていたときとは違い，自分の働き方のせいで必要な情報が得られない点にあった。

毎日オフィスで顔を合わせ，場の雰囲気を共有し，喜怒哀楽をぶつけ合っている一般の社員たちにとってみれば，週1～2日程度しかこない私はしょせん「顔と名前は知っているけど，よその人」である。オフィスに顔を出しても，今週は売上目標が達成できそうなのか，何か深刻なトラブルが発生していないかといったことを把握するまでに時間がかかってしまう。相談に対し，法務としてリスク判断をしようにも，その職場にいつもいる社員なら自然と把握しているであろう「なぜこの相手方からこんな厳しい条件を突きつけられることになったのか」といった背景や文脈を，普段留守にしている私のために時間をとっていちいち説明してもらわなければならない。

こうした「今の当社の状況を詳しく知らないよそ者に，込み入った相談をする」という状況は，キャッチアップしなければならない私以上に，相談者の側にとってストレスであったはずだ。そして，こうした薄い関係性である以上，私のほうも「みなさんがそうお考えなのであれば，契約書はそう作っておきます」といったよそよそしい対応になり，踏み込んだコメントもしづらくなっていく。

これらを踏まえ，あえて「中の人」にはならずに複数社の法的課題を解決する兼業法務という働き方は，法務の立上げフェーズに貢献したいという自分の欲求は満たせても，顧客ニーズに応えられるものではないとの結論に至り，早期撤退を余儀なくされた。苦い経験ではあったが，企業が外部に優秀な顧問弁護士を確保できたとしてもなぜ中に法務部を置かなければならないのか，そうした「中の人」たる企業内法務パーソンにフロントが期待する価値とは何なのか，改めて理解させてもらえたように思う。

こうした失敗もありながら，お手伝いしていた企業のウェブサービス立上げで頻度が高かった相談や質問の視点をベースに，法務課題を少しでもわかりやすく解説できないかという思いから『良いウェブサービスを支える「利用規約」

の作り方』（技術評論社，2013年）と題する書籍を共著したところ，こちらは好評をいただき，その後も版を重ねている。

4　三十代後半で思い知った「メンバー育成」の難しさ

　兼業法務の失敗で路頭に迷いそうな状況ではあったものの，個人で数年間続けていた法務ブログや情報法系学会での発信で私を知ってくれていた人事担当者と法務担当役員に拾っていただき，運よくスマートフォンビジネスの会社に入社することとなった。上場を見据えた法務部門の立上げを担う将来のマネージャー候補，そんなポジションだった。

　日本でのスマートフォン普及の追い風にも乗り業績が極めて好調だったこともあり，正式にマネージャーに就任後，すぐに組織を拡大するフェーズに入った。実際入社時の従業員数は100名程度だったが，5年後にはグループで1,200人を超える規模に急成長を遂げ，法務・知財部門の人員だけでも10名を超える規模となった。こうした急成長フェーズで初期はプレイングマネージャーとして，3年目後半からは法務と知財それぞれのマネージャーとさらに配下のメンバー複数人をマネジメントする部長職として，その職務を担わせていただいた。

　前職では，すでに大きな会社の中で組織ができあがっているところを引き継いで役職者となったために気づかなかったのだが，企業の成長とともに従業員が増えると，どんなに自分の労働時間を増やしたところでフロントへの目配りを行き届かせることはできなくなる。リスク情報を集めて効率的に処理をしていく「仕組み」を構築していく必要が出てくるし，仕組み化だけではどうしてもカバーできない部分は，「信頼できる部下」を増やして自分の目が行き届かないところをフォローしてもらう必要がある。当たり前のようだが，1,000人を超えるような規模では会社の情報すべてを把握し，すべてを自分で処理できていた一人法務のやり方は通用しないということを，ここでようやく理解したわけである。

　しかしながら問題は，法律知識に加え業界知識と社内人脈構築が必要な法務パーソンの育成には，とにかく時間がかかるということだった。これに気づいてから慌てて人材を大量採用しても，組織の成長に人材の成長スピードが追い

つかず，歪みが出てくる。私自身，前職でサイコパス的な気質であることを自覚するに至っていたので，メンバーマネジメントには気を配っていたはずなのだが，表面的な行動は改善できても本質的には何ら変わらず，メンバーの数が増えるほどに人事的な問題は表出し続けていった。

　さらに，そんな状況もおかまいなしに，今度は四十代を迎えた私のキャリアの今後の可能性をテストしたい会社から法務・知財以外の領域も任せられるようになっていく。30人弱の部下を抱えプレイヤーとして腕を直接ふるうことができる時間がなくなっただけでなく，メンバー1人ひとりをフォローする時間がますます少なくなり，足下を支えてくれるはずの組織の悪循環はさらに拡大，最終的には部下から離反される人事問題を発生させてしまった。

　振り返ってみれば，初めてマネジメントを経験した2社目においても，個人技では評価されていたもののマネジメントとして評価されていたとはいい難かった。そうした能力の欠如は，今回より大きな組織を任されたことでより大きな問題を発生させ，組織とメンバーに迷惑をかけてしまった。「法務としての個人技に多少長けているかもしれないが，マネジメントとしての能力・適性は低い」という私自身の限界と向き合わなければならなかった。

5　一人法務のランナーズハイは罠である

　法務部の立上げ期は誰もが「一人法務」である。一見するとそれは苦しい。相談や壁打ちをする相手もいなければ，タスクは片付く間もなく次々重なって山積みになり，会社に発生する重要な案件すべてに巻き込まれるストレスに，押し潰されそうにもなる。その反面，一人法務にはランナーズハイにも似た特有の楽しさがある。ある程度の年数が経ち社内でのポジションを確立してしまうと，よくも悪くも自身がそれまで作ってきた先例や価値基準がそのままルールブックとなってしまう。自分がこの会社を支えているという自負を感じやすい法務の特殊性が，その勘違いをさらに助長させる。しかしそれは罠であり，そうした一人法務の状態を長く放置することは，歓迎すべきことではないと警告したい。その理由は2つある。

　1つは，いうまでもなく会社にとって危険だからである。法務部は，会社に

発生するさまざまなリスクを正しい事実に基づき整理し，すばやく正確に法令・判例等を調査し，論理的思考力を駆使し当てはめをしながらこれを処理すべき立場にある。しかしながら，上述のように一人法務の判断がルールブックとなってしまう状況では，判断の客観性を担保できない。また，法務という重要な役割を1人が担ってしまうと，一人法務への負担が大きくなることがある。一面的なものの見方や，精神的・体力的に余裕のない一人法務部員が誤った事実認定や雑な法令調査そして拙速な判断に基づいてこれを行えば，かえって問題を複雑化するばかりか，火に油を注いで拡大させてしまう結果にもなりかねない。私自身，ある会社で大きなトラブルに連日連夜対応していた際，当時の上司に「今日は早く帰ってちゃんと睡眠を取るように。フロントが大変な時だからこそ，正しい判断能力を維持するのも法務部の仕事だ。」といわれたことがある。当の本人はまさにランナーズハイで疲れに自覚はないのだが，大会が終わればオフシーズンがありまとまった休息をとることができるプロスポーツの世界とは異なり，365日の連続性を求められるのがビジネスの世界であり，脳の休息を意識的に取らなければ，判断能力も鈍っていく。以来私は，深夜労働が重なるようなことが発生するたびに，この教えを思い出し意識して休息を取るようにしている。会社のリスクを預かる重要な役割を担うわけであるから，企業サイズや繁忙に合わせた適正な業務量を適正な人員で分担できるようにし，組織として多面的なものの見方からリスクを分析・処理するとともに，休む時はしっかり休んで的確なリスク判断能力を安定的に提供できる体制を維持することは，会社にとって重要である。

　もう1つは，あなた自身にとっても危険だからだ。一人法務が中毒化すると，前述のとおり身体的・精神的に余裕がなくなり，健全な判断ができなくなることに加え，あるフェーズ以降は多面的なものの見方ができなくなる等，あなた自身の成長をも阻害する要因となりうる。一人法務はやりがいを感じやすいだけに，知らず知らずに仕事のクオリティに必要以上にこだわったり自身の判断を最上のものと思い込んだりと，それが業務の囲い込みを生むようになる。そうした囲い込みは，あなたが体得したノウハウを組織知へと還元することを阻み，部下の育成にも悪影響を与える。あなたは休まず働き，業務を囲い込むことでいつまでも自身を「組織にとってかけがえのない人材」とならしめている

つもりかもしれない。しかし，組織や部下が育たないということは，結局あなたがマネジメントとして評価されない結果につながり，キャリアを行き詰まらせる結果となることは，ここまでの私の反省の弁を読んでいただいてもおわかりいただけるのではないだろうか。

6　一人法務状態からの早期脱却のススメ

　以上，私の法務立上げの経験と，特に一人法務期から組織拡大期での私自身の失敗プロセスを赤裸々に述べた上で，そこで起こる苦労や困難について述べてみた。

　2020年に経営法友会が実施した「第12次法務部門実態調査」を見ると，1,233社の回答社中，「法務専門の部（もしくは部レベルの組織）／課（もしくは課レベルの組織）がある」と回答した会社は69.3％とされている。経営法友会のアンケートの母集団は，基本的に法務部門が充実した企業で占められていることを差し引いた上でこの調査を見る必要があるが，少なくとも30パーセントが課レベル以上の組織を持たない，すなわち一人法務かそれ以下の体制で会社運営をしていることになる。

　こうした会社で法務を支える方々の日頃のご苦労を忍びつつ，冒頭にも述べたとおり，ぜひ私の失敗を反面教師にしていただき，会社のためだけでなく自身のキャリアアップのためにも，一人法務状態からの早期脱却を意識し，法務の仕組み化とメンバーの採用・育成に取り組んでいただきたいと思う。

II

スタートアップにおける法務担当役員

II−1 ┃ スタートアップにおける法務の体制とマネジメント

石渡真維

> 法務担当者のキャリアとして，より経営に近い立場の CLO 等の役職に就任することも考えられる。しかし，CLO に求められる能力は法務組織のマネジメント，バックオフィス業務全体のハンドリング等多岐にわたり，必ずしも法務担当者の業務の延長線上にあるものばかりではない。
>
> 本稿では，法務担当者として入社し，事業部長等の経歴を経て CLO に就任した筆者が，自己の経験を通して CLO に求められる能力や姿勢等を解説する。

1 自社概要

私が CLO として着任しているココネ株式会社は開発者とデザイナーを多く抱えた IT 企業である。主なサービスは，スマートフォン向けのアプリケーションの開発運営である。得意とするものは，仮想空間／デジタルワールドの開発と運営である[1]。Facebook 社が META と企業名を変更したのが話題になったが，当社のサービスは，いわゆるそのメタバースの入り口に立っており，暗号資産，WEB2.0から WEB3.0の時代に突入したところである。実務においては

---

[1] 当社のサービスは，アバターともいわれるキャラクターが存在する仮想世界の提供にある。

各国の規制や政府の方針を注視しつつ，時代の方向性を読む経営判断が必要とされる局面に立っている。

　社員数は東京オフィスで500名を超え，国内のほか，韓国，シンガポール等のグループ企業の総計1,000名を超えている。

　東京オフィスに関しては，デザイナー，開発者が多くを占める職種構成であり，特にデジタルアイテム制作を担当するデザイナーに女性が多く，社員の6割超が女性となっている。年齢は，20代から30代が6割を占め，13カ国の人材が集まる多様性に富んだ職場といえよう[2]。

2　CLOへの道

　私は，2014年，ココネ株式会社にて，企業内弁護士としての道に踏み入れた。弁護士12年目のことであった。もともと企業に入るつもりはなかったが，ちょうど仕事の区切りがよいタイミングで声をかけられたのがきっかけである。当初は顧問として関与したが，創業者（千良鉉[3]）の理念に触れ，繰り広げられる会社経営の「議論と実践」を間近で見るうち，お金を払ってでも経験すべきMBAみたいなものだと感じ，フルタイムでコミットする道を選択した。

　しかし当初は，役員ではなかったし，CLOという肩書があったわけではない。顧問契約が雇用契約に変更されただけである。

　正式な従業員としての入社後は，法務だけでなくバックオフィス全般の立上げを行った。法務の立上げというより「会社という形作り」を行ったように思う。

　まだ社員数70名程度であったが，エクセルで行われていた給与計算を社会保険労務士に委託したり，総務チームを立ち上げてゴミ当番を決めたり……。その合間に法務業務を自ら行っていた。もちろん当時は，一人法務だった。私が，ココネ株式会社に参加した2014年時点では，たしかにそれでも回る業務量だったといえるかもしれない。

2　2023年1月現在。
3　NHN Japan株式会社（現LINE株式会社等）を創業，2008年にココネ株式会社創業。

　入社直後に，契約書に売上に影響するミスが見つかり，急遽相手方と交渉して契約を終了し，夜中までお客様宛のお詫び文を推敲するなど，今思えば楽しいベンチャー時代である。もちろん相手方は相当怒っていたし，お客様対応（いわゆるカスタマーサービス業務）もそれなりに発生していた。しかし，私は弁護士として，激怒していたり，込み入った案件で疲弊したりしている依頼者たちとのやりとりには耐性が付いていたからか，この頃の社内での仕事には，ほぼストレスは感じていなかった。むしろ，会社では「当方と相手方」という対立構造がほぼなく（契約の相手方はいたが，それも同じお客様に対して一緒にサービスを提供する立場であることがほとんどであった），関係者が全員，同じ方向を向いて進んでいることが楽しく，新鮮でしかなかった。

　振り返れば，この頃担当した法務業務を超えた，会社作り（バックオフィスの立上げ，人事評価制度の構築など）に時間を割いた日々が，私の会社や従業員への愛着の醸成に大いに役立ったし，その後のCLOとしての礎になったことは間違いないであろう。

　そうこうしているうちに，「事業も担当してみない？」ということになり，事業部長として，当社のサービスの作り方や運営の仕方を深く学ぶこととなった。この時期に，当社の顧客傾向，各種KPI数字の見方，組織の動き方などのすべてに触れたことも，やはり今のCLOとしての立場に不可欠の経験となっている。

　現場で事業そのものを触った経験が，規約の作成，契約の締結，あるいは組織再編などにおけるすべての経営判断材料として活用されている。外部顧問弁護士ではなく，取締役CLOとしての職責を果たす場合，たしかに，事業や組織を知ることは不可欠であり，かつ，それを知らずに職責を果たすのは難しいであろう。

　入社後1年程度経過し，事業部長とバックオフィスのハンドリングを兼務している頃，取締役に選任されることになった。あとで聞いたことであるが，他の取締役から「石渡に『何とかしておきますね』と言われると事業に集中できて助かる」等という推薦などもあったようであり，そのような言葉を何より嬉しく感じたものである。

　このような経緯で，私は会社に入社し，後に取締役CLOに就任することに

なった。プロフェッショナル人材として最初からCLOとして採用される人物もいると思うが，私の場合は，まさに会社に育てられ，会社とともに育った「CxO」人材なのだろうと思う。

3　スタートアップに必要な法務機能

(1)　当社法務部の現状

　私が入社した2014年，当社の社員数は約70名であった。その後，事業の成長，海外拠点の成長，M&Aなどもあり，2023年現在，東京オフィスは500人，グループ全体で1,000人超に成長した。

　当社法務部は，2023年1月時点で私を入れて8名（うち4名が弁護士資格あり，1名はロースクール卒業生）である。ベンチャー企業（非上場）の会社にしては，相当のプロ集団といえよう。当社の規模で4名も弁護士がいる会社は珍しいと思うが，訴訟や紛争が多いわけではない。女性弁護士である私が1人目のメンバーとして法務組織体制を作ったため，弁護士として企業内で働くモデルケースにはなったのではないかと思っている。

　当社の法務部は，現時点では一定程度のM&A案件，組織再編などはほぼ社内で完結できる体制となっている。もちろん，業界的に最新の案件（例えば暗号資産など）や，規模が大きいもの，外国法が関係する案件等は外部専門家のアドバイスを得る体制である。

　できる限り社内の法務部で完結することでスピードを確保し，業界的に未開の案件等は外部のノウハウを入れることで社内の経験値も積む。

　このようなハイブリッド方式で，常に，どうしたら法務部員の成長や経験値の向上ができるかを意識している。

　業務量については，会社規模が成長期であり，事業も増えているフェーズであるため，法務部員は常に多忙を極めている。しかし，M&A案件を持ち回り制にして経験値のボトムアップを図ったり，週次の法務共有会を開催したりすることでチーム内相談体制を整えている。部員は，M&A案件の担当は，「次は自分に回ってくる」という緊張感により，担当していない案件からもノウハウを

十分に吸収しようと努力している。

　一方で，成長期にある経験値の浅いメンバーに対しては，社内法務部員として，カバーしていくべき領域を一覧表にし，自身のキャリアが1つずつ成長していくことを実感できるキャリアマップを用意している。

⑵　スタートアップに必要な法務機能

　では振り返ってみて，スタートアップ期に必要な法務機能とは何だろうか。

　会社組織と同様，社内法務の組織体制にも正解はない。そのため現実問題としては，どのような人材がいるか（採用できたか）によって，ある程度，できることが決まってしまうものでもある。

　例えば，経験値のある法務部員が1名いれば，会社サイズによっては，ほぼ1人で法務といわれる業務はこなせる可能性はある。業務量があっても，その1名を軸に社外の法律家を使いこなすことも可能である。

　当たり前のことをいうようであるが，スタートアップにおける法務の最初の1人として，社内法務としての経験値が相当程度ある1名が採用できれば，当面の案件のハンドリングや，法務チーム組成の核として機能するであろう。

　さらに，人数が増えていけば，社内で，ある程度の基礎業務である契約書の起案やサービス規約の作り込みくらいはできるようになるであろう。

　なお法務部員を増員する場合は，やはり基本的な専門スキルがあること，あるいは最低限のリーガルマインドがあることは必須ではなかろうか。そして，各社，各業態ごとに適した人材として，最低限のスキルやマインドがあるかどうかをチェックするためには，一般的な能力テストもよいが，追加で，社内で悩んだ実際の問題をケースに入社試験を作成し，候補者の回答姿勢を確認することが有益であろう。実際に当社でも①事業部からの質問と，②契約書の修正という2つのケースを題材に入試問題を作成しており，かなりの精度で，スキルレベルやマインドの確認ができると感じている。

⑶　理想的な法務体制

　さて，ベンチャー企業における法務部の体制の理想をいえば，マネジメントに参画するレベルのCLOが1名おり，経験値の多い法務部員が数名存在する

状態ではないだろうか。

　法務部は契約書や規約だけをチェックするミニマムな体制にもできるが，実は，法律の解釈適用だけでなく，正当性，あるいは“理にかなった”，“会社理念に沿った”，という文脈まで広げていくことも可能である。

　そうすると，法務あるいは CLO の射程範囲は，会社運営，組織，事業のすべてに広がりうる。

　仮に，取締役として経営責任の一端を担い，事業や会社の方向性について熟知している者が，CLO 的立場を担う場合，その法務部は，機動性と，カバーする領域が一気に広がるであろう。

　例えば，組織再編がある場合，CLO のようなマネジメントレベルに関与している者がいない場合は，一般的には役員が決定した事項が法務に伝えられ，その枠で作業を行うことになろう。しかし CLO が組織再編の必要性や狙いから議論に入っていれば，税務・財務専門家との事前の連携による最適なスキームの提案もできるし，その議論の過程に法務部員を同伴することにより法務部員のキャリアは，圧倒的に成長するはずである。

　また，法務というのは基本的には「リスクを指摘し，予防する」姿勢をとるべきであるが，外部顧問弁護士と，内部法務部の違いは，後者が事業の促進を考え，事業部門と一緒に「リスクを取りにいける」ことであろう。すなわち，リスクだけを指摘するのであれば顧問弁護士で十分であるから，内部に存在する意義は，事業の意図や方向性を深く理解した上で，目的の正当性と手段の合理性のバランスを見ながら，事業部門と一緒に「進む」という選択をするか，何とかしてリスクを少なくする方法を必死に考えることにある。

　この時，会社が中長期的にどこに向かうかを理解し，事業における案件の重要度を判断できる CLO 的存在が法務にいるかどうかは，法務部の存在意義を決定的に異ならしめる。

　例えば，新規事業の立上げ段階にすべきアドバイスと，一定程度顧客が付き，売上があがった事業へするアドバイスは変えるべきなのである。ともすると法務部員は，同じ論点には，すべて同じアドバイスを行う。それは決して間違ったことではないし，むしろ正論である。

　しかし，同じ論点について，事業情況によって違う答えを出せるのは，それ

だけの事業理解と，また，それだけの責任を委ねられた CLO の存在があってこそ可能となる。

　事業は，規制や法律，ガイドラインなどと切り離すことはできないし，また，企業としての倫理観や「こうありたい」という企業理念を実現するに際し，法務というポジションは，実はかなり大きな役割を果たせるのである。

　ベンチャー企業にとって，法務とは紛争を防止し，解決する部署ではなく，事業を作り，促進する場面において，会社の機動力となる部署となるべきである。

　当社は，法務部の姿勢を，事業や会社の歩みを促進する部署として広くとらえ，意識を徹底している。意識をどう徹底しているかは次項に，その成果を次々項に記載する。

4　当社の法務部ミッションステートメント

(1)　なぜミッションステートメントが必要か

　まず，法務部はとかく，堅く厳しいイメージを持たれやすい。事業にとってはブレーキをかける存在として疎まれる危険すらある。しかし，前述のとおり，法務部が社内に存在する意義は，必要な場面ではもちろんブレーキをかけつつも，事業の成長のアクセルとしても機能するためである。本来，リスクを判定し，それを指摘することを第一のミッションとする部であるからこそ，「ブレーキもかけることがあるが，基本的にはアクセルになる必要がある」という意識の統一が，「あえて」必要となろう。

　また，リスクを検知するためには日頃の事業部門との密なコミュニケーションが欠かせないし，そもそも，それがリスクかどうかを判断するためには「状況把握の視野」のような能力も必要である。

　そしてぜいたくをいえば，法務としての解決案が出たときに，それを関係者に誤解なく理解してもらい，納得感を得ながら一緒に軌道修正してもらうためのコミュニケーションスキルも持ち合わせることが望ましい。

　欲をいえばきりがないが，法務は事業のすべてに関係がある部署であるから，

プロとして能力を尖らせるのと同様，ジェネラリストとして機敏に空気を読み，相手によって説明方法を変える巧みさや，多少の問題をことさら大きくいわない落ち着きなどもあるとなおよい。

　ここで，専門家として知見を磨き続けるのは当然として，そのような各種の能力を高めていくために示している，当社法務部のミッションステートメントを紹介したい。

　このミッションステートメントは，法務部内での私との1 on 1や，日頃のコメントの中から，法務部員が率先してまとめてくれたものである。

1．当社の事業をリーガル面で支える集団になる。
2．当社を「強くてあたたかい会社」にするため，リーガル面で全力を尽くそう。
3．当社メンバーとの「ネットワーク」を大事にしよう。
　　法務を「身近な存在」に！　事業を推進するための「パートナー」であろう。
4．批評家にならず，インハウスこそとしての強みを出そう。
5．外部パートナーとの関係はWin-Winを目指そう。
6．リスクを正しくおそれつつ，変化や新しいことを歓迎できる集団であろう。
7．法律を扱う専門部署だからこそ「言葉」を磨き続けよう。
8．迷ったら率直に言おう。小賢しいことはしない！

　法務部員ミッションステートメントに対して私がCLOとして，入れた注記は次のとおりであった。

2．'強くてあたたかい会社'は，当社の三訓の1つです。三訓を参照し，自分を磨き，人を助け，会社を強くすることを常に意識しましょう。
3．法務は，案件の背景事情・経緯・担当者の考えを理解することで，初めて的確な回答ができます。まずは当社メンバーとのコミュニケーションやネットワークをしっかり築くことを意識しましょう。相手が緊張した状態では，本来ヒアリングすべき事項が出てこない可能性があります。必要なことをたくさん言い合える関係性があることが大切です。
4．社内法務は，事業や会社の歩みを推進するために存在します。外部弁護士などの専門家であれば，小さなリスクも細かく指摘し，「意見」することが大事

です。しかし社内法務は，意見だけでなく，代案を出したり，事業状況とリスクの程度によっては，リスクを取る前提でコメントできることが重要です。そのため，類似の問題点であっても，事業部や子会社などによって，法務のコメントが異なる場合があります。法的な問題点の指摘ができることが大前提ですが，当社法務は，さらに数歩踏み込んだ事業判断の領域まで，的確に関与することを目指します。

5．関係先各位との関係では，当社は常に Win-Win の関係を目指します。

　　起案や対外交渉などにおいて，当社に不利な内容がないか確認するのは当然ですが，先方にとっても公正で平等な内容となっているか，意識しましょう。

6．事業とは，新しいことの発見や挑戦の要素を持つため，法律やルールが決まっていない案件も発生します。法務は，リスクの軽重・影響範囲などを検討しながら，リスクテイクできるかどうかを助言する能力を持ちたいと思います。

　　そのため，法令を字面だけでなく立法趣旨から深く理解して，リーガルマインドを養い，法律やルールがない場合の応用力をつけてほしいです。

　　また，事業は無数のトライ＆エラーから１つの成功が生まれるため，方針変更等も多々発生します。多くの挑戦や路線変更を繰り返すことこそが，成功への唯一の道です。法務が変化をおそれたり嫌がると，事業部の成功への後押しになりません。忙しい中での変化・変更は気持ちがよいものではありませんが，事業成功の必須過程であることを理解し，ポジティブに取り組みたいと思います。

7．法務は，契約書の起案だけでなく，ワークフローへの返信など「言葉」を多く使います。言葉を大切にする趣旨は，主に次のとおりです。

① 法務は「相手が理解できる」ように伝える必要があります。的確な言葉を選べないと誤解等により非効率や問題が発生します。

② 法務以外のメンバーは文章を読みなれていない人が多いため，シンプルで簡潔な文章で伝える必要があります。長く要領を得ない文章では，相手の負担が大きくなり，結果としてお互いに非効率となります。

③ 事業部にとってはストレスですが，法務は案件の進行を止めたり，否定したりすることがあります。事業部や会社にとって必要で大切な指摘だと理解してもらうには，相手に寄り添い，理解した上で，提案がきちんと伝わる必要があります。一方的に強く否定することが重なると，法務と事業部との関係性が固くなり，柔軟で的確な判断に支障が出る危険があります。

④ 当社は言葉を大切にする会社です。

　　言葉を多く使い，バックオフィスの一員である法務こそが，ココネの言

　　葉の品質を担保するため，常日頃から言葉の選び方に注意を払いましょう。
8．一瞬の恥ずかしさより，成長を取り，わからないことを放置せずに，調べた
　　り聞いたりすることで知識やノウハウを常にアップデートしましょう。間違
　　えた場合は，言い訳を探すのではなく，間違えた理由に向き合い，再発の防
　　止に努めるほうが成長につながります。
　　　また，法務が行う判断には「正解」がない微妙なラインのものもあります。
　　意見が異なる場合でも，それぞれの回答案に理由があるはずです。
　　　意見を交換して回答を選ぶ作業こそが，力量 UP につながります。意見が
　　採用されなくても，話し合いへの参加で自ずと力量は上がるはずです。
　　　「小賢しいこと」とは，言い訳を探して成長の機会を失ったり，わかってい
　　るふりをして理解のチャンスを逃したりすることなどを指します。
　　　「昨日より成長しよう」という言葉を当社は大切にしていますが，小賢しく
　　していると「明日，成長している」チャンスを逃しかねません。

5　当社法務部員の回答例

　前述のように，私は CLO として，法務部員の回答に「会社を前に進める力」
を持たせることを意識している。
　前項のミッションステートメントや日頃の意識共有により，法務部員が「あっ
ぱれ」と思わせる回答をすることがある。その一例を紹介しよう。
前提となる当社の事業の概要は本稿 1 を参照されたい。

⑴　規約の作成

　法務部はサービスの利用規約のドラフトを担当する。当社サービスは一般顧
客を対象としたスマホアプリの提供であるため，読みづらく，わかりにくい規
約でよいのかは長年の懸念であった。例えば，サービス上に提供した当社のデ
ザイン（絵）について，一般的な規約であれば「著作権侵害をしないでくださ
い」と書いてある。しかし，マーケティング観点では，SNS で拡散される分に
は，ある程度転用は許容したいという気持ちもある。また，著作物の利用は「私
的な利用の範囲内で可能」と記載することも多いが，私的かどうか，その線引
きは顧客にはわかりづらいであろう。このような課題感を受け，2021年にリリー

スした新規サービスでは，法務部員とサービスチームが協働し，顧客フレンドリーな規約作成に挑戦した。

　具体的には，「著作権を侵害しないでください」という文言を，3つのNGカテゴリーに分解し，①当社が悲しい気持ちになる場合，②サービスの世界観を邪魔する場合，③お金儲けのために使う場合と，かみ砕き，それぞれに，具体例を掲載した。例えば，①「当社が悲しくなる場合」の一例とは，画像上にひどい落書きをすること，キャラクターに悪口を言わせる吹き出しを付けること，などである。

　たしかに，規約とは記載してあることが重要であり，文言は堅いものでよいと思われがちである。しかし顧客層，年齢，動向，サービスの色味に合わせ，顧客に伝わる規約に改編できるのであれば，そうしない理由があるだろうか。とはいえ，そこまでの改編は，法務の枠を超え，サービス作りそのものであるかもしれない。このような取組みは，まさに社内法務部であり，会社のサービスをサポートする思いを共有する法務チームだからこそできる醍醐味ではないだろうか。

⑵　サービス企画への提案

　また，当社の著作物（キャラクター）が頻繁に画像加工され，SNSに転載されることにつき，事業部門が「掲載してもらうのは宣伝になるから止めたくない。しかし当社の著作物だから意に反する改編は回避したい。改編されたものが当社の公式の画像だと勘違いもされたくない。どうしたらよいか」という相談があった。

　顧客の加工は概ね愛のある加工であるが，中にはキャラクターを貶めるようなものもあったし，あまりに放置すると顧客によって加工された絵が当社の正規の著作物と混同される危険もあった。

　しかし，顧客の加工を一律に禁じるならともかく，一部は見逃し，一部はNGとする取扱いは，個別判断が必要であり，なかなかハンドリングしにくい問題である。この点，法務としては「規約に従って個別に検討していくしかないですね」という回答をするのが一般的には精一杯であろう。しかし，当社法務部では，加えて「あえて画像加工キャンペーンをして『#サービス名#加工』とい

うハッシュタグを付けて拡散してもらい，このサービスに紐づく画像の多くは
『お客様が加工しているんだ』という状態を認知させてしまってはどうか」とい
う提案を付け加えた。この案は事業部門には採用されていないが，少なくとも
事業部門は，法務部員が真摯にこの案件に向き合っていることを理解しただろ
う。もちろん，このようなキャンペーンの提案は本来法務部員の領域でもない
し，求める基本的資質でもない。しかし，事業部門が展開しているサービスに
愛着を持ち，事業に何とかして役に立ちたいという思いの表れであることは間
違いない。そのような「こころざし」自体は，外部専門家ではなく，社内にい
る専門家チームとしては，ぜひ持っておきたいものであろう。

＊＊＊

このような，私が誇る当社の法務部員は，ミッションステートメントの存在
や，日頃の意見交換，会社における私たち法務部員の存在意義についてのディ
スカッションにより，育成され，そして，育成された部員たちの存在自体が，
当社の企業文化そのものになっていくことを実感する日々である。

6 リーガルテックの活用

当社は，拡大期にあるため，私が参加した2014年に比べて2023年1月時点で
従業員数にして10倍，当時なかった子会社も11社（うち海外子会社7社）誕生
している。

法務部は全グループを担当しているため，近年の法務相談件数は多いときで
月200件を超える。そのため当社では2019年末から契約締結に関して，電子署名
を導入しているほか，法務相談案件の社内回付はワークフローを利用している。

電子署名導入直後，奇しくも2020年，コロナウイルスが流行した。従来どお
り契約書をプリントアウトし，金庫からハンコを出して押印し，製本して送る
という作業をとっていたら，リモートワークの妨げとなっていたであろう。当
然ながら，押印にかかる作業は5分の1程度（具体的には10分から2分程度）
に圧縮されたし，電子署名により不要となって節約された印紙代で，電子署名
制度の利用料を支払ってお釣りがくる計算である。

導入しない理由はないであろう。

　また，社内での相談案件については，メールや社内チャットなどを窓口としていた。しかし，一度対応すると，社員が次も同じ法務部員にダイレクトに依頼してくることが重なるようになり，法務部内で，仕事量の調整に苦労するようになっていった。案件化したら均等に割り振るとしても，案件化するまでのヒアリングや，DMに対する地道な返答そのものが，かなりの負荷になるのである。

　社員から個別のチャットに急に相談が来ることを，法務部員が笑って「爆弾」と称するようになり，2021年に，すべての個別窓口を閉鎖してワークフローに統一することとなった。

　これにより社員からのDM対応という法務部員の見えにくい負荷が減ったほか，案件数のカウント，担当者の割り振り，進捗管理が一元化され，業務フローの改善につながっている。

　法務案件における電子署名制度や，ワークフローの活用は，コロナ禍において増えたリモート勤務体制にも非常に有効であった。

　ただし，ツールによる効率化を徹底する一方で，「直接話す」ことも法務業務には重要であることも同時に強く認識すべきである。対面の機会を積極的に設け，生身の人間として社員と向き合う時間を増やすことで，法務部員の人柄を知ってもらい，「堅い，怖い」と思われがちな法務への相談のハードルを下げることも重要である。

　当社では，システムツールの導入で業務効率を上げると同時に，「法務クリニック」と称するオンライン上の相談窓口（開催時間中は，立ち入り自由で，入ってくれば，なんでも相談ができる保健室のようなものである）を設置し，口頭での質疑応答の時間を取ることで，文字だけのコミュニケーションで発生しがちな認識のすれ違いを防止している（なお，この法務クリニックの開設は私が指示したのではなく法務部員から自発的に生まれた試みである）。

　また，業務の効率化と同時に，関連法規に関するFAQの勉強会，契約書やNDA（Non Disclosure Agreement）についての基礎講座などのオンライン講座を積極的に開催することで，社員全体の知識経験のボトムアップを図り集合知を上げていく努力も行っている。この社員研修は，法務部員の持ち回りで行うため，法務部員のオンライン研修スキルも回を追うごとに上達している。例

えば，チャット機能を利用して，参加型のクイズを出すことにより双方向のエンタメ要素をプラスし，より抵抗感少なく参加してもらう工夫などである。

　当社では，このように，リーガルテックを活用しつつ，社員研修の開催によるボトムアップにより類似案件の相談件数の減少を図ったり，クリニックの開設により本当に必要な相談は気軽にしてもらえるような雰囲気づくり等を並行して進め，法務を取り巻く環境を整備して行っている。

7　最後に

　CLOはベンチャー企業において，法務の領域を超え，会社をどこに向かわせたいのかという点において大いに役立ち，また会社を前進させるためのアクセルの1つになりうる重要な存在ではないだろうか。

　前述したとおり，法務は，法律の解釈適用だけでなく，正当性，あるいは理にかなったという文脈まで広げれば，会社運営，組織，事業のすべてに関わる問題である。そのため，事業や会社の方向性について熟知しているCLO的存在がある場合，その法務部は，機動性と，カバーする領域が一気に広がるのである。

　そしてCLOの適性は，必ずしも弁護士資格は必要なく，リーガルマインドを持ち，一定の社会経験を積んでいることを前提に，会社理念への共感度や，事業や社員への愛着をどれだけ持てるかによるのではないだろうか。

　ここで私が重要だと思うCLOとしてのリーガルマインドは，法令やルールの立法趣旨に遡り，個別具体的なケースに当てはめて応用し，判断ができる力と，目的の正当性と手段の合理性を考えて判断ができるバランス力である。これは法令だけではなく，経営判断が会社理念に沿うかどうかの判断においても使えるマインドではないだろうか。

　あとは，会社（主に役員）との信頼関係を築き，ある程度の領域まで踏み込んで判断する責任を与えられればCLOとしてのカバー領域は非常に広くなるであろう。

　ベンチャー企業において早い段階でこのようなCLOを迎えられることはその後の会社の発展に大いに寄与するであろうし，また，法務部を中心としたバッ

クオフィスの構築にも役に立つのではないだろうか。

＊＊＊

　本稿は，あくまで私の CLO としての歩みに合わせて書かせていただいたため，各社の状況やニーズには必ずしも合わない部分もあるかもしれない。ベンチャー企業の立上げ期は法務人員などいないのが普通だろうし，ましてや法務チームの立上げどころではないこともまた事実であろう。しかし，CLO や法務チームがベンチャー企業において果たせる役割の多さについて，ぜひご参考にしていただき，みなさまの企業の成長に資する素敵な法務チームができるきっかけになれば幸いである。

Ⅱ-2 ┃ READYFOR における法務組織の立上げ

草原敦夫

> 会社の規模にかかわらず，事業内容によっては法務・コンプライアンス体制の適切な構築が事業価値向上や持続可能な成長にとって特に重要な意味を持つことがあり，そのような場合には，法務・コンプライアンスに関する業務執行の最終責任を負う法務担当者として CLO 等の役職を置くことが望ましいときもある。
>
> 本稿は，大手法律事務所で経験を積んだ後，CLO としてスタートアップに参画した筆者が，CLO の業務やミッションについて解説する。

1 自社概要

私が所属する READYFOR 株式会社は，「誰もがやりたいことを実現できる世の中をつくる」をビジョンに，「想いの乗ったお金の流れを増やす」をミッションに掲げるスタートアップ企業である。

クラウドファンディングサービスの運営のほか，遺贈寄付，基金の運営，寄付先の選定サポート等，主に寄付市場でイノベーションを起こすべく事業を行っている。2018年10月にシリーズ A の資金調達，2021年初頭にシリーズ B の資金調達を行い，積極的な先行投資を行い，組織，事業を拡大させているフェーズにある。将来的な株式上場は選択肢に入れているが，現在は未上場である。

金融事業のライセンスが必要な事業は行っていないが，「お金の流れ」に関する事業を行っているため，法務の観点からは，サービスの「安心・安全」の仕組みを作り，サービスの信頼性を確保することが重要となる。また，金融規制や税制も考慮して「お金の流れ」のスキームや手数料のいただき方を考える場面は少なくなく（例えば，他の非営利法人と提携して「お金の流れ」を実現する場合もある），事業スキームの構築にも積極的に関与している。

2 私の入社前の法務組織の状況

⑴ 1人目法務の採用に至った理由

　私が1人目の法務の専任担当者として入社したのは2018年7月である。クラウドファンディングサービス「READYFOR」の立上げは2011年3月であり，当社の設立は2014年7月であるため，サービス開始から7年強，設立から4年間は法務の専任担当者がいなかったことになる。

　私が入社するまでは，その当時コーポレート機能全体を所管していた取締役CFOが外部の弁護士と相談しながら法務の業務を行っていたと聞いている。法務の業務としては，日々発生するクラウドファンディングの審査に加え，大学，自治体，金融機関等との事業上の提携も積極的に推進しており，契約関連の業務も相当あったようだ。

　法務業務の増加に加え，経営層において，お金に関する事業を行う以上，サービスの「安心・安全」の仕組みを構築し，ユーザーを保護し，サービスに対する信頼性を高めることが重要であるという認識はしっかりと持っていたようだ。私の入社する少し前に，ちょうど仮想通貨の業界で大規模な不正流出事件が起き，業界全体として失速し，先行きが不透明になるということもあった。また，当社固有の事情として，それまで自己資金のみでサービスを成長させてきたが，資金調達を行って事業を積極果敢に拡大させたいという考えもあり，それには法務を強くすることが不可欠と考えたようだ。

⑵ 1人目法務の採用

　1人目法務の採用とは，すなわち私の採用であるが，実際のところ，法務担当者を採用するといっても，どのような人がいいかや，どのような方法で進めればうまくいくかはよくわからなかったようだ（私は今もわからない）。

　そこで，CEOが知り合いの弁護士に聞いたところ，「大手法律事務所の若手にはチャレンジの機会を求めている人もいるのではないか」という答えが返ってきたそうだ。意外に感じたようだが，ちょうど幼なじみに森・濱田松本法律事

務所で働いている弁護士がいたので，これ幸いと「関心がありそうな人がいないか」と聞いたところ，その弁護士が私の同期であり，私のところに話が来た。私はその同期と一緒に当社のオフィス（当時）に行き，1時間半程度会議室で話をした後，そのまま飲みに行った。このような流れで意気投合し，入社が決まった。

　待遇面では，交渉らしい交渉はなかった[4]。大手法律事務所の若手弁護士はそれなりの（分不相応な）報酬をもらうので，年収はおそらく大幅に下がるだろうと思っていたし，同規模のスタートアップの給与のイメージもなかったので，給与については提示された条件に従うことにした。ポストに関しては，「CLO として企業価値の向上に貢献したい」という意向は伝え，その役割を期待してもらってもいたが，入社後の状況を見て適宜検討するという形で落ち着いた。あえていえば，事務所で働く中でそれなりに書籍や雑誌を買い込んでいたので，オフィスに法律書籍用の本棚を置かせてほしいということはリクエストし，快諾してもらった。

　私の前にも法務担当者の面談はしていたと聞いているが，結果的に，当社にとっての1人目法務の採用は縁故採用ということになる。スタートアップでは，1人目の法務として，コーポレート担当役員や管理部長の業務負荷を軽減することを主眼として，まずはその部下として契約業務を担当するメンバーを採用するという場合も多いが，当社では，最初に法務部門の責任者から採用したという見方もできる。

3　私の社内における役割

　2018年7月に入社した後は，新規事業の企画・検討を行ったり，当社サービ

4　ただし，もともとは事務所を辞めた後も，特定のスタートアップにフルコミットするのではなく，個人事業主としていくつかのスタートアップに半常駐の形で関わることを考えていたので，そのような関与の仕方を提案していた。結果的に，当社の経営陣と話す中で，企業価値の向上に真の意味で貢献するには強いコミットが必要であると思い直し，入社を決めた。この決断をしたからこそ事業・組織に対する解像度が格段に上がったと思っているし，組織上で責任ある立場となり意思決定に関与することでわかることや得られる経験もあるので，入社を決めてよかったと思っている。

ス上初めてとなる裁判費用を集めるクラウドファンディングを公開するために実行者となる弁護士の先生方向けの提案・折衝や法的整理を行ったりしていた。

　8月過ぎから，経営チームのプロジェクトとして，ベンチャーキャピタルとの間で初めての資金調達となるシリーズ A の交渉が始まった。スタートアップファイナンスとしてはそれほど特殊なディールではなかったが，種類株式を活用した資金調達となるし，投資関連契約の内容も相応に複雑であるので，法的にもそれなりの専門性は求められる。幸いにも前職でスタートアップのファイナンス案件を複数経験していたので，一定の肌感はあり，貢献はしやすかった。

　無事に10月にシリーズ A の資金調達を完了したタイミングで執行役員 CLO（Chief Legal Officer）になった。そうはいっても，法務担当者は私しかおらず，チーフを名乗るのも気恥ずかしかったので，社内では「コンプライアンス・リーガル・オジサン」の略だとうそぶいていた。

　CLO というのはそれほど一般的ではないので，どのような役割なのかと聞かれることがあるが，これに対して厳密に答えると，当社においては，組織上は CxO であることは特段の意味はなく，主として対外向けの肩書にすぎない。

　むしろ，執行役員であることのほうが組織上の意味はある。私であれば，法務・コンプライアンスに関する業務執行の最終責任を持った上で，経営陣の一員として経営責任に対してコミットする役割を担うものと定義されることになる。

　経営責任にコミットしながら，直接的には売上を創出できないもどかしさはあるが，法務は企業価値の向上に資する重要な機能であると考えているので，まずは法務・コンプライアンスの領域で役割を全うすることが重要と考えている。

　ただし，経営責任にコミットする立場である以上は，自らの役割を法務・コンプライアンスの領域に限定する必要はなく，他の領域であっても，全社の最適なリソース配分の観点から自ら巻き取っていったり，積極的にボールを拾いに行ったりする動きは必要と考えている[5]。

4　当社の法務組織の人員数

(1)　リソース不足の悩み

当社では，法務機能を担う部署として法務・コンプライアンス部を設置している。私がその部長も務めているが，もう1名正社員が所属しており，正社員2名体制である。ご多分に漏れず，慢性的に人手不足の状況にある。

私の入社後，クラウドファンディングの審査業務が私の所管に移された。また，リターンの遅延等のユーザー間トラブルが発生した場合の対応（実行者や支援者とのやりとり等）もサービスの「安心・安全」にとって重要であると考え，CS（カスタマーサービス）から巻き取ることにした。その結果，法務の定常業務が増加した。

仕組み化を進めるとともに，他部署からの一時的な人事異動や，法務インターンを積極的に採用して，何とか対応しようとしたが，いかんせんサービスが成長すれば定常業務は増える。しかも，その当時，シリーズ A で得た資金で積極的に採用活動を行い，新規事業や新規の提携も進行していた。金曜日と週末以外の飲み会は断り，深夜までオフィスに残って審査業務を行う日が続いた。法務インターンも朝から晩まで一緒に一生懸命働いてくれたが，それでもギリギリであった。今考えても，法務インターンの彼ら・彼女らがいなかったら法務機能がパンクしていたことは必至であり，本当に頭が上がらない思いである。

(2)　2人目の正社員採用

私の入社後そう遠くない時期から，法務担当者の採用活動をスタートした。法務担当者が不在のスタートアップも少なくないが，当社において法務は重要であり，実際に業務も多いということを他の経営陣に説明し，理解を得た。た

5　法務は部署横断の情報が集まりやすい部署であるし，法務を通じて磨かれる論点整理やナレッジ・マネジメント，対外的な文章作成の能力等は汎用性が高いため，法務担当者が貢献できる場面は少なくない。例えば「リスクマネジメント」というお題目を掲げれば，法務は相当広範囲な領域に染み出していけるはずである。

だし，採用活動は難航した。

　その理由の1つに，入っていただく方の役割として，まずはクラウドファンディングの審査業務やユーザー間トラブル対応等の業務を主に担っていただきたいと考えていたことがある。これらの業務は，サービスの「安心・安全」に関わる大切な業務であり，個別事案に応じた柔軟な思考も求められ，難易度は高い。通常はこれまでの法務経験がそのまま活きるものでもない。そのため，思考力のある優秀な方に来ていただきたいという思いがあった。かといって，当社の会社規模・財務状況に照らしても優位性のある待遇を提示することは容易でない。結局，人材要件を定義する時点から難航したし，当社から断る場合も求職者のほうから断られる場合もあったが，採用活動を始めた後もなかなか内定を出すまでに至らなかった。当時，よく面接で「ゲストハウスを立ち上げたいというプロジェクトがあったとして，実現可能性を確認するために3つまで質問できるとすると，どのような質問をしますか。」と聞いていたことが思い出される。

　ようやく内定承諾をとりつけ，2022年2月に正社員として入社いただいた。コロナ禍が本格化し，審査の難易度の高い，医療・健康に関するプロジェクト（マスクや除菌製品に関するプロジェクトも多かった）が激増する直前の入社であった。今振り返ってもギリギリのタイミングで入社いただけたと思う。彼は，入社後，すぐに審査のコツをつかむとともに，日々の業務を通じ，薬機法や厚生労働省の通達などにもかなり詳しくなった。感謝と尊敬を込めて「除菌王子」と呼んだ。

⑶　リソース不足の悩みは尽きない

　現在は，審査業務やユーザー間トラブル対応は事業本部側の担当部署への移管を完了した。それでも，法務の担当業務は，①契約，②トラブル・紛争対応，③リスクマネジメント，④内部統制（反社チェック，内部通報制度，研修），⑤機関法務，⑥コーポレート，⑦知財，⑧個人情報に関するコンプライアンス，⑨人事・労務のコンプライアンス，⑩業界団体や行政との折衝などと挙げていけば相当ある。

　これらの業務が将来にわたって法務の所管かといえば，仮に知的財産の担当

役員が入って専門部署（知財部）を設置すれば知財業務は知財部に移管される
であろうし，ロビイングの担当部署を事業部門側に設置すれば，業界団体や行
政との折衝はその部署に移管することも考えられる。とはいえ，現在は法務・
コンプライアンス部の担当業務である以上，なんとかやるしかない。

　リソース不足を埋めるため，自社でレビューできるか否かにかかわらず，契
約レビューを外部の弁護士の先生にお願いするなどの施策も行っているが，や
はり限界はある。法務が成長のボトルネックとなることは避ける必要があり，
リソース不足には常に頭を悩ませている。

5　法務・コンプライアンス部の運営

(1)　Mission と行動指針の策定

　本格的に法務インターンを採用し始めたタイミングで，法務・コンプライア
ンス部の業務の全容を言語化するとともに，法務・コンプライアンス部の Mis-
sion と行動指針を言語化した。Mission は「持続可能な成長の実現」とし，その
ために追求すべき価値として，①リスクのコントロール，②コンプライアンス
の遵守，③事業を推進する法務戦略の立案・実践を定めた。行動規範は，全社
の行動指針を法務の性質を踏まえて引き直す形で定めた[6]。

　法務・コンプライアンス部の Mission や行動指針は，部内のオンボーディン
グで説明するとともに，行動指針は 1 on 1 や人事評価上のフィードバックに活
用している。また，これらは全社向けにも説明している。法務は専門性が高く，
その価値はわかりにくい。コンサバティブなブレーキ役というイメージを持た
れることも少なくないように思われ，Mission や行動指針の言語化は，法務に対
する理解を醸成するためにも有意義だと思う。

6　具体的には次のとおりである（かっこの中が当社の行動指針である）。①違和感を見過ご
　さない（迷ったら言う），②法務の「No」の重さを心得る（できる前提），③まず解像度を
　上げる（まずやってみる），④「みなさまあって」（巻き込み力），⑤法務ナレッジが会社を
　強くする（際に手間かける（ヒマテマ）），⑥インパクトにフォーカスする（選択と集中），
　⑦公平・公正に，多角的に考える（○○視点）。

⑵　スキルマップの策定

　法務・コンプライアンス部に正社員が入社したことで，その成長を促すためのフィードバックが必要となった。当社の人事制度では，各人に求められる役割に応じた等級（グレード）が定められており，「この時期までにこの等級に上がることを目指そう」といったキャリアプランを話し合うことになる。その際，等級ごとに求められるスキルや役割のレベル感が体系的に言語化されていないことで，フィードバックの趣旨を十分に伝えきれていないという課題感を抱いた。そこで，等級ごとの法務スキルマップを定めることにした（例：このグレードでは，インシデント対応において部署横断の対応をリードできることが求められるなど）。

　必ずしも精緻なものとはいえないが，それでも，法務・コンプライアンス部の業務遂行に求められるスキルの全体像を素描することにはつながった。また，グレードを上げるために求められる水準感について言語化できたことで，成長，キャリアに関する議論や認識合わせも行いやすくなった。

⑶　ナレッジ・マネジメントの方針策定

　法務の仕事では，過去案件のリサーチ結果，検討過程，アウトプットなどのナレッジを集約・管理・共有し，それらを有効活用すること（ナレッジ・マネジメント）が重要となる。これを通じ，重複の検討を回避して業務の効率性を高めることができるし，リスクや論点の見落としを防ぎ，業務の質を高めることにもつながる。また，法務担当者ごとに意見・判断が異なったり，クオリティーに差が出たりすることを防ぐことにもつながる。

　そこで，法務・コンプライアンス部でナレッジ・マネジメントの基本方針を定め，ナレッジ・マネジメントの重要性を言語化している。その中では，実際のナレッジの管理の方法や，質にこだわりすぎないなどの留意事項についても明文化している。

　ナレッジ・マネジメントは全社的に実践すべきものであるが，部署ごとに温度感が異なる実態はある。法務・コンプライアンス部として全社的なナレッジ・マネジメントの浸透に貢献したいという思いはある。そのような思いから，各

部長に対して定期的に実施するヒアリングの中で，ナレッジ・マネジメントが不徹底であることによるリスク（担当者の急な離職により業務上の知見が散逸し，部署の運営に支障が生じるおそれがないかなど）を確認するようにしている。

(4)　法務組織の拡大の検討

　当社のようにリソース不足の悩みがつきない場合，法務人材の採用が有力な選択肢となるが，採用計画や人材要件を考える際は，先行論点として，事業・組織の規模に応じて必要となる人員数や，採用後の部内の役割分担，部内にグループを新設してマネージャーを配置するか等の組織設計を考慮することが必要となる。中長期的には，事業部門専属の法務担当者を配置するかや（配置する場合の所属やレポートラインも論点となろう），M&A や新会社の設立等を通じてグループ会社ができた場合のグループ会社の法務部門との関係性も論点となるかもしれない。

　それにしても，法務人材の採用は難しい。人材の流動性は低いし，他社と取り合いになる優れた人材の待遇はかなり高水準となっている印象もある。当社だけの問題かといえば，他社の状況を聞いても似たりよったりで，法務人材の採用に苦労している企業は多い。逆にいえば，法務人材にとっては，転職するにはいい環境といえるかもしれない。

6　スタートアップ法務を実践して得た気づき

(1)　「攻め」と「守り」の役割分担の中で役割を果たすことの重要性

　そもそも，重大なリスクが顕在化したり，危機管理上の対応を誤ったりすれば事業の継続が危ぶまれるわけであり，「守り」それ自体が持続可能な成長にとって重要である。

　これに加え，「守り」を担う法務組織がしっかり役割を果たすことは，「攻め」を担当すべき経営陣や部署が「攻め」に注力できる体制を作ることにつながる。

　すなわち，法務組織が「守り」の機能をしっかりと担えば，「攻め」と「守り」

の適切な牽制関係が設定される。この点，「守り」が利かなければ「攻め」が暴走するかといえば，実際には，「攻め」の側も違法行為やコンプライアンス違反，過大なリスクテイクは望まないので，「攻め」の側が必要以上にブレーキを踏みながら事業に取り組むことにもなりかねない。それでは事業の本来の成長を阻害するおそれがある。

　要は，「守り」の牽制が利くことで，「攻め」が思いきり攻められるということである。「攻め」の側が実現したいことを述べ，「守り」が適切に適法性，リスク評価を行う。そして，相互のリスペクトを前提に建設的な議論を行うことで，「攻め」と「守り」を統合的に発展させ，リスクをコントロールしながら事業の目的にも適合した事業を実現できるように思う。

　また，インシデント対応においても，「攻め」が「攻め」に注力できるための貢献が可能である。事業を遂行していれば，残念ながら，個人情報の漏えい，システムトラブル，オペレーションミス，クレームの発生等のインシデントの発生は不可避である。一度インシデントが発生すると，緊急度の高い対応が続き，対応者のマインドシェアもかなり奪われることになる。特に未成熟なスタートアップであれば，代表自らがインシデント対応の陣頭指揮に当たることも多いであろう。

　この点，法務責任者において，関係部署と連携しながら事実関係を整理し，法的分析を行い，ステークホルダーごとの対応を整理し，全体を統括するという動きができれば，他の部署や経営層の負担を軽減することに寄与できる。これは「攻め」のリソースをできる限り「守り」（インシデント対応）に割かせず，「攻め」になるべく注力できる体制作りにつながる。

⑵　サービスの「急所」の手当て

　新規性の高いサービスに関しては，法整備が追いついておらず，施策を講じるかや講じる施策の水準は事業者のモラルに委ねられる場合も多い。その結果，リスク対策が後手に回ることは実際上少なくない。実際，サービスが市場に受け入れられるか自体が未知数であり，事業のPDCAを高速で回すことに優先的にリソースが充てられることは自然な面がある。また，リスク対策の強化が事業の効率性，成長性とトレードオフの関係に立つ場合が多いことも，リスク対

策の遅れにつながる原因と考えられる。

　もっとも，何らかのきっかけでサービスが急速に伸びる場合もあるし，マーケティング予算を投下して短期間で爆発的な成長を目指すことも一般的な戦略である。これらの場合，事前に適切なリスク対策を講じておかないと，サービスの急速な成長に伴い事業の内包するリスクが一気に拡大，顕在化するおそれもある。最悪の場合，サービスの存続それ自体が危ぶまれる事態にもなりかねない。

　この点，子どもの預かりや家事代行のマッチングプラットフォームであればユーザー登録時の厳格な審査や万一事故が起こった場合の対応，個人データの利活用・スコアリングであれば丁寧な説明と同意の取得，オプトアウトの仕組みなど，サービスごとの急所となりうる事項があると考えられる。

　自社のサービスにおける急所が何かは経営レベルで継続的に議論する必要がある。そして，このようなリスクに関しては，その重大性や発生可能性を考慮した上で，コストやサービス運営の効率性，ユーザー側の負担などとのトレードオフを甘受してでも対策を講じるべきか否かを検討する必要があるだろう。

⑶　リスクを議論する文化の醸成

　特に初期のスタートアップでは，内部統制が未整備であったり，マニュアルの整備が十分でなかったり，情報管理やシステムに脆弱性があったりと，多くの事業上のリスクが存在することが通例であるといえる。

　事業部門，エンジニアリング部門，管理部門のいずれの部署も対応すべき事項は山積みであり，リスク対策も全体の優先順位の中で行われるべきものである。ただし，リスクが顕在化していない状態では対応方針の検討が後回しになりやすい面は否定できない。だからこそ，法務組織の主導で定期的に各部署の責任者に対するヒアリングを実施するなどして，各部署の責任者が半強制的にリスクと向き合う仕組みを設けることは重要であると思う[7]。

　もちろん，すべてのリスクについてただちに対策を講じることは現実的でな

7　なお，自社であった過去のクレームやインシデントを管理したり，他社で発生したインシデントを参照したりすることは，リスクに関する議論の精度を高める上でも重要である。

く，その必要もない。しかし，リスクに関する定期的な議論を行い，リスクごとの対応方針や時期を検討することで，リスクマネジメントの実効性は向上する。また，リスクについて正面から議論する機会がないと，リスクを過大に軽視したり，かえってリスクをタブー視したりするような歪んだ企業文化が醸成される可能性も否定できない。リスクを議論する文化の醸成は，健全な企業文化を醸成し，正しくリスクテイクを行うためにも重要であるように思う。

　また，特に重要性が高いリスクに関しては経営陣で議論することも重要である。内部統制を相応に整備した会社であればリスク・コンプライアンス委員会などのリスクに関する会議体を設置することも多いであろう。リスクマネジメントの状況を定期的に報告事項に加えたり，重大性の高いリスクが現実化した場合に取締役会に上程したりするといった対応も検討すべきと思う。

⑷　事業を推進する法務戦略の検討と実践

ア　事業部門と法務の役割分担

　新規事業の立上げなどの事業開発を行う場合，法務は，①適法性・許認可の要否に関する検討，②契約関係の検討（利用規約の起案など），③個人情報の取扱いに関する検討，④リスク分析，⑤ユーザーからの同意取得のオペレーション，⑥契約管理・ユーザー管理の設計等に関する助言などの役割を担い，事業部門に伴走することになる（この伴走に際して「攻め」と「守り」の牽制関係が重要であることは上記のとおりである）。

　基本的には法務はわき役であり，主役は事業部門である。その上で，法務担当者は名わき役となることが重要であり，①クイックな対応で事業の流れを阻害しない，②先行して，自発的に準備しておく，③しゃしゃり出ない，④芯を食ったリスク分析，⑤愉快にやることを意識する必要があると思う。

イ　クイックな対応で事業の流れを阻害しない

　事業開発のプロジェクトには流れがあり，滞らせては，進むものも進まない。わき役が主役の邪魔をしてはならず，法務担当者としては，自らのタスクにクイックに対応し，検討の流れを滞らせないようにする必要がある。

　特にテクノロジーを活用して非線形の成長を目指す場合や競争環境が激しい

場合は事業のリリースの少しの遅れが大きな差を生むことになりかねない。この点はよく意識しておく必要がある。

ウ　先行して，自発的に準備しておく

　クイックな対応のため，先行して法的検討を進めておくことも重要である。事業方針の解像度が高く，社内で情報を自発的に入手できる環境にもあるのが，外部の法律事務所にない社内の法務組織の強みである。この強みを発揮できると，社内からの信頼も厚くなる。

　事業部門に対し，法的検討を開始したほうがよいかを質問することは，実は悪手でありうる。事業部門は仮説と検証を繰り返しながら事業開発を行っており，当然に流動的である。そのため，事業部門側は，法務担当者に手戻りが発生しては申し訳ないと配慮する傾向がある。しかし，これを鵜呑みにしては検討が間に合わなくなるおそれもある。

　法務担当者としては，事業の方向性が変わる可能性を認識しつつも，先行し，自発的に準備することが望ましい。

エ　しゃしゃり出ない

　先行して法務の検討を完了できたからといって，むやみにアピールしないことも重要である。法的検討は事業開発における一要素にすぎず，事業部門は，営業・マーケティング，プロダクト開発，サービスのオペレーション，決済・会計など，さまざまな事項に関して他部署と調整しながら事業開発を進めている。

　事業部門は，事業を立ち上げて大きな事業に成長させることを目指し，事業開発のプロジェクトを進行している。法務がしゃしゃり出ることで進行を妨げることは望ましいものではない。そのため，先行し，自発的に検討したとしても，例えば検討結果自体は共有しつつ，議論の時期等は事業部門に委ねるという慎ましさが求められるように思う。

オ　芯を食ったリスク分析

　サービスの「急所」への手当てが重要なことは上記のとおりである。もっと

も，事業のリスクはそのフェーズ（ベータ版・トライアルか，ユーザー数は限定的か）に応じて柔軟にとらえるべきものでもある。

　オペレーションコストが高すぎたり，システム開発の工数が大きすぎると，せっかくポテンシャルのある事業であってもうまく立ち上がらず，十分に成長させられないこともありうる。法務担当者としても，特に事業開発の段階では，あらゆるリスクを指摘するより，リスクの大小（発生可能性，影響度）を分析し，芯を食ったリスク分析を行う姿勢が必要となるように思う。

カ　愉快にやる

　わき役にできる貢献として，前向きに，愉快にやるということがある。

　事業部門は，不確実性がある中で，他の部署の稼働状況に配慮し，各部署との調整を行いながら事業開発を進めている。のみならず，法務担当者との調整は，事業のリスクの議論も多いので，後向きの議論になりやすい面もある。

　だからこそ，法務担当者としては，当然キャラにもよるが，前向きに，愉快に，やる気を見せる（秘めるより示す）ことが重要である。わき役であり，事業部門の負担を背負いきることはできないが，それを少しでも軽くすることはできる。プロジェクトの士気を高め，事業部門がやりやすい環境作りに貢献するためには，プロジェクトに臨む姿勢も重要であると思う。

⑸　環境の変化に柔軟に対応できるようにする

　スタートアップに限らないが，事業環境や組織の状況は急激に変化する可能性があることを意識しながら法務の仕事をすることは重要である。特にスタートアップは先行投資によって赤字の場合も多いが，赤字であるということは，思うように資金調達ができないと倒産するおそれがあることを意味する。そうであればこそ，危機時にバーンレートを下げることができるかは重要であり，例えばオフィスを借りる場合や継続的なサービスを利用する場合は，（違約金なしに）中途解約ができるかを十分に検討する必要がある。中途解約が難しい契約を提示された場合は，粘り強く交渉したり，場合によっては契約の締結を見合わせたりすべき場面もあろう。

　また，これもスタートアップに限った話ではないであろうが，自社が提供す

るサービスの内容や取引条件に関し，PDCAを回しながら最適な形を模索することはよくある。法務担当者としては，サービスの提供先や提携先との間で継続的な契約を締結する場合，契約書の文言が円滑なサービス変更の足枷とならないように注意する必要がある。例えば個別に契約書を締結する方法ではなく約款方式を採用したり，契約書に個別具体的な内容を書き込みすぎないようにしたり，柔軟な変更の余地を残した文言としたりするなどの対応も重要である。これに加え，不特定多数の取引先との間で定型的かつ継続的な契約を結ぶ場合，契約管理の一環として，どの取引先といかなる特約を結んでいるかをしっかりと整理しておくことも重要といえる。

⑹　コーポレート・ガバナンスの向上

　会社法に従った運営が求められるため，法務組織が取締役会や株主総会等の事務の一部を担当することは多い。その際，企業価値向上のためのコーポレート・ガバナンスのあり方（取締役会の機能の向上等）に関する議論を参照し，実務に反映することで企業価値の向上に貢献できる場合もあろう。

　たしかに，未上場のスタートアップのコーポレート・ガバナンスに関しては，起業家の持分比率の大きさや閉鎖的な株主構成，ベンチャー・キャピタルからの派遣取締役やオブザーバーの存在などの特殊事情もある。そのため，上場会社を念頭に置いたコーポレートガバナンス・コードをそのまま適用することはできない。

　しかし，例えば，取締役会の付議事項の適切性に関する議論（個別の業務執行事項にとどまらず，経営戦略や経営方針に関する議題が付議されているかなど）は，スタートアップにとっても取締役会の位置づけを議論し，付議事項を見直す上で有益な示唆をくれるはずである。

　また，社外役員の割合や取締役会の構成に関する議論（多様性や員数の適正規模など）は，当然，社外役員候補者のリストアップにおいて意識すべきである。のみならず，ファイナンスに際して投資家からの取締役やオブザーバーの派遣を受け入れるかを考える際に，出席者が増えることで取締役会の機能が低下しないかという観点からも重要な示唆をくれる[8]。

　取締役会のモデルに関するマネジメント型とモニタリング型の区別に関して

も，ただちにモニタリング型に移行することはなじまない[9]としても，スタートアップが機関変更について検討する際や，執行役員制度を設けるかを考える上で重要なヒントとなる。

　取締役会の位置づけ次第では，中長期の経営方針の議論をする任意の会議体を設置する選択肢もあるだろう。また，企業価値の向上にとって重要ではあるものの，事柄の性質上議論が進みにくい代表取締役のサクセッション・プランについても，コーポレート・ガバナンスの向上の文脈で取締役会や経営陣間の議論の俎上に載せることも考えられる。

　このように，法務組織がコーポレート・ガバナンスに関する議論を通じて企業価値の向上に貢献できる場合もあろう。

7　結　語

　当社の法務組織の立上げや，スタートアップ法務の実践を通じた気づきについて書かせていただいた。法務機能のあり方は事業や組織のフェーズに応じて異なる一方，私の考えもあくまで限られた経験に基づくものであり，偏りはあろうが，何らかのご参考になれば幸いである。

8　取締役会のオブザーバーの受入れではなく，IRとしての株主向け説明会を別途実施するという建付けとすることも考えられる。
9　未上場のスタートアップにおいては，事業が単一の場合も多いであろうし，経営陣が業務執行の責任者でもあることが通常であろうから，コーポレートガバナンス・コードに親和性が高いとされるモニタリング型が実態に即さない傾向にあると考えられる。

III

管理部門のマネージャーおよび監査役の視点から見る法務

III−1 ┃ 管理部門の一部としての法務のマネジメント

高野慎一

> 　法務担当者の採用や法務組織の拡充の際には，管理部門全体から見た法務の位置づけや法務と事業部門との関わり方について十分に検討し，社内にも浸透させる必要がある。
>
> 　本稿では，管理部門と事業部門の双方で豊富な経験を有する筆者が，管理部門および法務部門のあり方について解説する。

1　私のキャリア

　まず初めに私が歩んできたキャリアを，その経験とトピックを通じてお話ししたい。

(1)　私の経験

　1958年生まれ，約40年間組織で働いてきた私の職業人生は大きく5つの時期に分かれる。（　）内は当時の社名，株式会社は略。

---

① 　1981〜1990年　ベンチャーのIPOとコーポレート部門の立上げ
　　　　　　　　　　　　（リクルート，リクルートコスモス）
② 　1991〜2009年　メガベンチャーのターンアラウンド

```
                    （リクルートコスモス）
  ③　2010〜2015年　伝統企業のターンアラウンド
                    （ぎょうせい）
  ④　2015〜2019年　スタートアップの急成長支援
                    （ツクルバ，日本交通，JapanTaxi）
  ⑤　2019年〜現在　ベンチャー企業のためのグレイヘア・コンサルタント
```

⑵　トピック

　その間に私が経験してきたことを箇条書きにすると以下のとおりである。

```
  ①　管理職歴　　　34年（うち執行役員・取締役歴　13年）
  ②　管理部門在籍　18年
  ③　事業部門在籍　16年
     ア　上場　　　　　　　　　　　　　2回
     イ　事業再生（ターンアラウンド）　3回
     ウ　管理部門立上げ　　　　　　　　4回
     エ　コーポレートブランディング　　3回
     オ　面接した人数　　　　　　15,000人
```

　そしてこの間，私は課長としてリクルート事件を，不動産仲介営業所の支店長としてバブル崩壊を，執行役員管理本部長としてリーマンショックを経験している。

　私の職歴の特徴は，ベンチャーと老舗企業，管理部門と事業部門，急成長期と急落期そして事業再生と，リーダーとして多種多様な経験を積んできたことだろう。

　本書の執筆依頼をいただいた時，管理部門から事業部門を見た経験，事業部門から管理部門を見た経験，それに加えて経営から管理部門を見た経験から身につけてきた私の考えを書くことがお役に立てるのではないかとお引き受けした。

本稿がこれから法務部を立ち上げる方々，管理部門を立ち上げる方々，そして何より経営者の方々の参考になれば，これ以上ない幸せである。

2　管理部門と他組織および法務部と事業部門のコンフリクト

本題に入るにあたり，まず初めに私が数多く見てきた管理部門と経営，管理部門と事業部門，法務部と事業部門のコンフリクトについてお話ししよう。

⑴　管理部門と経営とのコンフリクト

経営者，特に創業者で一定規模に成長した企業の経営者によく見られるのが「管理部門は事務屋」という管理部門観である。つまり「金を稼いでくるために戦っている事業部門は偉いが，管理部門は事務をしているにすぎない」という考えである。後述するが，こういう考えでは短期決戦なら勝利することもあるが，中長期的には勝てないから覇者にはなりえない。そしてこういう経営者に限って「うちの管理部門は待ちの姿勢で提案がない」と言い，一方，管理部門は「経営は管理部門を評価してくれない」と言う。

私はそういう経営者には「管理部門にはミッションをどう伝えていますか？」と尋ね，管理部門の幹部に対しては「管理部門のミッションは何ですか？」と尋ねる。双方とも，まず答えは返ってこない。すなわち，「管理部門とは何か」「管理部門の存在目的（ミッション）は何か」について議論も共通認識もないことが多く見受けられる。

管理部門のミッションを「事業部門（現場）へのサービスである」とする言葉もよく耳にする。これを全面的に否定するつもりはない。しかし，この言葉が目的化するのは非常に危険だ。例えば現場から3カ月後には100人増員したいという要望があったとする。採用担当はその要望に応えるため，多額の採用広告費と労力をかけて採用する。現場へのサービスがミッションだから総務は増員に伴ってオフィスを拡大し，什器備品を購入する。経理が固定費増を不安視しても「現場へのサービスがミッション」という言葉の前では無力で，「それでも利益を出す創意工夫が経理の役目だ」などと言われてしまう。経営が気づいた時には利益と資金繰りが痛手を負っている。下手をすれば企業存続の危機に

陥る。冗談のように聞こえるかもしれないが，現実に何社もこのような状況を見てきた。そうなっても管理部門は「現場の要請に応えたのだ」と胸を張る。自分たちが頑張った結果，会社が傾いてよいのだろうか。経営者は管理部門が無能だからと考えがちだが「事業部門へのサービス」をミッションとして管理部門に与えたのは他ならぬ経営者本人である。

　こうして経営と管理部門の間に相互不信が生まれる。この相互不信がコンフリクトの原因であり，それは企業の存続と持続的成長にとって致命的である。これを予防・解決するには，経営と管理部門の双方が管理部門のミッションについて深掘りし，共通認識を持ち，相互理解することが肝要である。

⑵　管理部門と事業部門のコンフリクト

　「そんなことをやっていたら売れるものも売れなくなる！」「そんなことをする時間もマンパワーもない！」「本業に使う時間がなくなる！」等々。事業部門でよく耳にする管理部門への不満，反発である。また「管理部門は現場がわかっていない！」という言葉もよく聞かれる。これに対して管理部門は「個別に対応していたらキリがない」「特例を作ったら不公平が生じる」「それが前例になってしまう」と言う。

　どちらも正解で，どちらも不正解だ。

　ベンチャーの成長を阻害する要因の1つに「人数の壁」がある。一般には「30人の壁」「100人の壁」がよく話題になる。詳細は割愛するが，これを突破するには「組織化」が必要になる。「個人による統治」から「ルールによる統治」への移行も組織化の一面である。ルールによる統治の開始当初は経営からも現場からも理解が得られにくく煙たがられる。そのため多くの管理部門が説明を諦め，「理解していなくてもルールを守る・守らせる」ことに躍起になる。やがて管理部門において「ルールを守る・守らせる」ことが目的化する。それが高じていつの日か，事業部門は管理部門を「売上にも利益にもならない面倒なことを押しつけてくる部署」だと思い，管理部門は事業部門を「会社全体の公平性を考えず，その時々に自分の都合のよいことを言ってくる部署」だと言い始める。

　こうして管理部門と事業部門は相互不信に陥る。サッカーにたとえれば，フォ

ワードとディフェンダーの連携がとれないチームのできあがりである。言うまでもないが，このようなチームは単発の試合には勝てても，年間を通してリーグ戦を戦って優勝することはできない。

　このようなことが起きる原因は，ここでも管理部門のミッションについての共通認識がないことなのだが，重要な原因がもう1つある。それは「時間の差」だ。管理部門の施策は「数年かけて体質を改善するもの」つまり中長期に勝ち続けるための観点のものが多い。それに対して事業部門の現場は，日々弾が飛び交う戦場である。今ここで何をするかに生死がかかっている。何年か先のためにやり方を変えることより，目の前の状況に即時対応することのほうが戦場では優先順位がはるかに高いのだ。

　この「時間の差」をお互いが理解することが管理部門と事業部門の相互信頼へのスタートだ。お互いに「相手は長期の観点で言っているのだ」「相手は今ここの判断をしようとしているのだ」ということを理解していれば，それを両立させる解決策を一緒に考え始める。相互不信で反目し合っているチームより，両立させる方法を一緒に考えているチームのほうがはるかに強い。

⑶　法務部と事業部門のコンフリクト

　法務部は日頃，堅いとよく言われる。刑事法や規制法については堅くなければならない。なぜならどんなに業績がよくてもこれらに違反すれば企業が存続できなくなるほどの大きなリスクだからだ。これについて事業部門には時に「少しくらいよいじゃないか」という輩がいる。優先すべきなのは事業とコンプライアンスのどちらかという問いに対して，私はいつもサッカーにたとえてこう言っている。それらは並列で比べるものではない。手を使ってはならないというルールがまずあって，その上で，ゴールを競い合うのがサッカーだ。手を使えばたとえゴールにボールが入っても反則であり，それはサッカーではない。君が退場させられたくないのなら，まず法や社会規範を守り，その上でどう事業を進めるのか，どう競合と競うのかという順番で考えろ，それがビジネスだ，と。

　一方，契約や取引に係る民事はどうだろうか。事業の現場にいると，法務部に相談したメンバーが上司に「法務部がこう言いました」と報告している光景

をよく見かける。そのとおりに進めた結果，取引がうまくいかないとたいてい，「法務部がこう言ったから」と弁明している。あたかも法務部の責任であるかのように言われると法務部はますます堅い対応をせざるをえなくなる。こうして事業部門は法務部のことを堅いとか「法務部はリスクを取らない」とか，果ては「事業がわかっていない」と言い出す。一方，法務部は「事業リスクは事業部門が負うべきだ」と言う。このコンフリクトの原因はどこにあるのだろうか。私が事業部門の部長の時に課長とメンバーの間の会話を聞いていて気づいた1つの原因がある。

　法務部は法律の専門家ないしは法律に詳しい人物，事業部門は法律の素人である。私の経験では，事業部門の特に経験の浅い人たちは刑事法と民事法の区別がついていない。刑事と民事の違いがわかっていないのだ。法律と聞いて彼らが想起するのは，ニュースで見慣れた刑事のほうなのである。

　これが何を巻き起こすか。事業部門のメンバーが法務部に純粋に民事の契約内容について相談に来るとき，彼らが無意識に求めているのは「やってよいのか悪いのか」「有罪か無罪か」「○か×か」なのだ。法務部とは「答えを出してくれる部署」だと思っている。その頭に「民事は相対」という言葉は浮かんでいない。それに対して法務部は通説や判例をもとに一般的に最もリスクの少ない方法を回答する。その回答を聞いた事業部門はあたかもそれが刑事事件の判決であるかのように認識し，「法務部が正解を言ってくれたからそのとおりに」やるのだ。たとえそれで取引がうまくいかなくても，それは法律で決まっていること，法務部が言ったことだから正しいことをしたと思ってしまう。

　事業部門が事業リスクを取らないように見えるのは，リスクを取ることをおそれているのではなく，「法務上の事業リスクとは何か」がわかっていないからだというケースに数多く出くわした。世慣れていない若い管理職やメンバーに多く見られる傾向だ。だから法務部が「事業リスクは事業部門が取るべきだ」と声高に叫んでも状況は変わらない。事業部門は「法務上の事業リスクとは何か」がわかっていないのだから。

　私の経験では，事業部門の少なくとも部長以上，できれば課長以上に刑事法と民事法の違いを教えた上で，「民事裁判になった時に高い確率で勝てる方法と高い確率で敗ける方法の間のどこを取るかが事業リスクであり，その両端を示

すのが法務部の役割，その間のどこを選択するかが事業部門の責任である」ということを理解させることに腐心した。入退社を繰り返す社員全員をこのレベルまで引き上げるのは困難だ。だから管理職を対象に教育する。管理職がこの知識を持っていれば案件ごとに若いメンバーに OJT で教育してくれるからだ。

3　管理部門とは何か

　法務部のミッションに入る前に，その前提である管理部門の存在目的（ミッション）について考えてみよう。

(1)　管理部門は一体である

　管理部門の特徴は，規模が大きくなるにつれ総務・経理・人事など異なる機能の組織に分化していくことである。それが定着するとそれぞれの機能がそれぞれの目的（ミッション）を果たそうとする結果，部分最適が起きるという例を数々見てきた。2(1)の後段に記載した採用担当が多くの人を採用した結果，経営が危機に陥る状態がまさにその好例だ。それ以外でも，経理・財務において利益を出すことが目的化して過度のコスト削減を行う，総務が必要以上の設備投資をする，情報システム部門がオーバースペックのシステム投資をする等々，どれも部分最適になると企業経営を危うくすることがあるのだ。

　部分最適の原因は「管理部門はそもそも一体のものであり，部門内の各部署は同じ目的・目標を達成するために役割分担している」という意識が欠けていることである。つまり，マネージャー，メンバーが各部署のミッションは認識していても，その上位概念である管理部門全体のミッションを理解していないのだ。

(2)　管理部門は兵站である

　経営を「マーケットの陣取り合戦」と考えると軍事戦略の実行に通じるところがある。内外の情報を収集分析して作戦計画を立案し，兵を採用し，訓練を施し，部隊編成して配置し，時に休養を取らせる。要となる地に城を建築し，さらにその先の最前線に陣地を造り，部隊間の移動手段や情報通信網を構築す

る。最前線への兵糧や武器弾薬，装備の補給は欠かせない。そしてこれらを実行するには十分な軍資金が必要だ。さらには民衆から協力を得る，他国と同盟を結ぶなどのためには信頼される統治行動をとらねばならない。これらの補給，後方支援を兵站（Logistics）という。

お気づきだろうか。兵站は企業の管理部門の業務に酷似している。

①	内部の情報の収集分析・発信	＝経理部・情報システム部
②	社外の情報の収集分析・発信	＝広報室・IR室
③	作戦計画の立案	＝経営企画室
④	兵の採用，訓練	＝人材開発部
⑤	部隊編成，配置	＝人事部
⑥	兵糧の補給，休息の提供	＝労務部
⑦	築城，武器弾薬・装備の補給	＝総務部
⑧	移動手段，情報通信網の構築	＝総務部
⑨	軍資金の調達，管理	＝財務部
⑩	信頼される統治行動	＝法務部，コンプライアンス部，内部監査室

小説や映画では派手な戦闘シーンが取り上げられ，前線の武将に注目が集まる。歴史に名を残すのも前線で命を賭けて戦った武将たちだ。しかしどんなに強力な武力を持っていても，補給ができなければ戦わずして自滅する。現代でも兵士1人当たり1日3,000kcalの食糧を補給できる範囲を戦域と規定し，原則としてそれ以上には戦線は拡大しない。補給が届かなくなれば戦うことなく自滅するのは自明の理だからだ。また，自らの被害が大きくなる正面からぶつかり合う作戦は彼我によほどの戦力差がない限り回避される。相手の補給基地を叩き，補給路を断つのが作戦立案の常道だ。それが最も自軍の損害が少なくかつ確実に勝利できるからだ。それほど兵站は戦略上重要なのである。強大になった戦国大名たちは内政上も名君であることが多い。背景となる強大な国力がなければ戦うことはおろか，弱肉強食の世で生き残ることもできない。その配下には勇敢な武将とともに，歴史に名を残すことのなかった優秀な管理部門がいたはずだ。

　管理部門とは，生き残り，戦うために欠かせない兵站だ，というのが私の管理部門観であり，スポーツにたとえるなら，目の前の試合に勝つこともさることながら，勝ったり負けたりしながらも年間を通してリーグ優勝できるチーム作りをすること，常勝軍団を作ることが管理部門の使命だと考えている。

⑶　「統合」の必要性

　部分最適から全体最適に移行させるためには「統合」が必要となる。部分最適の原因はそれぞれの組織が自組織の目的目標だけを考えた結果，組織間に軋轢，葛藤が生まれることにある。しかし軋轢を回避するために全組織が少しずつ我慢し合う「妥協」では全体最適にはならない。妥協では全体としてのパフォーマンスが落ちるからだ。これを解決し最大のパフォーマンスを創出するのが「統合」である。

　「統合」という言葉からは，アメリカ軍の最上位組織である統合参謀本部，同じく自衛隊の統合幕僚監部が連想される。陸・海・空軍がそれぞれ，陸で，海で，空で，戦闘に勝つことを目的化すると部分最適に陥る。例えば陸軍の補給要請に対して，海・空軍が自軍の戦闘に投入する艦船・航空機に資金を投入してしまい，補給に必要な輸送船や輸送機が不足して補給が届かなければ，海・空軍が勝ったとしても国としては敗北する。

　陸・海・空軍を「国の外交手段の1つとしての防衛」という上位概念の下，適切に役割分担させる行為を「統合」という。国として勝利するためであれば輸送船や輸送機にリソースを割くことが当然の帰結になる。統合のためには，上位概念となる1つ上位の組織のミッションが必要になるのである。

　管理部門は企業が存続し，成長するために存在している。その上位概念の下に管理部門の各部署が統合されていなければ，たとえ局地戦で勝っても企業として生き残ることはできないのである。

⑷　管理部門のミッション

　私がさまざまな企業の管理部門研修を実施する際に，必ず伝えている管理部門の存在目的（ミッション）は以下のとおりである。

　管理部門とは，

① 企業の存続と成長に資するため
② 企業全体のビジョンと戦略を実現することを目的に
③ 経営資源ごとに役割分担して
④ 他の経営資源への影響に目を配りながら
⑤ <u>今ある限られた経営資源を最適配分すると同時に,</u>
⑥ その経営資源を<u>中長期戦略実現に必要な質と量に適時適切に増強する</u>ことを目標として

活動する組織である。

　まず,管理部門の各部署は2つの職務として⑤と⑥の下線部分を負っている。その前提となるのが①〜④である。各部署は③において自部署が何の資源を担当しているのかを明確にする。私は経営資源を「人・物(設備・備品)・金・情報・時間・信頼残高」だと考えている。例えば財務部が担当している資源は「金」だが,経理部が担当している資源は「金」ではなく「金に関わる情報」である。だから私が管理本部長の時に経理部に要求したのは「早く,正確な情報をわかりやすく経営に報告することとそれを日々改善すること」だった。秘書が担当しているのは「経営チームの時間」である。だから秘書には「経営課題の優先順位を知り,経営が最も有効に時間を使えるよう工夫し実行すること」を要求する。要求するのだから,それができたかどうか,改善されたかどうかが評価基準だ。どちらも管理部門のミッションである企業の存続と成長に大きな影響を与える。

4　法務部の2つのミッション

　「企業の存続と成長」を視点に考えると法務部には2つのミッションがある。

(1)　企業の存続のために「信頼残高」を高める

　言うまでもないことだが,刑事法と業法などの各種規制法に関わる事案は企業の存続に直結する。これについては経営や事業部門に四の五の言わせる必要はない。刑罰を科する時には疑わしきは罰せずだが,企業の存続のためには「疑

わしいことはさせない」ことである。たとえ裁判にならなくてもレピュテーションリスクがある。コンプライアンスともなれば法がなくても，時間とともに変化する社会規範に基づいて社会的制裁を受けることになる。それはまさに「信頼残高」という経営資源を毀損している。

⑵　企業の成長のために「早いが拙速にならない時間」を作る

　こちらは民事法に関わる事案についてである。

　事業成長の要因の1つにスピードがある。契約など民事の事案をスピーディーに解決すれば業績が上がる。しかし拙速になってはならない。私は法務部が企業の成長のために担当している資源の1つは時間だと思っている。しかも「早いが拙速にならない時間」だ。

　例としてわかりやすいのは契約書の標準化だ。毎度の契約を法務部がチェックしないと契約できないのでは時間がかかりすぎる。かといって事業部門に任せっぱなしでは拙速になる。だから標準の契約書を作成し，その契約書どおりの契約なら法務部のチェックは必要としないというルールにする。これが「早いが拙速にならない時間」資源の有効活用だ。

　私は法務部がやるべき重要な施策がもう1つあると考えている。前述した「法務上の事業リスクとは何か」を経営と事業部門に教育することだ。事業部門の管理職を数人のグループにし，実際の事案やケーススタディを使って話し合わせる。どんなリスクがあるのか，どの程度のリスクを負う判断をするか，リスクをできるだけ回避するためにやっておくべきことは何かなどについてチームのコンセンサスを形成させる。コンセンサスだから多数決では決まらない。慎重派もいれば大胆な人もいる。意見を出し合い，チームとして1つの判断にまとめあげる。この過程を通して法務上の事業リスクの取り方や多様な観点を学び，企業としてのリスクテイクの基準が形作られる。

　これを幾度か繰り返すうちに事業部門の管理職に法務上の事業リスクに対する嗅覚が備わってくる。そうなれば法務部に聞かなくても判断できたり，これは法務部に相談すべき事案だと判断がついたりするようになり，拙速ではなくスピーディーな判断が行われるようになる。

5　管理部門と法務部のマネジメント

　最後に，法務部のマネジメントはどうしたらよいのかという点に触れておきたい。

⑴　法務の経験がないのに法務部をマネジメントするにはどうしたらよいか

　この質問に対する私の回答は「プロの管理職になること」である。私自身，人事課長からいきなり不動産仲介事業の支店長に異動になったことがある。宅建免許は持っていたが重要事項説明書も売買契約書も書いたことがない。それでは新任の私に経験がないから支店の業績が落ちてもいいのだろうか？　決してそんなことはない。たとえ経験がなくとも赴任したその日からリーダーシップを発揮し，マネジメントをするのが「プロの管理職」である。まして世の中の管理本部長に人事・総務・経理・財務・広報・法務・情報システム・秘書などの職務をすべて経験した人など，私も含めてそうはいないはずである（私自身，法務経験はない）。具体的にどうするのかは紙幅の都合で割愛するが，異動したその日から，部下である専門家たちに持てる力を十分に発揮してもらうこと，さらに成長していくようにマネジメントしていくことこそが「プロの管理職」であると私は考えている。

⑵　法務部にはどのような目標を持たせ，何を評価したらよいか

　もちろん解決した案件数やその難易度などについては評価しなければならないが，それは期末にしかわからないから期初に目標化はしにくい。
　そもそも営業部門が「売上をあげることにより企業を成長させること」を目標にしているのと同様，管理部門は「改善することにより企業を成長させること」を目標にする。その成長の方向性を指し示しているのがミッションであり，ビジョンである。だからこれまでに述べた管理部門，法務部のミッション・ビジョンに向かって今期何をどこまでどのように改善するのかを目標として設定する。仮にあなたが法務に詳しくなければ，部下に目標設定させ，プレゼンテー

ションさせて，両者が納得できるまで話し合うことだ。

＊＊＊

最後に

　本稿が経営者，管理部門や法務部で働く方々，これから管理部門や法務部を立ち上げようとしている方々のご参考になることを切に願っている。

Ⅲ－2 ▌管理部門の責任者の視点から見る法務部門の立上げ

長澤斉

> 管理部門の責任者は，会社のフェーズに応じて法務を組織し，マネジメントする必要がある。管理部門の責任者に期待される役割は，単に法務担当者を採用することにとどまらず，法務という組織を事業部門に受け入れられる形で作り上げ，法務担当者の目標設定や評価を行うなど多岐にわたる。
>
> 本稿では，IT領域のスタートアップであるナイル株式会社において，会社の設立後間もない段階から管理部門を管掌し，会社の規模拡大に応じて法務を含む管理部門を組織として作り上げてきた経験を有する筆者が，管理部門の責任者の視点から法務部門の立上げについて解説する。

1 所属企業の紹介と役割

　ナイル株式会社は，2007年1月に代表の高橋飛翔が東京大学法学部に在学中に設立した会社で，マーケティング領域において10年以上にわたって事業を運営・拡大させているほか，自社で蓄積したマーケティングにおける知見を強みとして2018年より自動車産業に異業種から参入し，オンライン完結の自動車のサブスクリプション販売である「おトクにマイカー 定額カルモくん」のブランドを展開し急成長を続けている。

　私は，現在，ナイル株式会社取締役コーポレート本部本部長として管理部門の責任者をしている。私が所属するコーポレート本部は，「事業成長 全力支援」というミッションの下，法務・経理財務・経営企画を担当する。各ユニットには，マネージャーがおり，数名ずつの正社員メンバー，必要に応じて派遣社員で構成されている。また，管理部門は自社だけで完結させることは目指さず，各ユニットには外部専門家や業務委託で関わってもらう方を準備し，幅広い論

点に対応できるようにしている。

2　略　歴

　私のキャリアについても触れさせてもらいたい。私は，2007年3月にナイル株式会社（当時はヴォラーレ株式会社）でインターンとして働き始めた。当時は中央大学法学部の学生で，多くの同級生と同じように弁護士になるべく司法試験の勉強をしていた。正直なところ，ビジネスには興味はなかったし，学生が起業して新しい分野に突き進むというベンチャービジネスなどにも興味がなかった。自身がナイルを知ったきっかけも，友達の友達が「ベンチャー企業に興味があるっていう友達がいるんだけど」ということで代表の高橋に紹介してくれて，当時流行っていたミクシィでメッセージをもらい，ノコノコと会いに行ったことである。高橋に会って高橋の会社にかける思いに感銘を受け，自分も少し興味のあったインターネットで何かをしたい会社だということから関与を開始した。

　関与を始めてみたものの，当時，周りの多くは大学生でビジネスのことはまるで門外漢。起業したての会社にはよくあることだと思うが，ヒト・モノ・カネという一般的に会社運営に必要だとされるものはもちろん揃っていないし，さらに管理に関わるようなものは全くといってもいいほど存在していなかった。ただし，代表の高橋も私もたまたま法学部に在籍していたということで，法律は大事そうだとか，契約書はちゃんと結ぶ必要があると考えていて法務らしきことには多少の意識はあったというのがビジネスを始めた初年度であった。

　私自身もデジタルマーケティングのセールスを担当し，ありがたいことに会社も少しずつ軌道に乗り始め，管理担当の必要性が出てきたため私と数名で担当することとなった。管理専属を置くほどの余裕はまだなかったため，デジタルマーケティング事業と並行して担当した。その後，就職活動をすることもなく2009年3月にはきっちりと大学を4年で卒業した。2010年1月に取締役になり，コーポレート本部を専任で率いることとなり，担当領域は年によって少しずつ違いはあるものの現在にまで至る。それでは私のこれまでの経験をもとにした法務部門の作り方をご紹介しよう。

3　法務部門が持つべき重要な思想の紹介

　まずは，管理部署の責任者が法務の役割や存在意義は何かということを考える必要がある。法務機能の重要性は誰もが認識しているものの法務部門を単体で成立させるには決して安くはないコストもかかるので，その存在意義を周りの人にどのように理解してもらうかがとても重要になってくる。法務機能の重要性を真正面から否定する人は誰もいないだろう。ただ法務の担当している領域は法律を取り扱うことが多いため，外部から見ると高尚なもの，小難しいものと思われてしまいがちである。企業法務においては，もちろん法律を取り扱うことが多いのだが，事業があってこその法務機能であるため取り扱う領域は周りが思っているよりも非常に広い。人によってはただ何となく重要そうで高尚そうだという法務のイメージが先行してしまい，自分の専門外でアンタッチャブルなものだという認識やなんだか難しそうだから関わりたくないものと考えられてしまうことも多い。そのため，法務の業務をする上で，ナイルの法務機能の役割や存在意義を伝える活動を大事にしてきた。

　法務部門の発足当時に私が特に大事に使っていた2つの言葉がある。それは，「負けない」と「原則と例外」であった。

⑴　「勝つ」ではなく，「負けない」という考え方

　まずは「負けない」について説明する。この「負けない」に込めた想いは，設立数年のベンチャー企業は財務基盤や人的基盤等も脆弱でいつ吹き飛ぶともわからない中で，トラブル発生の予防を万全にし，もしもトラブルが発生した時にも法務や管理部門が最後尾で踏ん張ろうというものであった。逃げ出すことはできない状況で，「負けない」という言葉に心境が集約されていたようであった。

　当時，「勝つ」ではダメなのかということはよく聞かれた。営業部門などでは，目標必達，勝ち続けること，数字へのこだわりは並々ではなく，「勝つ」というメッセージは非常に重要な考え方だと思う。しかしながら，法務においては，勝ち続けることのみを目標にしてしまった場合には，交渉ごとの結果とし

てのアウトプットとしてまとまる話もまとまらなくなってしまうし，たとえ勝ったとしても相手が後々までひきずってしまうしこりも出てくるかもしれない。リスクマネジメントやダメージコントロールによって時には引き分けや痛み分けのような状況を作り出すことで，関係者すべてにおいて納得感の高い結論を生み出すことができ，次のステップへ進むことができる。勝ち続けること，勝つという意識のみで行動した場合の歪みは大きいと考えて「負けない」という言葉を選択し，この言葉の持つ重要なメッセージを伝えてきた。その後，この「負けない」というメッセージは現在では「事業成長　全力支援」というミッションに進化し，事業成長を一番重要な軸として仕事をしている。

⑵　軽視してはいけない「原則と例外」という考え方

　もう1つは，「原則と例外」である。こちらは法務をご担当される方にはなじみのある考え方ではないだろうか。何かしらのルールや決まりごとがあるならば，どのような事象であろうともまずは原則に当てはめてみる作業を大切にしなければならない。頭の回転が速い人や個別事象を解決するために何とかしなければならないと強く考える人ほどいきなり例外から考えてしまう。それがうまくいくケースもあると思うが，めんどくさがらずにまずは原則から考える必要があると私は常々思っている。おおよそのことが解決できるからこそ，それが原則となっている。また，原則から考える癖をつけていないと，原則ではない例外ケースが際限なく増えすぎてしまう。その時は問題が発生しないかもしれないが，結局何が原則だったのかがわからなくなってしまったり，例外の例外はほぼ原則と同じなのだが多少違うものが多数発生したりと，整備したオペレーションを崩してしまい混乱を生じさせ，誰かが苦しんでしまうのはよく聞く話である。何事にも柔軟だといえば聞こえはよいが，ただ単に軸がないだけで原則を軽視しているのである。しかし，このことは逆から見るとその原則がしっかりと浸透していないということでもある。原則やルールを作る人は作ることだけに注力するのではなく，浸透にも力を入れなければならない。

　法務にとっては，この柔軟さも非常に重要で，依頼者の目的に真摯に耳を傾けてみると，原則ではなく例外を認めることが必要であり，許されるケースは多々ある。例外を認める想像力は大切なスキルであり，原則にこだわりすぎる

スタンスはよい結果を生まないことが多い。この「原則と例外」に関して，事業部門等は個別具体的な事象における例外から考えがちで，法務は原則から考えがちであることから，バランスや歩み寄りのスタンスを大切にしないと事業部門等の依頼者と法務の関係性を悪化させてしまう原因にもなる。まずはこのような法務部門，管理部門において大切にしたい考え方を責任者が固めていき，主な依頼者となる経営陣や事業部門と考え方の調整をする必要がある。

4　法務部門の拡充

　次に，法務部門の体制を拡充する際について述べたい。法務部門を拡充するタイミングやきっかけは，会社ごとに事情があるので一概にはいいきれないが，ナイルで経験したことをお伝えしたいと思う。

　最初から管理部門がなければ成立しない会社や事業もあるだろうし，最初は社長や役員が兼務しているということもあるだろう。だが，事業規模が大きくなると対する会社の規模も大きくなりより専門的な法務担当者がいたり，処理する契約書の件数も増えてきたり，新しいサービスを作り出す時にも法的論点の検討をせざるをえなくなり，法務担当者の必要性が高まってくる。ナイルでもご多分にもれず法務担当者の採用ニーズは会社の成長とともに上がってきた。とはいえ，私がメインで法務を担当し，コーポレート本部内での担当変更などでリソースを確保，個別に教育等を施しても十分に回っていたところもあり，本格的に法務担当者を採用するようになったのはここ数年のことである。直近は新しいフェーズに向けて法的論点もさらに難度や複雑さが増してきているので，会社の成長に遅れを取らないようにさらなる法務人材の採用をしていきたいと考えている。会社の拡大とともに法務部門の拡充は常に考え，数年先の組織を作る意味で先行して投資をしていく必要のある分野ではある。自分たちの数年後を思い浮かべながらの舵取りになるため，やはり事業とは切り離して考えることはできず，会社や事業の動きを常にウォッチし続けなければならない。

5　法務人材の採用

　私が考える法務人材の採用における最も重要な視点は，事業部門所属経験が
あるか，どれほど事業に近いところで法務業務を行ったことがあるかである。
贅沢なことをいうなと思われるかもしれないが，弁護士資格があるとか，有名
ロースクールの出身だとか，これまでの華々しい法務キャリアについては二の
次である。法務を軸とした専門スキルは一定水準以上を必要とされるが，事業
部門所属と同等に事業運営上必要な知識やマインドの引き出しを持ち，事業部
門所属で培われるような顧客とのつながりや事業とともに歩む目標達成思考を
有するジェネラリストと一緒に働きたいと考えている。

⑴　事業成長を軸と考える法務人材が必要とされる理由

　我々が所属するナイルは事業会社である。事業会社は事業運営を通じて，顧
客に価値を提供し，お金をいただくことで成り立っていて，どのような状況で
あろうとも事業運営が根幹にある。管理部門の所属であろうともここは変わり
なく，事業を成長させ，価値を提供することに重きを置かねばならない。ナイ
ルの場合は事業領域も複数あることから，相談内容も多岐にわたる。法務やコー
ポレート本部へ相談に来る方の法務論点に対するリテラシーもさまざまである。
社内法務にとっての依頼者は事業部門等のメンバーであることがほとんどで，
まず我々が事業部門等からの相談に対して真っ先に思い浮かべなければならな
いのは法的論点ではない。相談者がどのようなミッションを追い，何を目指し
ていて，どのような状態を実現したいのかに真摯に耳を傾け，その依頼者自身
が気づいていないことを整理してあげる必要がある。その際に，我々の武器で
ある法務素養が生かされるし，自身の専門外の論点(例えば，経理や労務など)
であった場合にはその内容に見識があればその場で答えてあげるもよし，必要
に応じて専門とするユニットとのつなぎ込みをすることも大切である。何とか
という法律の第何条第何項に基づきとか，判例がどうだとかということは社内
の相談者にとっては微塵も興味はなく，どうでもいいことである。この感覚がわ
かるかどうかを私は非常に重要視している。とはいえ，細かい法解釈論やロジッ

クなどの面白さをついいいたくなる気持ちは私もよくわかるのでそういう話は法務メンバー内で談笑しようではないか。それはそれで楽しいのである。事業成長を軸に考え続けることは難度も高いだろうがそこに大きなやりがいがある。

⑵　採用方法

　採用方法は，媒体やエージェント等を使う機会が多い。その時に注意していることは，できるだけ具体的な採用したい人物像を伝えることである。なぜならば一般的な言葉を並べた場合には法務に限らずコーポレート人材の職務経歴はどれも似通ってきてしまうため，判断材料に乏しくなってしまうと考えているからだ。人事部署からは全部が当てはまらないといけないのかと聞かれることもあるがそうではない。もちろん完全一致はありえない。具体的な人物像から外せない事項の優先順位が付けられるので判断にブレがなくなり，結果，採用ミスが減ると考えている。それでもコーポレート部門の性質上，職務経歴書は似通ってきてしまうため面接は非常に重要になってくる。面接における質問にも工夫がある。同じポジションの質問は共通事項としてあらかじめ用意し，我々が考える絶対的 NG 回答を作成しておく。この絶対的 NG 回答は数ある NG 回答の中で我々が絶対に NG だと思っているものなので，この回答があれば他にどんなによさげでも結果的に合わずにお互いが不幸になってしまう可能性が高いので次のステップには進めないというルールを敷いている。この絶対的 NG 回答は我々が勝手に考えているものなので，候補者のこれまでの経歴や考え方をもちろん否定するものではない。一緒に働く上で大事にしていることが近いほうがコミュニケーションコストは低いと思う。わざわざ考え方を変えてほしいとは決して思っておらず，お互いが幸せに働くためには必要なプロセスであると考えている。

6　法務部門のマネジメント方法

⑴　目標設定

　まずは目標設定についてである。事業部門の運営と同じように KPI を設定

し，数値管理を徹底している。KPIは法務の業務の質や量を網羅的に数値で表せるものにしており，半年に1回程度，その定義や計測方法を見直す。その時に計測すべき事項をKPIに設定し，その数値目標を達成すべく取り組んでいる。感覚的なものをできるだけ排除し，経年で管理することで振り返りもできる。質を表すものは振り返り，質をさらに高めるために活用し，数値に表れない背景などの確認をして法務部門内で展開する。量を表すものは今後の人員計画に生かす。事業部門が作る将来の売上計画や人員計画などの事業計画等と法務の業務量は関係が深いので，将来計画と照らし合わせて人員の採用に生かしていく。前述したとおり，我々の法務部門の採用基準は少し高いので，よい方がいたら一緒に働くタイミングを逃さないためにも，事業計画等と見比べて早めの採用に動くために量に関するKPIを活用している。その他には，期間やゴールが定められたプロジェクトにアサインされた場合にはプロジェクトに関係した目標が設定される。マネージャーにはメンバーの人的マネジメントと業務ディレクションに関する目標が設定される。ミッション進捗や業務確認等は，毎週開催されるマネージャーとメンバーの1on1ミーティングで適宜確認され，必要に応じて修正等を加えるような場を用意している。

⑵　契約審査の担当割り

　次に契約審査の担当割りについてである。毎日のように契約審査の依頼がある。我々は事業部門ごとに法務担当者を設定するわけではなく，曜日によって契約審査担当を設定している。法務業務を大きく分けると定型的な契約審査業務と非定型的な法律相談業務がある。同じ日にこの両方を混ぜると業務効率が非常に落ちることがわかってきている。この曜日は定型的な契約審査業務を基本的にやる日だという決めごとを作っておくと業務に向かいやすいし，事業部門等からの依頼に目を光らせておけばその日にやってくる契約審査依頼を順にこなしていけばよい。先のKPI設定にて我々は基本的には翌営業日までに契約審査の対応を完了させることになっているため，どんなに遅くなってしまっても依頼受付日の翌日には完了させられることができる。翌日は自身の契約審査担当日ではないため，もしも当日対応ができなかったとしても新規では契約審査依頼がされないため，契約審査依頼に追われることなく残務にとりかかるこ

とができる。これは精神面での安定にもつながる。

　ちなみに，定型的な契約書はほぼすべてのカテゴリーに対応できるようにひな型化がされており，一からドラフティングをするようなひな型がない契約書の作成依頼はほとんどないように効率化も図っている。

　事業部門ごとに法務担当者を設定しない理由もある。事業部門ごとに法務担当者を設定してしまうとその担当者に業務が偏ってしまった時，体調不良等で休暇をとっていた時にフォローの必要性から手助けをしようとしても普段からその事業部門の対応をしているわけではないのでフォローのためのキャッチアップに思いのほか，時間を要してしまったり，勘所を間違えてしまい不要なリスクを抱え込んでしまったりするからである。個人として得意，不得意，好き，嫌いなどはあるかもしれないが，どの事業部門等の論点にも満遍なく対応できることで個々人の人材価値を高め，同時にリスクヘッジを狙っている。

　もう一方の法律相談業務は集中力とそれなりの時間を要する。事業部門や依頼者の成し遂げたい目的は何かという依頼内容の確認に相応の時間を要し，その内容を自分の中で咀嚼し，論点を整理した上で必要事項の調査を行い，時には顧問弁護士やその道のスペシャリストや官公庁への問い合わせなどをし，法務として結論や方向性を示す中間報告を依頼者へとフィードバックする必要がある。この法律相談対応だけに集中した時間を費やすことができるほうが効率的に動け，質の高いフィードバックができると考えているので，定型的な契約審査業務と非定型的な法律相談業務の日付や時間帯ははっきりと分けておいたほうがよいだろう。

⑶　人事評価

　最後に人事評価についてである。前述のとおり，目標設定は，KPI に関する事項，プロジェクトに関する事項で基本的には構成され，さらにマネージャーにはメンバーの人的マネジメントと業務ディレクションに関する事項を付加して構成している。「ナイルが大切にする評価基準」に基づき，前半期に比べてその人が新たに習得した能力，スキル，貢献度合いなどの事実を確認し，「継続的な貢献が期待できる成長」「期待できる役割やミッションのレベルの向上」という要素をベースに総合評価の材料としている。毎週の 1 on 1 ミーティングで話

をした事項は簡単なメモで残し，半期の振り返りをする時にもどのような話を当時していたかの確認ができるようにしており，できるだけ記憶違いや齟齬がないように心がけている。プロジェクトは有期性があり，明確なゴールや役割が設定されているのでそこでの貢献を振り返ったり，他部署や他ユニットと連携したプロジェクトの場合にはプロジェクト貢献度合いなどの声は拾い上げるようにしている。

　心がけているのは，管理部門はどうしても100点満点で当たり前，120点を出しづらい業務や120点を求められていない業務も多くあるため，必要以上に減点での評価はしないようにすることである。加点要素はないかという考えで業務の振り返りを行うようにしているとミス等での減点にビクビクしながら日々の業務を行うよりも，加点を取りにいくようなプラスアルファを心がけた業務を行えるようになり，期待値を超えた質の高いアウトプットなども期待できるのではないかと考えている。できる限り減点主義にならず，加点要素はないかと考えて組織運営を行っている。

7　最後に

　以上，ナイル株式会社での法務部門の作り方や考え方を述べさせていただいた。組織作りはいまだ完成形ではなく発展途上である。本稿を通じて自身で振り返りながらも課題はたくさんあり，引き続き成長していかねばならないと感じたところである。また，会社の成長は非常に速いためそれに遅れを取らないように引き続き邁進していきたい。このような管理部門の考えに共感してくれる方がいらっしゃったらぜひ一緒に働きたいと思っている。この度はこのような貴重な機会をいただき，関係各所には感謝をしている。少しでも読者のみなさまの参考になれば幸甚である。

III－3 ▌監査役として法務部に期待するもの

内藤陽子

> 　法務担当者の重要な役割の１つとして，ガバナンス体制の強化を挙げることができる。法務の組織が大きくない会社ではガバナンス体制が十分でないことも多いが，資金調達やIPOのためにはガバナンス体制強化が非常に重要になる。
> 　本稿は，監査役としてIPOを経験した筆者が，内部統制という観点から見た法務部門の役割について解説する。

　私が現在監査等委員である取締役を務めているフリー株式会社（以下，「フリー㈱」という）は，クラウド上で会計ソフトや人事労務ソフトなどを提供する，2012年創業の会社である。私は2019年の東証マザーズ上場前に，フリーに常勤監査役として就任したが，それ以前は公認会計士として監査法人にて金融機関等の会計監査業務に携わっていた。

　フリー㈱の上場当時の機関設計は監査役会設置会社であったが，現在は監査等委員会設置会社へ移行している。管理部門には上場当時から法務部があり，IPOを目指す会社としては比較的人的資源に恵まれた状況であったと思う。ここでは，スタートアップ企業がIPOを経験し，上場会社として体制を整えていく過程で，監査役の視点から見た法務部の役割と期待することについて私見を述べたいと思う。

1　内部統制システムの中の法務部

　監査役の視点から見た法務部門について，一般的に期待される役割は何だろうか。大会社である取締役会設置会社は，内部統制システムの整備が義務づけられているが（会社法362条5項），この内部統制システムの監督責任を負って

いるのが取締役会であり，取締役は内部統制システムを適切に整備・運用することに関する善管注意義務と説明責任を負っている。監査役は取締役の職務の執行を監査することが職責であることから（会社法381条1項），取締役がこの責任を果たしているかについて検証することになる。また，取締役会で決議された内部統制システムについては，その決議の内容および運用状況の概要が事業報告に記載されることになり（会社法施行規則118条2号），期末に監査役が作成する監査報告において事業報告等の監査の結果として監査意見を述べることとなる。

　監査役の視点では，上述のように内部統制システムは監査の対象となっているため重要ということもあるが，そもそも会社が健全に発展していく上で必要不可欠なものである。例えば，従業員5人の会社において社長の意見は即座に伝わるし，各社員のやっていることにも目が行き届く。しかし，これが50人，100人の規模になるとどうだろうか。会社の資産（お金）が適切な相手に適切な金額で支払われているか，重要な契約が不当な条件で取り交わされていないか，すべてを把握することができるだろうか。ここで，内部統制システムの出番である。担当者間，事業部門間の牽制機能を働かせて，発生しうるリスクを低減するとともに，事業を効率的に遂行するために内部統制は役に立つ。そして，その要となる部門が法務，経理，財務などの管理部門である。監査役と管理部門の距離は近い。なぜなら，全社のほとんどの情報は管理部門に集まってくるので，監査役は効率的に情報を入手するため管理部門と頻繁にコミュニケーションをとるからである。物理的にも管理部門の近くにいると自然と情報が耳に入ってくるため，私の席も基本的に管理部門の近くにある。

2　内部統制の基本的枠組み

　内部統制の基本的枠組みとしては COSO（The Committee of Sponsoring Organizations of the Treadway Commission：米国トレッドウェイ委員会支援組織委員会）のフレームワーク[1]が広く知られている。このフレームワークでは，事業体の3つの目的（業務目的，報告目的，コンプライアンス目的）の達成のために必要な内部統制を，5つの構成要素（統制環境，リスク評価，統制

活動，情報と伝達，モニタリング活動）に区分し，それら構成要素の基本概念を定めている。そして，このフレームワークについて，どのように組織内で対応するかについては画一的なモデルはなく，規模，業種において柔軟に設計されるべきであるが，３つのディフェンスラインモデル[2]で内部統制上の役割と責任を分担する方法がよく使われている。

3　３つのディフェンスライン

　３つのディフェンスラインモデルとは，組織を①現業部門，②管理部門，③内部監査部門，の３つのグループに分け，内部統制上の役割と責任を明確にすることでリスクとコントロールの有効な管理に役立てようとするものである。

　第１のディフェンスラインは，リスクとコントロールを所有し管理する現業部門であり，営業や製造部門などの業務執行部門を指す。第２のディフェンスラインは，リスクとコントロールをモニターし，リスク管理活動を改善維持する役割を担っている部門で，法務部や財務部，リスク管理部など企業の管理部門が当てはまる。内部統制を構築する上でこの第２のディフェンスラインの役割は非常に重要であり，ここが脆弱な企業は足腰が弱く非常に不安定な状況になるし，大きなリスクを抱える（リスクに気づかない）ことになりかねない。第３のディフェンスラインは内部監査部門であり，独立した立場から内部統制システムが機能しているかをチェックする役割がある。

　リスクは売上のようにわかりやすく目に見えるものではないため，これを正しく理解して適切な（多すぎることも少なすぎることもなく，事業成長とのバランスの取れた必要十分な）投資ができるかは経営者の腕の見せ所といえる。監査役は取締役がこれら内部統制の役割を理解し，適切に投資しているか，企業の健全な発展のために善管注意義務を果たしているかを監査している。

1　『Internal Control - Integrated Framework』（Committee of Sponsoring Organization of The Treadway Commission，2013年），同書翻訳書は八田進二＝箱田順哉監訳『内部統制の統合的フレームワーク』（日本公認会計士協会出版局，2014年）
2　『The Three Lines of Defense in Effective Risk Management and Control』（The Institute of Internal Auditors，2013年）

4　法務部門と他の部門との関わり

　以上のような会社の構造を前提として，第2のディフェンスラインとしての法務部門とその他の部門との関係，および経営者や監査役が期待していることを見てみよう。

(1)　法務部門と現業部門

　まず，法務部門と現業部門の関わりであるが，取引先との契約の締結といった直接的なものにとどまらず，各種キャンペーンやイベントの開催，付随業務に伴う業務委託などを行う際には，景品表示法，下請法，独占禁止法，個人情報保護法など，事業活動を行う上で遵守すべき法令，確認すべきルールは多くあり，法務部門が関与すべき範囲は非常に広い。これら現業部門の活動がスムーズにできるように環境を整備するという役割はとても重要である。取引先や顧客とのトラブルが発生した場合などの対応はもちろん法務部門が関与するものではあるが，問題が顕在化した場合は外部の法律事務所に相談するなどの対応でもできることであり，現業部門の活動の環境整備といった点は，事業内容を深く理解している社内の法律専門家に力を発揮してもらいたい部分である。監査役として期待するのは，問題が発生しないような体制やルールの構築，つまり内部統制でいうところの予防的統制に積極的に関わってもらいたいということである。

(2)　法務部門と他の管理部門

　次に，法務部門と第2のディフェンスラインである他の管理部門との関わりを見てみよう。法務部門はあまり会社の財務報告には関わりはないと思われるかもしれないが，例えば収益認識基準，偶発債務の注記，適切な引当金計上など非常に多くの事柄と関係している。なぜなら，事業活動は契約をもとに営まれており，会計基準は財務諸表において事業活動の実態を適切に反映するように求めているからである。さらに，直接財務数値に表れないリスクも，企業が抱えるエクスポージャーとして注記することが求められることもあるため，法

務部門においては，適切なリスクの把握ととりうる複数の対処法，そのリスク
が顕在化する可能性の程度，そしてそれが財務諸表に与える影響などの情報に
ついて経理部門や財務部門と連携して十分検討し，整理できていることが望ま
しい。経営者が重要な意思決定をするためには上記のような情報が必要である
し，監査役としてもそのような十分な情報に基づいて経営者が意思決定をして
いるかという視点を常に持っている。これは，M&Aや事業譲渡などイレギュ
ラーな事柄に関することだけではなく普段の契約締結においてもいえることで，
契約書の記載内容が財務報告にも影響が及ぶということを知っておいてもらい
たい。ただ，会計処理も契約書ファーストではなく，経済活動の実態を反映す
べきものであるので，契約書にこう記載されているから必ずこの会計処理にな
るというわけではない。ただし，当然ながらそこに歪みがあってはならないの
で，契約書も適切に経済活動の実態を表すようなものであるべきである。契約
書の作成場面においては外部の法律事務所に関与を依頼することもあるが，会
社の内部をよく知る法務部門には，事業の深い理解を前提とした，より上流工
程（契約締結前の交渉時点や新しいタイプの取引検討時点）での丁寧な関与を
期待したい。

⑶　法務部門と内部監査部門

　さて，第3のディフェンスラインである内部監査部門と法務部門との関わり
はどういったものであろうか。内部監査部門は独立した立場で会社の内部統制
が適切に整備・運用されているかをチェックする役割がある。したがって，内
部監査部門からすると法務部門は監査対象であり，会社のルールどおりに第2
のディフェンスラインとしての役割をきちんと担っているかを見ることになる。
内部統制システムがすでにできあがっており，監査する側される側という立場
になればあまり普段から連携することもないかもしれないが，内部監査の過程
で不正が発見された場合，不祥事が起きた場合など，有事の際には協力して対
応することになる。また，内部統制がまだ確立していないスタートアップ企業
などでは，内部統制を構築する過程で最適な体制を築けるように大いに協力し
ていくことが必要になる。つまり，法務部門と内部監査部門が一緒にルール作
りに携わることもあるだろうし，そもそも会社の規模が小さければ法務部員が

内部監査の業務を兼務することもあるだろう。

⑷ 法務部門と役員

　法務部門と経営陣との関わりについては，監査役の立場からいえることはあまり多くないし，経営者のタイプもさまざまであるから法務部門に期待する役割というのもそれぞれ違うものかもしれない。しかし，社内にしっかりとした法務部門があると経営者も安心して事業展開ができるというのは共通することであり，経営者は法的なリスクをきちんと把握した上で意思決定をしなければならないため，法務部門から経営者へのインプットを積極的にしていくことが望ましいといえる。事業運営において攻めと守りのバランスをとり，リスクを受容するか，低減するか，回避するか等の判断をするのは経営者である。法務部門としては守りの側の情報を提供することが多いかもしれないが，こうしたリスクがあるからやめたほうがいいというだけではなく，こうしたスキームを使えば一定程度リスクを低減できるというような，攻めるために有用な情報も提供できたら，経営者にとってこれほど心強いことはないのではないだろうか。

　最後に，法務部門と監査役との関わりであるが，個人的には非常に頼りにしている。開発部門から事業部門，顧客対応部門など実際にビジネスを動かしている場所から法務部門に来る相談事項は，早期のリスク検知に非常に役立つため，私は法務部門に来る問い合わせには常に気を配っている。これは予防監査の観点で非常に有効であるし，法務部門とよくコミュニケーションをとることはとても大切なことである。もちろん，監査対象としても法務部門が第2のディフェンスラインの役割をきちんと果たしているか，組織全体として内部統制が適切に機能しているかという点は見ている。また，問題が顕在化した場合の法務部門の重要性はいうまでもない。事象に対する詳細な情報が正確かつ迅速に経営者や監査役に伝わるとともに，そこに付随する法的リスクもできるだけ網羅的に提供できることが望ましい。この時，できるだけ主観は排除して事実を報告してもらいたいし，法的なアドバイスも複数の視点からのものがあったほうがいい。ただ，迅速性と正確性・網羅性については時として相反することがある。どちらを重視し優先するか，そのバランスのとり方は事象や状況によってそれぞれ異なるものであるため，法務部としては日頃から経営者や監査役と

意思疎通を図り，この点についての意向を把握しておくといいだろう。

＊＊＊

　以上のように，事業運営を行う上で，上流から下流まで法律の専門知識は広く必要とされており，法務部門には受身の姿勢ではなく積極的な事業活動への参加を期待したい。例えば，新規ビジネスの企画段階から関わり，法的リスクなどの情報を提供したり，事業に関連する法改正があれば自社のビジネスのどこに影響が出そうか早い段階から見極めて課題を解決するまで主導したりといったことである。創業間もなく資金力の乏しいスタートアップ企業では，こうした管理部門に振り向けられる予算は限られている。その中で，法務的な役割は外部の法律事務所などに依頼することも多いものと思われるが，外部の法律事務所とのリレーションにおいても，普段から経営陣の考えに接しており，事業の内容を熟知している法務部門の役割はとても重要なものとなる。また，他の管理部門等との横の連携を強めて円滑に業務を遂行していくためには，やはり一時的な関わりではなく会社の中の人としての法務部門があるに越したことはない。

5　スタートアップ企業に必要なプラスアルファ

　以上は，一般的な企業において求められる法務部門としての役割を記載したが，最後にIPOを目指すスタートアップ企業に必要と思われるものを，経験を踏まえて述べたいと思う。

　上場を目指す上で注力すべきことは第一に事業の成長であり，安定したキャッシュインの創出である。キャッシュを生み出す源泉がなければ継続企業として存続できないし，上場企業に必要とされる管理体制の整備を行う余力もなく，IPOの土俵にも上がれないだろう。したがって，このような成長途上にある会社における法務部門に必要なのは，事業成長が必要だということに対する理解と，柔軟な思考および対応力であると感じている。

　フリー㈱における法務部門は，私が監査役に就任した当初も複数名おり，比較的恵まれた体制であったと思う。彼らの仕事ぶりを見ていて感じたのは，ビジネスをよく理解しており，事業部門の意図をよく汲んで柔軟な対応をしてい

るな，ということである。もちろん，管理部門として内部統制の第2のディフェンスラインの役割を果たすことは必須の条件であるが，事業の成長を阻害しない，もっといえば事業の成長にプラスの提案ができる力まで求められているのではないかと思える。そう考えると，管理体制が確立された大企業の法務部門と比較して，会社全体の事業をとらえた思考，行動が常日頃求められる非常に面白い仕事ができるのではないだろうか。

　また，そういうスタンスをとるからには，ここは越えてはいけないという法令遵守のラインを見極めるセンスが必要であり，法律を扱う担当者としての高い倫理観，プロフェッショナルとしての意識は常に持っていてほしいと思っている。さらに，個々人の資質としてそうあってほしいと思うと同時に，IPOを経て上場企業となり，組織も拡大した時にはチームとして機能できるように法務部門も成長することが必要だと思う。スタートアップ企業などは環境変化が激しく，通常業務に加えて新しいビジネスや新しい形態の取引の検討，資金調達やM&A対応など突発的な事象も多く起こる。これらにチーム全体で余力を持って臨めるように，普段の業務は効率的に処理できるように改善活動を進めておくといいと思う。チームとして法務部門を機能させるためには，少ないリソースで目の前の問題に個々人で対処していた時とは意識を変える必要があり，そのタイミングを見誤らないためにも時々会社全体を俯瞰して自身の役割やチームとしてどうあるべきかを問いかける時間を設けることは有用である。その際に，管理部門の責任者に相談するだけでなく，ぜひ監査役などガバナンスに責任を持つ人とコミュニケーションをとってみてほしい。監査役の立場からすると，どんどん相談してほしいと思っているのではないだろうか。お互いがよき相談相手となり会社の健全な発展のために同じ方向を向いているという関係性を築けることが理想である。

IV

1人目の法務の採用と外部専門家の活用

IV−1 1人目の法務担当者採用時のポイント

品川皓亮

> 1人目の法務担当者の採用は，会社として初めての経験であることおよび法務という専門的領域であること等から難しさを感じることが多い。
> 本稿では，弁護士でありながら，ベンチャー企業に対する採用コンサルティング業務や，自社の人事領域の責任者を務めた経験がある筆者が，1人目法務の採用において行うべきことを解説する。

1 1人目法務の採用を始める時

(1) 1人目法務の採用の難しさ

ベンチャー企業や中小企業においても，社員数や売上高が一定規模になってきたり，大規模で複雑な取引が多くなってきたりすると，いずれかのタイミングで「法務の専任者がほしい」と考えるようになる。

本稿では，1人目の法務専任者（以下本節では「1人目法務」という）の採用について述べていくが，その前提として，1人目法務の採用には独特の難しさがあるということを指摘しておきたい。その難しさとして，例えば以下のような点が挙げられる。

■1人目法務採用の難しさ
・1人目法務を任せられるスキルやスタンスを持つ人物は転職市場にあまり出てこない。
・特に正社員採用の場合，知識・専門性とスタンスの両面において高いレベルが求められる。
・法務担当者の採用を経験したことがある人物が社内にいないため，社内にノウハウがない場合が多い。
・法務の専門家ではない者にとって，候補者の法務スキルや経験値を適切に見極めることが難しい。また，候補者がどのような点に魅力を感じるのかが想像しづらい。
・法務キャリアを歩む人の中には「上司から学べる環境」を望む人も多いので，社内に自分よりレベルの高い法務担当者がいる環境を優先しがちである。そのため，1人目法務にチャレンジしたいという人はかなり稀である。

　このような特殊な事情のために，1人目法務については採用活動が苦戦したり長期化したりするケースも少なくない。とはいえ，これらの課題の大半は解決可能なものであるため，本稿では，1人目法務の採用を成功に導くための前提知識や注意点について解説していく。

⑵　正社員採用だけが正解ではない

ア　法務リソースの調達手段は多様

　一般論として，企業が1人目法務の採用を考え始めるようになる典型的な採用背景は，以下の3パターンがあるといえる。

⒜　法務関連の業務ボリュームが多くなってきた場合
⒝　専門的な知見が必要とされるケースが多くなり，求められる法務知識のレベルが高くなってきた場合
⒞　事業成長やコンプライアンス体制強化のために，法務領域の強化を積極的・主体的に牽引する人材が必要となった場合

　ここで注意が必要なことは，上記の１つにでも当てはまる場合に必ず「正社員採用」が必須であるというわけではなく，他の方法のほうが適当な場合があるということである。

　そもそも，働き方が多様化している現代においては，法務リソースの調達手段は正社員の採用に限定されておらず，以下のとおりさまざまな方法がある。

> **■法務リソースの調達手段**
> ・正社員（フルタイム）
> ・正社員（時短勤務，週４日勤務など）
> ・契約社員
> ・業務委託
> ・法律事務所への外注，顧問弁護士への相談
> ・リーガルテックサービスの活用

イ　正社員採用が必要となる場合

　１人目法務の採用といえば「フルタイムの正社員採用」をイメージしがちだが，単に法務関連の業務ボリュームが多くなってきたという事情のみがある場合（上記(A)），リーガルテックサービスの活用によって当面はしのげる可能性もある。

　また，専門的な知見が必要とされるケースが多くなってきた場合（上記(B)）には，業務委託として法務機能を担ってくれる人材を探したり，顧問弁護士を探したりするという方法もありうる。

　これらの方法は，フルタイム正社員の採用に比べて難易度は高くなく，リスクも抑えることができる。

　一方で，事業成長やコンプライアンス体制強化のために法務領域の強化を積極的・主体的に牽引してほしいというニーズがある場合（上記(C)）や，上記(A)と(B)のニーズが同時に発生している場合には，正社員採用をすることが適切だといえるだろう（正社員採用の場合も，フルタイムにこだわらず週４日勤務や時短勤務を認めることで，採用の間口を広げることができ優秀な人材を採用し

やすくなる)。

　以上をまとめると，１人目法務の採用を検討する際には，

> ・どれくらいの業務ボリュームがあるのか
> ・どれくらいの専門性が必要とされるのか
> ・どれくらい自社の『コアな人材』として主体性・積極性を求めるのか

といった点をしっかりと確認し，最適な手段を選択する必要があるということである。

2　全体戦略を決める TMP 設計

　採用活動の全体戦略を考えるにあたっては，「TMP 設計」というフレームワークがポピュラーだ。TMP とは，以下の内容である。

> Targeting：適切な採用ターゲットの設定
> Messaging：ターゲットにとって魅力となるメッセージの検討
> Processing：最適な採用プロセスの設計

　以下，１人目法務の採用に即して１つずつ簡単に解説していく。

(1)　Targeting（ターゲティング）

　ターゲティングは「自社が求める人物像の要件定義」をすることであり，そこで言語化された要件の一部は，求人票における「必須条件」「歓迎条件」の内容となる。

　適切なターゲティングをするためのコツは，「なぜ１人目法務の採用が必要になったか」という採用背景を起点にして，できる限り具体的な要件を定義していくことである。

例えば,

> ・法務領域の短期的な課題
> ・法務領域の中長期的な理想像
> ・直近半年間くらいで任せたい具体的な業務
> ・1年後〜3年後に任せていきたい業務

などについて具体的に洗い出し,それをもとに,どんなスキルや経験値をもった人が適切かを考えるのが,ターゲティングの作業である。

　よく,求人票の「必須条件」欄に「企業法務経験3年以上」などとだけ書かれている場合があるが,これだけではターゲティングができていることにはならない。あまりに抽象的すぎて,求める人物像の要件定義が全くなされていないためである。

⑵　Messaging（メッセージング）

　ターゲットが明確に決まったら,次に考えるべきは,そのターゲットに対してどのようなメッセージを送れば,自社に魅力を感じてもらえるかということである。

　適切なメッセージングを考えるためには,マーケティング的な思考方法が有用である。

　すなわち,

> ・ターゲットが今の職場にどんな不満を感じているのか
> ・次の職場にはどんなことを求めているのか
> ・どんなワードを入れればターゲットに興味を持ってもらえるか

など,法務職の転職希望者のインサイトを正確にとらえることが重要となる。

　その上で,そのインサイトに即して,自社が提供できるメリットを言語化していく。この際,「4つのP」の観点で検討していくフレームワークが有用であ

るが，これについては 3 で述べる。

⑶　Processing（プロセッシング）

　プロセッシングとは，面接回数，面接官，課題（筆記試験），SPI などの適性試験，リファレンスチェック，正式選考前のカジュアル面談など，最適な採用プロセスを設計することである。

　筆者が知る限り，採用力が高い企業は明確なターゲティングとメッセージングの設計ができているが，それに加えて，プロセッシングについても強いことが多い。

　ただし，プロセッシングについては 1 人目法務の採用に固有の論点はあまりないので，本稿では割愛する。

3　アトラクトに不可欠な「4つのP」のフレームワーク

　2⑵で，メッセージングを考えるにあたっては「4つのP」の観点で検討していくとよいと述べたが，本項ではこのフレームワークについて詳述する。

　なお，1 人目法務の採用においては，⑴候補者に対する魅力づけ（アトラクト）と，⑵候補者の能力の見極めの双方が重要だが，4 P のフレームワークは特に前者のアトラクトにおいて欠かすことのできない思考方法ともいえる。

⑴　採用における4Pとは

　早速だが，「4つのP」が表す内容を確認しておこう。

■Philosophy（企業理念）
・ビジョン，ミッション
・事業内容
・自社が大切にしている価値観
・ビジョンを実現するための戦略・戦術
■People（人・文化）
・一緒に働くメンバーや上司（前職，専門性，人柄など）

・年齢層，男女比などの分布
・組織としてのカルチャー
・求められる行動やスタンス
■Profession（専門性・経験・業務内容）
・自社で経験を積むことで得られる専門性，スキル，経験値
・数年後のキャリアパス
■Privilege（働き方・待遇）
・給与レンジ，入社後の昇給の可能性や実績
・給与テーブル，評価制度
・リモート勤務制度，フレックスタイム制度の有無
・福利厚生，休日，残業時間

　転職活動をしている人の大半は，ここにある4つの「P」のうち1つ以上に課題感を持っている。そのため，その課題感を解消する要素を自社が提供できることをアピールすることができれば，その人材候補者への強いアトラクトにつながるといえる。

⑵　法務職の人が重視する要素

　では，法務領域で転職活動をしている人が魅力に感じる点とは，具体的にはどういった要素だろうか。あくまで一般論ではあるが，以下のような傾向があるといえよう。

ア　最も大切なのはProfession

　まず，法務職の転職希望者は，転職活動において自らの専門性を高めていくことを最も重視している人が多い。
　そのため1人目法務採用においてはProfession（専門性・経験・業務内容）が最も重要であるといえる。この点は，他の職種との大きな違いだろう。
　したがって，

・具体的にどんな業務に従事するのか（どんな法領域を扱うか，契約審査と商事

> 法務のどちらが多いのかなど）
> ・自分に任される業務はこれまでの経験が活きるものか
> ・その会社に数年間在籍した時に，どんなスキル・経験を得られるのか，どのような専門性が身につくのか

といった点は，アトラクトにおいて非常に重要な地位を占める。

　採用活動を始めるにあたってはこのような点をしっかりと言語化して求人票などにも盛り込むとともに，面接の場などでも詳細に語れるように準備しておくべきである。

　この点が曖昧なまま採用活動を始めても，応募や選考の段階で候補者の頭の中で具体的なイメージが湧かず，会社への志望度が上がりにくい。

イ　People も重要

　次に重要になるのが，People（人・文化）である。

　主な理由は2つあるが，1つ目の理由は，法務職の人は，自分よりスキルや経験値が高い人が上司におり，その人から学んでいくことで専門性を高めていきたいと考える人が多いためである。もっとも，1人目法務の採用の場合，法律の専門家ではない人が上司になる可能性が高いため，率直にいってこの点は分が悪い。ただし，上司や同僚のビジネスパーソンとしての経験値や法務領域以外の専門性の高さもアピール材料になる。

　2つ目の理由としては，法務職の人は，現職での職場環境や人間関係に大なり小なりの不満を抱いていることも少なくないためだ。ベンチャー企業で管理部門の風通しがよかったり，メンバーの人柄がアピールポイントになると思えたりする場合には，ぜひそれを積極的にアピールすべきである。

　また，男女にかかわらず，子育て中の方の場合は，同じような年齢の子どもがいるメンバーがいるというだけでも安心感につながる場合がある。

ウ　その他の要素

　Privilege（働き方・待遇）も入社を決めるにあたっては重要であることは間違いないが，給与レンジは1人目法務に限ってどうこうすることができる問題

ではないので，採用活動を始めるにあたっては気にしすぎる必要はないだろう。

　なお，今日では単なる額面給与だけでなく，働き方も重要な判断要素となる場合が多いことは注目に値する。

　中小企業やベンチャー企業の場合，給与では他社に見劣りする場合もあるだろうが，リモートワークやフレックスタイム制など，働き方の柔軟性を認めることで優秀な人を集められる可能性が高まるといえる。

　最後にPhilosophy（企業理念）についてだが，法務職の転職希望者については，他の職種と比べてこの点については強いこだわりがない人が多い。

　そのため1人目法務の採用においても，求人票や面接において，経営陣が企業理念を熱く語るだけでは十分なアトラクトにならないという点には注意が必要である。

4　スキル・スタンスの見極め

(1)　1人目法務に求められる素養

　前述のとおり，1人目法務の採用においては，(1)候補者に対する魅力づけ（アトラクト）と，(2)候補者の能力の見極めの双方が重要となる。本項では，後者について詳述する。

ア　理想の1人目法務とは？
　一口に「候補者の能力」といっても，1人目の法務専任者の採用においてはどんな点を重視すべきであろうか。

　まずは，本書を読んでいる方々が「理想の1人目法務」に持ち合わせてもらいたいと思われるであろう素養を，ざっと列挙してみよう。

・その企業で求められる業務経験（契約書審査，法的スキーム検討，株主総会運営など）
・その企業で求められる法領域の知見，経験（例：個人情報保護法に関する知見）

・その企業特有の業界知見，経験（例：EC 関連の業界経験）

・未知の法領域や業界知見について学ぶ意欲，スタンス

・法律や業界に関するリサーチ能力

・論理的思考力，構造化能力

・ドキュメンテーション能力，資料作成能力

・素直さ，謙虚な姿勢

・社内外と円滑に連携するコミュニケーション力

・周囲の巻き込み力

・変化への対応力，臨機応変力，思考の柔軟性

・報告・連絡・相談，スケジューリングなど，社会人一般としてのポータブルスキル

・IT リテラシー，業務効率化力，業務フロー設計力

・紋切り型の法律論ではなく，事業サイドや経営陣の立場になって意見を出す能力

・当事者意識，主体性，積極性，自主性

　現実には上記の素養をすべて持ち合わせた人材はいないので，優先順位をつけることが必要となる。そこでみなさんに1分間ほどいただき，上記の素養のうち自社で特に重視したいものを3つまで選んでみてほしい。

イ　3つのカテゴリー

　上のリストに挙げた素養は，以下のとおり，①専門性，②法律家に求められる基本能力，③社会人一般に求められる基本能力という3つのカテゴリーに大別することができる。

① 専門性
・その企業で求められる業務経験（契約書審査，法的スキーム検討，株主総会運営など）
・その企業で求められる法領域の知見，経験（例：個人情報保護法に関する知見）
・その企業特有の業界知見，経験（例：EC 関連の業界経験）

ⓔ　**法律家に求められる基本能力**
・未知の法領域や業界知見について学ぶ意欲，スタンス
・法律や業界に関するリサーチ能力
・論理的思考力，構造化能力
・ドキュメンテーション能力，資料作成能力
・紋切り型の法律論ではなく，事業サイドや経営陣の立場になって意見を出す能力

③　**社会人一般に求められる基本能力**
・素直さ，謙虚な姿勢
・社内外と円滑に連携するコミュニケーション力
・周囲の巻き込み力
・変化への対応力，臨機応変力，思考の柔軟性
・報告・連絡・相談，スケジューリングなど，社会人一般としてのポータブルスキル
・ITリテラシー，業務効率化力，業務フロー設計力
・当事者意識，主体性，積極性，自主性

　では，1人目法務の採用においては，上述の3つのカテゴリーのうちどのような優先度で考えるべきだろうか？　先ほどみなさんに選んでいただいた「自社で特に重視したい素養」も踏まえて，考えてみてほしい。

ウ　1人目法務における優先順位
　私個人の見解でいうと，1人目法務については特に，②と③を重視すべきであり，①は優先度は下がると考える。
　もちろん，どれだけ社会人一般に求められる基本能力が高かったとしても，法律家としての能力や専門性が全くもって自社の求める基準に足りていないのであれば，採用することはできない。
　しかし，②③のレベルが高い人が応募をしてくれたら，①が物足りなくても活躍可能性は高い。
　また，いかに①や②の要素において加点事項があったとしても，③の観点で疑問点がある人や懸念が拭えない場合は，残念ながら1人目法務としては適任

ではないということになる。

　その理由をもう少し詳しく述べたいと思う。

　まず，③社会人一般に求められる基本能力の要素についてである。中小企業，ベンチャー企業の1人目法務として入社する場合，すべての法律課題がその人のもとに集まることになる。そういった人が③社会人一般に求められる基本能力について疑問があると，すべての業務にブレーキがかかり，ボトルネックとなる危険がある。

　その意味で，1人目法務の採用にあたっては③は最重要項目といっても過言ではない。

　次に，②法律家に求められる基本能力についてである。1人目法務は，社内に専門家が他にいない状態で，自ら責任のある判断をできないと務まらない。そのため，誰かに助けを求めなくても業務を円滑に回すことができる自走力が非常に重要になる。

　しかも②の能力は入社後に飛躍的に向上することは期待できないので，入社の時点である程度のレベルを求める必要がある。

　最後に①専門性であるが，これは入社後に経験を積むことでだんだんと積み上げていくことができる。

　また，②③の素養がある人であれば，入社当初は外部弁護士などの専門家をうまく「活用」することで，当座は乗り切れるはずである。

　そのため，①の重要性は②や③と比較すると劣るといえる。

エ　まとめ

　以上をまとめると，1人目法務の採用にあたっては，

③＞②＞①

という順番で重要ということになろう。

　すなわち，1人目法務は，「専門知識」よりも「ポータブルスキル」を優先し，「スペシャリスト」よりも「ジェネラリスト」を採用すべきであるといえる。そのため，選考においては①のスキルセットに惑わされず，②③が本当に

あるかを厳しく見極める必要がある。

　なお，上記の優先順位はあくまで「1人目」の法務専任者の採用の場合に限った話である。

　法務チームの人数が増えていくにつれてこの優先順位は逆転し，ジェネラリストよりもスペシャリスト，ポータブルスキルよりも専門知見を重視すべき方向にシフトしていくことが多い。

⑵　スキル・スタンスの見極め方法

　では，上記の3つのスキルやスタンスを，面接の中でどのように見極めていくことができるだろうか。以下，順に説明していこう。

ア　社会人一般に求められる基本能力の見極め

　③社会人一般に求められる基本能力の見極め方については，基本的には他の職種と大きく異なることはないといえる。

　もっとも，上述したとおり③は1人目法務にとって最も重要な素養であるから，その見極めもシビアになる。念のため，1人目法務に向いていない人の特徴を列挙しておこう。

■1人目法務に向いていない人の特徴

・決められた業務領域の範囲内でしか仕事をしない。自分の領域を広げていこうという意志がない。

・決まったオペレーションの中でしか仕事ができない。自らオペレーションを整備したり業務設計をしたりできない。

・上司や先輩からの指示がないと動けない。自分で仕事をとってくるスタンスがない。

・「他責」である。当事者意識がない。

・思考，行動，コミュニケーションのスピードが遅い。

・素直さや学ぶ姿勢が足りず，コミュニケーションコストがかかる。

・現状維持的で，成長意欲，学習意欲がない。

・事業サイドの社員（営業メンバーなど）とうまくコミュニケーションがとれるイメージが湧かない。

・頭が堅く，融通が利かない。柔軟性や素直さがない。

　1人目法務に求められる仕事は，単に日々の法律相談に対応することではない。膨大な日常業務をこなしながらも効率的なオペレーションを設計したり，答えのない問いに対して経営陣や事業サイドの社員とうまくコミュニケーションをとりながら解決策を模索したりすることが求められる。

　そのため，上記のような特徴が1つでも垣間見られたら，いくら①②の点において優秀な法務担当者であったとしても，1人目法務としては適性を欠く可能性が高い。

　面接の中では，これまでの業務のエピソードや普段の仕事に対するスタンスを尋ねていきながら，そのような特徴がないかをチェックしていく必要がある。

イ　法律家に求められる基本能力の見極め

　②法律家に求められる基本能力については，法律の専門家ではない経営者や人事がここを見極めるのは難しいというのも事実だ。とはいえ，以下のような工夫をすることで，候補者のだいたいのスキル・経験値を推測することはできるだろう。

・過去に自社で問題となった法的論点について，「あなたならどう答えますか？」「どんなリサーチをしていきますか？」と聞いてみる。
　→未知の課題に対する対応力やアプローチ手法の適切さを見極める。
・職務経歴書に書かれた業務内容の法領域や業界について，一般論を説明してもらう。
　→説明のわかりやすさを見極める（結論から話せているか，構造的な説明ができるか，非法律家でない人に対してわかりやすい言葉遣いで伝えられるか…etc.）。
・最近のニュースで法律的に興味を持ったことを聞いてみる。法律知識や業界知識を得るために日々使っている方法（法律雑誌や，ウェブメディアなど）を聞いてみる。
　→常にアンテナを張って最新の情報をキャッチアップしているかを見極める。

　なお，スタンス面においては，紋切り型の法律論しか答えられない人か，経営視点を持った法的判断ができる人かを見極める必要がある。法的見解が保守的すぎたり，経営陣や事業サイドの立場に立った回答ができない人物が１人目法務になってしまうと，後で相当苦労することになるためだ。

　時には経営陣に対して明確に「ノー」ということがありつつも，経営視点・事業視点を持ち「どうすればイエスといえるか」を考えられるバランス感覚は１人目法務にとって不可欠な素養となる。

　その点を見極めるために，面接の中で過去に経営陣で意見が割れた経営判断について説明し，「あなたならどう意見をしますか？」などと尋ねてみるとよいだろう。

　また，法律の専門家が面接官ではない場合も，以下のような具体と抽象を行き来する問答を繰り返すことによって，その人が会社に入った場合のやりとりをある程度想像することができる。

　・具体的なエピソードや業務内容を深掘りして尋ねる（具体）
　・業界や法規制についての全体像や構造を問う質問をする（抽象）

　これらの質問によって，その１人目法務としてどれくらい頼りがいのある人かを見極めることが可能になるだろう。

ウ　専門性の見極め

　①専門性の見極め方は最も難しいが，職務経歴書に書かれた業務内容について具体的に突っ込んで聞いていく必要がある。

　というのも，職務経歴書に業務内容が書いてあっても，その領域にどれくらい深く関与していたか，各案件においてどのような役割を担っていたかによって，①に関する評価は大きく異なるからである。

　例えば職務経歴書に以下のような記載があった場合，印象としては相当のスキル・経験を持ち合わせているように思える。

東証一部上場企業の法務部で５年経験。
■M&A の法的助言・契約書審査
・小規模 M&A のデューデリジェンス
・事業承継，事業再編，資金調達，業務提携，合弁，資本提携，内部紛争
■契約書・ビジネスプラン
・各種法律相談（知的財産権，金商法，個人情報，労務，内部通報，競争法，消費者法，事業承継）
・契約審査（代理店契約，業務委託契約，OEM 契約，ライセンス契約，利用規約等）

しかし実際には，特定の領域の定型的な契約書チェックなど反復的な仕事が多く，新しい法律課題の発見やその解決策のリサーチなどの経験が乏しいということも考えられる。

専門性を見極めるためには，自社の顧問弁護士に面接に入ってもらい，スキルや経験を見極める質問をしてもらうという方法もあるだろう。

エ　法学部や法科大学院

弁護士資格を有しないが法学部や法科大学院で法律を学んだことがある候補者がいる場合，その経験がどの程度意味があるかという点について，少し触れておこう。

基本的に，そのような経験があるからといって１人目法務の素養に対して直接的に加点要素になるわけではない。

ただし，例えば，法学部在籍中に司法試験を目指して受験勉強をしていた経験がある場合や，法科大学院を修了している場合などは，上述のカテゴリーの②法律家に求められる基本能力については，基本的なトレーニングが積まれている可能性があるといえる。

5　まとめ：１人目法務の採用を始めるための７ステップ

まとめとして，実際に１人目法務の採用をスタートしようと思った場合に，

どのようなステップを踏んでアクションしていけばよいかを述べていこう。お おまかにいうと，以下の7ステップに分けて考えるとわかりやすいだろう。

■1人目法務の採用を始めるための7ステップ
1　採用背景の確認
2　任せる業務内容の棚卸し
3　人材獲得手法の選定
4　ターゲティングの検討
5　メッセージングの検討
6　プロセッシングの検討
7　採用手法の選定

---

(1)　採用背景の確認

はじめにすべきことは，採用背景の確認である。「人手が足りていない」といっ た抽象的なものではなく，短期的・中長期的にどんなニーズがあるのかを具体 的に把握する必要がある。

(2)　任せる業務内容の棚卸し

(1)を踏まえ，短期的・中長期的に，どのような仕事を任せたいと考えている かを言語化する。

この際，「契約審査」などの一般的な文言で表すのではなく，具体的にどんな 契約のどのような書面を審査するのかなど，できる限り具体的に業務を特定し ておいたほうが，これ以降のステップがより精度の高いものになる。

(3)　人材獲得手法の選定

(1)，(2)の内容を踏まえ，法務リソースの調達手段のうち，どの手段が現在の 自社にとってベストかを考える。必ずしもフルタイム正社員に固執することな く，それぞれの手段のメリット・デメリットを踏まえて広い選択肢を持ってお いたほうが，優秀な人材をスピーディーに採用できる可能性は高まる。

⑷　ターゲティングの検討

　求人票における「必須条件」「歓迎条件」を固めていくイメージで,「自社が求める人物像の要件定義」をしていく。

⑸　メッセージングの検討

　マーケティング的な思考方法で,ターゲットに対してどのようにアトラクトをするかを考える。4Pのうち,特にProfessionとPeopleは重要な要素となる。

⑹　プロセッシングの検討

　面接回数,面接官,課題(筆記試験),SPIなどの適性試験,リファレンスチェック,正式選考前のカジュアル面談など,最適な採用プロセスを設計する。

⑺　採用手法の選定

　採用手法には,求人広告,ダイレクトスカウト,人材紹介など,さまざまな経路がある。上記⑴〜⑹を踏まえて,どのような採用手法を使って採用活動を始めるかを決定する。

IV－2 ┃ １人目法務の採用成功と定着

齊藤源久

> 　法務担当者が不在の会社にとって，法務担当者の採用はいつかは必要になることであるが，いつ・どのような人材を採用すべきかは非常に難しい問題である。また，企業フェーズや業務環境などの問題から，１人目法務の採用には特有の難しさがある。
>
> 　本稿では，法務の採用を専門に扱ってきた筆者が，「１人目法務」の採用タイミングやターゲットとすべき人材等について解説を行う。

1　はじめに

　私は，株式会社 More-Selections（2021年９月に株式会社パソナに吸収合併）という法務特化型の人材サービス会社にて，"法務専門のエージェント"として，数百社に及ぶ企業の法務職の採用に携わってきた。また，私自身が法務経験者ということもあり，現職の株式会社パソナにおいて採用コンサルサービスの一環として，「法務職の採用ツール」の開発，「法務職のジョブ型雇用」の制度設計にも従事している。

　今回は，これらの経験をもとに，「１人目法務の採用と定着」をテーマにお話ししたいと思う。なお，本稿における「１人目法務」とは，企業において最初に配属される法務担当者を指す。

2　１人目法務を採用するタイミング

　これまで，ベンチャー企業を中心に，１人目法務の採用に数多く携わらせていただいたが，各社が１人目法務の採用に踏み込むタイミングは，ほぼ共通している。それは，「法務業務を担ってきた管理部門担当役員の手が回らなくなっ

てきた」タイミングである。

　私自身もスタートアップ企業で働いたことがあるため痛感しているが，多くの企業において，創業当初は，収益を生むことが第一のミッションとなる。そのため，このフェーズにおいては，マイナスを予防する保険的な働きとなる法務業務への関心が一般的に低く，“必要最低限”の範囲で法務業務を遂行できていればよいと考える経営者が多い。また，創業当初はシンプルに取引先の数が少なく，契約書審査や取引先との法的紛争対応などの機会も少ない。その結果として，管理部門を担当する役員が，本業の傍ら法務業務を担当しているケースが非常に多い。

　しかし，会社が成長し，取引先等が増えるに伴い，審査すべき契約書の数は増え，法的検討を要する課題も増大してくる。また，従業員が増え，１人ひとりへの目配りが難しくなる中で，コンプライアンスの徹底の必要性も高まってくる。さらに，このフェーズになると，管理部門担当役員が担う法務以外の業務も急増している。

　「他の業務で多忙な中，契約書審査や弁護士・官公庁との折衝を迫られ，手が回らない」

　管理部門担当役員がそう感じたタイミングこそが，各社が１人目法務を採用しようと考え始める時期となる。

3　１人目法務の採用と転職市場

　それでは，１人目法務をどのように採用したらよいのだろうか。理想としては，

---

①　これまで管理部門担当役員が担ってきた業務を，最小限の引き継ぎで巻き取ってくれる
②　さらに，会社組織の拡大に合わせて社内に法務体制を構築してくれる

人材を採用したいところだと思う。

　しかし，シビアな話になってしまうが，１人目法務を採用しようとする企業の大多数が採用活動に苦戦している。理由としては，以下の２点が挙げられる。

・近年，法務人材の売手市場が続いていること
・法務人材には，慎重で安定志向な方が多いこと

　近年，世間の厳しい目に対応する形で，企業のコンプライアンス意識が向上しており，さらに，契約書文化の定着による契約関連業務の増加も相まって，法務人材の採用ニーズは右肩上がりで増加している。そのため，経験が豊富でスキルの高い法務人材には，多数の転職選択肢があり，好条件での転職が見込める（ある法務人材が，人材紹介会社との面談直後に70社を超える求人を一挙に紹介された例もある）。

　また，これまで1,000人を超える法務人材とお会いしてきたが，仕事柄もあるのか，そのよし悪しはともかく，"慎重で安定志向"の方が多い印象を強く受ける。そのため，会社の規模が大きく安定感のある企業，体制が整っている企業，チームで相談しながら仕事を進められる企業で働きたいと考える方が多く，成長性と勢い，自分で一から組織を作れる，大きな責任と裁量の下重い決断を下せるといった，ベンチャー企業の魅力が刺さらない方が大多数である。

　このように，１人目法務を採用しようとする企業にとって，その採用活動は，なかなかの困難を伴うものといえる。

4　１人目法務として，どんな人材層を求人ターゲットとするか

　それでは，このような状況下で，どのような人材層を１人目法務として採用したらよいのだろうか。稀に，経験豊富でハイスキル，不確定性の高いベンチャー企業で，大きな裁量と責任の下でバリバリと仕事をしたいという志向性を持つ理想的な人材を採用できるケースはあるものの，多くの企業が１人目法務として採用しているのは，【図表２－IV－１】のいずれかの人材層である（イ

【図表２－Ⅳ－１】　一人目法務採用　選択例

1　他社が敬遠しがちな法務経験者	2　パラリーガル
転職回数の多さや年齢と経験のバランスの欠如等を理由に他社が採用を渋りがちな人材。即戦力としての活躍が期待できる一方，仕事ぶりを見るまで実力が未知数の部分も否めない。また，周囲との良好な人間関係の構築・カルチャーフィットの面でも，やや不安が残る。初年度年収イメージ，450〜600万円。年齢イメージは30代後半〜50歳前後。	法律事務所での事務経験者。事務スキル，ビジネスマナーをしっかりと備えている方が多く，法律文書への抵抗も少ない。一方で，法務実務経験自体はなく，さらに，「判断業務」の経験がない方が多いため，アシスタントの域を超えて，独力で仕事を進められるか不安が残る。初年度年収イメージ，350〜450万円。年齢イメージは30〜45歳。
3　法科大学院修了生	4　企業法務の経験の浅い若手弁護士
法務領域のポテンシャル人材。法科大学院でのトレーニングや司法試験学習を通じて修得した，基礎的な法律知識，法律文書を読み書きする力，未知の法令に対応できる法的素養を備える。一方で，法務実務経験どころか，社会人経験もない方が大多数となるため，入社当初，基礎的なスキル・マナーから一定程度教える必要がある。初年度年収イメージ，300〜450万円。年齢イメージは25〜30歳。	法律事務所での弁護士経験を有する。法務実務経験は少ないものの，法律を運用する力は当然高く，さらに，最終的に"個"で仕事の責任を持つ仕事柄，推進力を持って骨太に仕事を進められる。好奇心・成長意欲も強いが，その分，キャリアアップ志向も強く，短期離職のリスクも高い。初年度年収イメージ，600万円以上。年齢イメージは28〜35歳前後。

メージしやすいように，各人材層の一般的な特徴も併記する）。

　もちろん，備えているスキルセット・マインドセットは，個々人により大きく異なるのだが，各人材層の一般的なイメージとしては上述のとおりである。各人材層の持つ特徴を意識しながら，自社として何を重要視するのか，自社としてどこまでの条件を提示できるのか，いつまでに１人目法務を迎え入れたいのか等を念頭に，求人ターゲットを検討する必要がある。

　そのためにも，まずは，求人票作成の段階で，これから採用する人材に，どこまでの業務を求めるのかを明確にする必要があるだろう。その際，「契約書審査」，「法務相談」といった抽象的な業務名を羅列するにとどめず，具体的な業務工程ごとに，どこまでやってもらうかを検討することが重要になる。

　最近注目されている「ジョブ型雇用」における，いわゆる，"職務の明確化"

である（【図表２－Ⅳ－２】は，パソナが策定し，求人企業の希望に応じて提供する「法務職ジョブ定義モデル」の一部である。法務の業務は多岐にわたるが，本稿ではその中でも中心的な契約法務について紹介する）。

【図表２－Ⅳ－２】　法務職ジョブ定義（パソナ策定）

業務内容	大分類	中分類	小分類	求められる成果
契約法務	契約書作成	契約モデルの策定		・事業成功に必要な権利が過不足なく盛り込める。 ・取引先とのスムーズな契約締結という観点から甘受すべき義務が適切なバランスで盛り込める。 ・違法な権利，違法な義務が回避できる。
		契約モデルの条文化		・法的に正しい表現で条文を作成できる。
	契約書審査	契約書間の差分の抽出		・条文がない構成項目を含め，差分が漏れなく抽出できる。
		差分への対応判断	定型	・適用すべき審査ルールを適切に認識し運用できる。
			非定型（リーガル）	・対象となっている権利義務の適否を正確に解釈できる。
			非定型（ビジネス）	・権利義務の取捨選択を適切なリスク評価をもとに行うことができる。
		差分への対応を契約書へ反映		・法的に正しい表現で修正対応ができる。 ・相手方の心証を害さず，かつ説得的なコメントを挿入できる。
		現場担当者への共有，助言	修正内容・理由の共有	・法的素養のない人でも理解できる表現で説明ができる。
			交渉方針の助言	・交渉項目の軽重を適切に認識した上で，相手方との力関係・予想される相手方の対応なども踏まえた交渉方針を提示できる。
			契約上の義務の履行のための助言	・契約上の義務を現場のオペレーションに具体的に落とし込んだ上で，現場でやるべきことを説明できる。

5　1人目法務をどのように選考するか

⑴　求めるスキルセットの明確化

　求人ターゲットを定めた後は，その選考方法を検討する必要がある。その際にキーポイントとなるのが，明確化した“職務”である。職務を明確にし，任せる業務を具体化することで，各業務の工程ごとに必要なスキルセット（スキル・ノウハウ・ナレッジ）が浮かび上がってくる。例えば，先ほどご紹介したパソナの「法務職ジョブ定義モデル」では，［契約書作成］という業務において，最低限，以下のスキルセットを求めている。

・条文を読んで，意味を正確に理解するスキル
・法的リスクが顕在化した際に自社に生じる損害の具体的な費目・金額を想定するスキル
・ヒアリングのノウハウ，リーガルリサーチのノウハウ
・民事法の条文知識，関連する業法の条文知識，契約用語の知識

　「求めるスキルセット」を細かく具体化することは，一見，面倒な作業のようにも見えるが，求めるスキルセットを具体化することで，スキルマッチする人材の母集団形成が容易になる側面もある。例えば，“法務経験○年以上”という抽象的な切り口では，選考対象外だった人材が，具体的なスキルセットに目を向けたときに，スキルマッチしている可能性は十分にある。

　また，現時点で欠けているスキルセットがあった場合でも，それが，入社後に早期にキャッチアップできる類のスキルセット（業務手順に関するノウハウ，簡単なナレッジ等）であれば，その点は重視せずに採用を進める選択肢も出てくる。

　これまでは，法務職の採用においては，「経験がある業務＝適切に遂行できる業務」という大前提の下，経験重視・経験年数重視の選考が行われてきた。法

務職の専門性の高さ，業務の幅の広さなどから，その遂行に必要なスキルセットを特定することに困難があったからだ。

　しかし，法務職においては，平準的な業務手法が確立されておらず，各社・各人バラバラの手法で業務を遂行しているのが実態である。そのため，前職で「経験がある」ことは，自社で業務を適切に遂行できることを全く担保しない。応募者の経験の豊富さに惹かれて採用したものの，いざ業務を行わせてみたら，自社が求めるレベルに達しておらず，当該採用者の活用に行き詰まるというケースも少なくない。誤解をおそれずにいうと，応募者が前職で適切なアウトプットを出していたことの確認がとれない限り，「経験がある」というのは，自己申告にすぎない。そのため，法務職の採用において，業務経験の有無，経験の長さに過度に依拠した選考を行うことには大きなリスクを伴う。

　こうした背景もあり，近年，応募者に対し，自社の契約書審査・法務相談等に関連した事前課題や筆記試験・口頭試問・面接官とのディスカッション等を課し，アウトプットを確認する企業が増えている。

　とはいえ，依然として，経験重視・経験年数重視の選考を行う企業が多数派を占めているのが実情である。逆にいうと，こうした従来型の選考手法により，採用に至らなかった有能な人材も相当数いるということだ。

　上述のように，多くの場合，１人目法務の採用には大きな困難が伴う。隠れた有能人材を取りこぼさないためにも，過度に経験の有無・長さに依拠せず，応募者の備えるスキルセットに着目した選考手法が有効となる。

⑵　「カルチャーマッチ」，「業務適性」，「１人目法務適性」の重要性

　ここまで，スキルセットに着目して，法務人材の採用手法について述べてきたが，当然ながら，スキルセットだけを見ていても，適切な人材の採用はできない。

　応募者の人物特性が，会社のカルチャーにマッチするかという観点もあるし，任せる業務に適性があるかという観点も必要である。さらに，“１人目法務”という独特なポジションにストレスを感じることなく仕事ができるかという観点も重要となる。

ア　カルチャーマッチ

　どの企業においても，自社のカルチャーにマッチした人材を採用したいというニーズは小さくない。カルチャーマッチの度合いは，「入社後の良好な人間関係構築」に影響を与え，引いては短期離職リスクの大小を左右するためだ。そのため，選考段階で自社のカルチャーにマッチする人材かどうかを見極めることには，やはり一定の意義がある。

　もっとも，カルチャーマッチしつつ，後述する「業務適性」，「1人目法務適性」も備えた人材を採用するのは，大きな困難を伴う。多くの場合，会社のカルチャーは，社内で一番人数が多い部門（主に事業部門）に属するメンバーのカラーに強い影響を受けるためだ。例えば，営業の業務適性が高いメンバーにより醸成されたカルチャーにマッチしつつ，法務の業務適性をも兼ね備えた人材となると，対象が非常に限られてしまうのは想像に難くないところだろう。

　実際，法務職の採用時に，人事担当者が，いつもどおりカルチャーマッチを重視した選考を行った結果，ほとんどの応募者が一次面接で不採用となってしまう事例も少なからずある。また，晴れてカルチャーマッチした人材を採用したものの，法務の業務適性の欠如からパフォーマンスを発揮できず，最終的に事業部門に異動させたという事例もある。

　どのバランスでカルチャーマッチを求めるかは難しいテーマだが，事業部門との協働を重視したい場合には"カルチャーマッチ"を，事業部門とある程度距離を置いて超然と業務を進めてほしい場合には"業務適性"を重視するといったように，社内における法務部門（機能）の位置づけにより，バランスを調整するのがよいだろう。

　そうした点から，1人目法務の採用時にはカルチャーマッチをある程度重視したほうがよいと私は考えている。1人目法務の職務は，同じ部門内に同僚と呼べる存在がおらず，事業部門と良好な関係を構築できない場合に社内で孤立しがちなこと，同じ部門内に業務の相談をできる相手がおらず，事業部門の協力を仰ぎながら仕事を進める機会が多いことなどが理由として挙げられる。

　ぜひ，ご自身の会社の法務部門（機能）の位置づけ，入社後の仕事の進め方などを具体的に想像しながら，どこまでカルチャーマッチを求めるか，ご検討いただきたい。

イ　業務適性

　上述のように，選考時に，カルチャーマッチと並び，重視したいのが"業務適性"である。ここでいう業務適性とは，応募者の人物特性と担当させる業務とのマッチ度合いを指す。業務適性が高いと，人材は快適に業務を遂行でき，それが入社後のハイパフォーマンスにつながるという構図だ。

　この"業務適性"を見極める上でも，あらかじめ，職務を明確にし，任せる業務を具体化することが重要になる。ひとえに"法務業務"とはいっても，個別の業務により，さらにいうと各業務工程により必要となる適性が大きく異なるためだ。

　例えば，定型的な契約書審査業務（確立された審査ルール・前例に基づいて契約書審査を行う類型）においては，「責任感」，「慎重さ」といった人物特性がポジティブに作用する一方，事業部門担当者からの法務相談においては，「社交性」や「コミュニケーション」，「共感性」といった人物特性がポジティブに作用するといった具合だ。

　このように，採用する人材に任せたい業務から，当該業務の遂行に必要な人物特性を特定し，その上で，面接や適性検査等を通じて，それらの有無を見極めるのが，理想的な採用手法となる。

ウ　１人目法務適性

　通常の法務職の採用においては，カルチャーマッチと業務適性を見極めれば事足りるが，こと１人目法務の採用においては，"１人目法務としての適性"にも目を向けなければならない。１人目法務は，以下のような特殊な環境下で仕事を進めなければならないからだ。

・同僚と呼べる気安い存在が社内にいない
・自分と同程度以上の専門性を備える人間が社内にいない
・ルールが整備されておらず，むしろ，一からルールを作ることが求められる
・業務上の責任と裁量が大きい

　こうした環境下では，自分の殻に閉じこもりがちな方，教え導いてほしいというスタンスが強い方，前例や社内ルールがないことに居心地の悪さを感じる方，重い決断を嫌がりみんなで話し合って物事を進めたい方などは，強いストレスを感じるおそれがある。

　ある程度のところまでは，カルチャーマッチと業務適性の観察でうまくフィルタリングできると思うが，このような"1人目法務としての適性"という観点でも，ぜひ，応募者を見極めていただきたい。

⑶　1人目法務をどのように定着させるか

　晴れて1人目法務の採用に成功した後に課題となるのが，人材の定着である。残念ながら，やっとの思いで1人目法務を採用したにもかかわらず，入社後1～2年ほどで離職されてしまうケースは実は少なくない。実際に，1人目法務を短期離職した方々の転職相談に幾度も乗ったことがあるが，転職理由として，「組織構成上の孤立」や「精神的な孤立」に言及する方が非常に多い。

　1人目法務の定着のためには，この，"1人目法務の孤立問題"を解決する必要がある。

ア　精神的孤立を防ぐ

　多くの企業で，1人目法務の直属の上長となるのは，管理部門担当役員だが，基本的に多忙で，入社後のケアにまで手が回らないことが多い。その結果，気軽に質問ができる相手が身近におらず，精神的な孤立を招きやすくなる。

　1人目法務の孤立を予防するために，できれば同世代で，人当たりがよく面倒見のよい事業部門担当者を，法務部門との窓口として当面固定し，事業内容やサービス・商品等につき，気軽に聞ける環境を用意することが有効となる。

　また，それとは別に，相談内容ごとの社内相談先を教えてくれる"社内コンシェルジェ"のような存在を1人目法務のために設け，社内相談へのハードルを下げる取組みができると，より好ましい。

イ　業務上の孤立を防ぐ

　1人目法務というポジションに対しては，「専門的事項を教えてもらえる環

境，相談できる環境の不足」を懸念点として挙げる方が非常に多い。それだけ，責任を伴うリーガル領域の判断を単独で行うことへのプレッシャーが大きいということだろう。

　一方で，実際のところ，高度に法的な事項は［顧問弁護士］，低から中程度に法的な事項は［管轄官庁］，ビジネス的な事項は［事業部門担当者］と，内容ごとに相談事項を振り分けていくと，「自らと属性を同じくする法務担当者に相談しなければならない」事項は，実はそれほど多くはない。

　その意味で，①大まかな項目ごとに社内外の相談先を事前に整理して示してあげること，②費用面を気にして利用を躊躇しがちな顧問弁護士の利用ルールを明確にしてあげることが重要である。

　なお，多くの企業が苦戦する1人目法務の採用において，求めるスキルセットすべてを充足した人材を採用できる可能性は正直高くない。必然的に，スキルセットの不足により1人では対応できない業務も出てくる。そのため，1人目法務の入社後は，顧問弁護士等の外部専門家のサポートをいかに組み込むかも重要なテーマとなる。場合によっては，相当量の業務を外注するケース，単なる業務の外注の域を超えて教育・育成面でのサポートまでも依頼するケースもあるだろう。採用した人材の備えるスキルセットに応じた適切なサポート体制を構築することが，1人目法務の業務上の孤立を予防する上で有効となる。

⑷　終わりに

　いかがだっただろうか。ここまで，私自身の法務エージェント経験と法務経験をもとに，「1人目法務の採用と定着」をテーマに述べた。さまざまな困難を伴う1人目法務の採用だが，

- 社会人未経験の法科大学院修了生が，上場準備から東証一部への昇格まで法務部門の中心として活躍した事例
- 熱意ある若手弁護士が短期間に社内に立派な法務体制を構築し，上場を果たした事例
- 採用時に他の社員との年齢差が懸念された法務経験者が，周囲に溶け込み，その知見を存分に発揮し貢献した事例

など，素晴らしい成功事例も枚挙にいとまがない。

　1人目法務の採用と定着により，会社の成長ステージが一段・二段と加速度的に上がるのは間違いない。本稿がその一助となれば，この上ない喜びである。

IV−3 ▎法務受託による外部リソースの活用

薬師神豪祐

> 本稿は，2018年6月から「法務のアウトソーシングを法律事務所が引き
> 受ける業務」（以下「法務受託」という）を開始し，現在までに多くの企業
> にこの業務を提供している筆者が，法務のアウトソーシングの事例につい
> て解説する。

1　法務受託の導入

　雇用契約の社員とは異なる法務受託の特徴として，①社内の業務量に応じて
費用（稼働時間）を調整できること，②複数名が担当すること（クオリティと
スピードを担保するため「主担当」と「サポート」の2名の弁護士が担当する
ことが望ましい），③契約を任意に解約できることの3点が挙げられる。これら
の点を除き法務受託とインハウス弁護士の実態は同じである（法務受託は雇用
契約の場合に必要となる諸経費がかからず手続コストも少なくなるといったメ
リットもある）。

　コロナ禍によりテレワークも浸透し，いわゆる「自営型テレワーク」（厚生労
働省の公表する「自営型テレワークの適正な実施のためのガイドライン」では，
「注文者から委託を受け，情報通信機器を活用して主として自宅又は自宅に準じ
た自ら選択した場所において，成果物の作成又は役務の提供を行う就労」と定
義されている）の採用を進める企業も増えているが，法務受託もまた「自営型
テレワーク」の亜種として今後より広く受け入れられると予想される。実際に，
副業解禁やリモートワーク促進により会社内外の境界が相対化されつつある企
業においては法務受託の導入もスムーズに進んでいる。

　法務受託は雇用契約の法務部員と同様の役割を担う必要がある。そのため，
業務委託契約を締結する際に通常の採用面接と同様の過程を経ることが望まし

い。面接過程では，カルチャーフィット，プロダクト理解，業界理解などが求められることになる。これは外部弁護士との大きな違いであり，法務受託のクオリティを維持するための必須の過程となる。

　法務受託開始後も，法務部のメンバーとして実務を行っていく。日々の手元の仕事をするだけではなく，社内の情報収集や人間関係構築を行う必要がある。現状のビジネスモデル，ステークホルダー，業務フロー，レポートライン，決裁フロー，コミュニケーションの態様などを把握し，自分の役割を果たしていくことになる（場合によっては体制の刷新に関する具体的な提案を期待されることもあるため，役割に応じた情報収集をすることが必要となる）。会社側は新入社員として扱い，弁護士側は他の社員と同様に勤務を行うことになる。この過程で弁護士は，自分がどのような役割を期待されているかを理解していく。

　これまでの経験からみるに，インハウス経験がある弁護士は，ある程度の相場感があるため，企業の文化に適応することができる印象を受ける。他方で，会社員としての勤務経験がない弁護士が主担当となる場合，（リモート環境による影響もあると思われるが）会社内でうまく価値提供をすることが難しい場合も多い。そのような場合に，インハウス経験のある弁護士が事前に以下のような準備を行うようにしている。このような共同作業ができることも法務受託のメリットといえる。

　ア　まずは，導入時の担当者決定の段階で，企業との相性をみて担当者を決めることが重要になる。業法の理解や業界知識（例えば日々の打ち合わせの際に他社事例との比較が持ち出される場合は少なくなく，そうした場合に他社サービスを知っているか，利用したことがあるかという点などはアウトプットに影響する）はもちろんであるが，会社や提供サービスに対して情熱が持てるかといった素朴な点が重要になる。

　イ　次に，法務のミッションについて簡単に担当弁護士間で認識合わせを行うようにしている。法務のミッションは当然「ビジネスを進める」ことにある。具体的には，「売上を増加させる」「コストを下げる」「ビジネスの提供価値を拡大する」といった企業活動における根源的ミッションの実現を支援することになる。自分の各行動がどの部分に寄与するか，足を引っ張っていないかなどを考えながら日々の仕事をしていくことになる。特に作業のスピード感

については，通常の法律事務所とは大きく異なる（基本的に即日にレスポンスをする必要がある）ため，この点については事前に共有する必要がある。マインドセットの部分になるが，「リスクを指摘するのではなく，チームの一員としてリスクテイクを支援するのが任務」という認識を持つのも重要である。外部弁護士の場合，その任務は，多くの場合リスクの指摘にとどまらざるをえず，また，自分のアウトプットがその後どのように利用され，実際にどのようなビジネスとなったかを知らされないこともほとんどである。他方で，法務受託では，洗い出されたリスクを前提に，どのようなリスクテイクをして，どのようなアウトプットにしていくかを一緒に考えていくことになる。特にリモート環境下ではこのようなマインドセットを持ちづらくなるため，実際の業務の中で「事業を前に進める動き」ができているかについて，内部で検討する機会を設けるようにしている。

ウ　また，「集めるべき社内情報」について整理を行っている。法務のアウトプットにおいて，法的知識は当然に必要となるが，これは前提知識にすぎず，会社特有の事情（ヒストリー）を知らないと適切なアウトプットを出すことはできない。具体的には，「これまで会社のどこに問題があったか」「監督官庁との関係はどうか」「会社のビジョンやバリューはどの部分を大切にしているか」「どの部分のリスクであればとれるか」「この分野の話は社内の誰に確認をとるべきか」といった情報である。これらの事情を踏まえずに適切なアウトプットを提供することはできない（この意味では法務のノウハウは属人化せざるをえない。会社側としても，どれだけ優秀な弁護士を迎え入れようと，ヒストリー理解についてはゼロから蓄積する必要がある。お互いにとって関係特殊的な投資となるため，長期的に関与する覚悟をもってチームに参画し，迎え入れる必要がある。社員の離職に伴って法務ノウハウが失われる事例は多いが，チームで参画するため多くの場合その心配がないことも法務受託のメリットといえるかもしれない）。

エ　この他，業務を進める際に，サポート弁護士が行うアシストには次のようなものがある。まずは，ひな型，ガイドライン，過去事例の検討結果をすばやく共有することが挙げられる（主担当弁護士から相談を受けてから探すのではなく，サポート弁護士が自ら依頼事項を確認し，使えそうなひな型等があれば速やかに主担当弁護士に連絡することをルールとすべきであろう）。この他，レビュー前に契約・プロジェクトの獲得目標について事業部門側への確認を促すことも多い。どのような数字を作ろうとしているかによってレビュー内容が変わることも少なくない。また，案件に応じてどの程度の時間をかけるべきかについてもすり合わせが必要となる（かけるべき時間につい

ては，他の法務部員がいる場合には周囲を見渡しておくことも参考になる）。この他，法務側が興味を示さないと事業部門側が自ら共有してくれないことの多い情報について，早期に興味を示し続けておくようにサポートすることもある。とはいえ，とりとめなくなんでも聞くとなるといたずらに工数が増加してしまうため，メリハリをつけて必要な情報をもらうことが重要になる。

2　法務受託のプラクティス

(1)　導入企業

これまで法務受託を提供してきた企業の多くは，社員数30人から50人程度のスタートアップまたはベンチャー企業である。特にスタートアップは柔軟に事業を立ち上げたり畳んだりする可能性も大きいため，正社員とは異なり，会社に存在する仕事のボリュームに応じて費用を柔軟に変動させることができる点は大きなメリットとなる。また，場合によっては大多数の正社員よりも社歴が長い存在になることもあるため，業務範囲が法務から広がるケースも多い。

この他，上場企業や従業員数4,000人程度の企業も担当しているが，この場合，法務に一定の人員がすでにいるため，特定の事業部門，子会社など対象を限定して受託している（法務のマネジメントの役割を担いながら法務から離れた領域で価値提供する弁護士もいる）。

典型例は，ほとんどゼロから法務を立ち上げるパターン（法務部長として採用を担うこともある）と，2人目の法務（または法務部長の相棒）として既存の担当者と連携して業務を行うパターンにまとめられる。

(2)　報酬設計

法務受託のクオリティ確保に不可欠な弁護士側のノウハウとして「必要稼働時間の見積力」が挙げられる。このノウハウを前提として，「事業部門数」「従業員数」「今後の事業計画」などの基本情報をヒアリングし，月にどの程度の作業時間がかかるか（かけるべきか）について協議やコンサルティングを行った

上，月ごとの稼働時間を設定するのが望ましい（稼働時間が上振れする場合にはタイムチャージ制で対応することが通常であろう）。

　具体的な報酬額は，（設定稼働時間や設定された役割にもよるものの）一定の経験ある弁護士を正社員採用する場合には少なくとも月100万円を超える費用がかかるのが通常だといえそうだが，これよりは非常に安価であり，費用の面で法務受託のメリットが大きいといえそうだ。

　また，稼働時間の計上においても一定のルールを設ける必要がある。さまざまな試行錯誤をしたが，原則として「法務依頼に対応して手を動かしている時間」のみをタイムシートに載せるのがよさそうだ。例えば，会社の事業・カルチャー・ヒストリー理解のために最初の１カ月程度は出社してメンバーとして過ごすようにすることもあるが，出社のための移動時間等は稼働時間に含めない。また，サポート弁護士が主担当弁護士にひな型などを共有する時間も当然稼働時間には含めない。このような対応が現実的な報酬設計といえそうだ。

⑶　タイムシート

　タイムシートをスプレッドシートに常時記入している点も通常の正社員とは異なる点であろう。タイムシートには原則として「案件名」「事業部門側担当者」「担当弁護士」「日付」「稼働時間（分）」あたりを記載することになる（「案件名」には，契約書のタイトルや相手方企業などを記録することになる）。依頼が来たらすぐにまずスプレッドシートに記入を行い，作業を行う日付を入れておくことが勧められる。これは請求書を完成させるために必須の作業であると同時に，依頼を見落とさないようにする作業でもある。弁護士は，担当する各社のスプレッドシートを見ながら自分の残タスクを確認することとなる。

　原則として２人の弁護士が担当につくことが望ましい。片方が「主担当」で事業部門への原則的な窓口となる。片方は「サポート」を行う。サポートのタイミングは，作業量が多い案件やダブルチェックが必要な案件を行う場合，主担当の即レスが難しい場合などが典型的である。これらの場合，サポート弁護士は，スプレッドシートへの入力を自ら行い（「担当弁護士」には自分の名前を記入），作業を行い，事業部門と直接やりとりを行うことになる。

⑷　コミュニケーション

　日常のコミュニケーションは，当然ながらそれぞれの会社のルールに則って行う。チャットツールでの常時接続を行う企業がほとんどであるのでこれを前提に紹介する。

　法務依頼はSlack等のリーガル専用チャンネルで行われることが多い。また，法務としては，法務依頼以外のビジネス上のやりとりについても目を通しておくことになる（このようなSlack等閲覧は報酬の対象となる稼働時間に含まれない）。なお，Slack等に常時接続されてはいるが，電話やビデオ通話とは異なりあくまでも非同期コミュニケーションとして認識し，相手を気遣うことや，速やかな回答が必要な場合には期限を共有するなどの工夫も重要になる。

　また，法務依頼については，メールの利用も推奨している。Slack等はフローのツールなので後から情報を検索することには向いていない。後述のとおりメールは，件名のガイドライン整備さえ適切にできていれば，Slack等よりも圧倒的に後から振り返った検索を行いやすい。過去案件で事業部門側と交わされた会話や，添付された契約書を簡単に閲覧できる。メールを用いるだけで，自動で法務依頼の貴重なアーカイブが構築されることになる。

　この他，適宜，電話，Zoom等や対面での同期コミュニケーションを行いながら日々の業務を行っていく。

　法務依頼は当日に必ず回答を返すことを原則とすべきであろう。翌営業日以降になるのであれば，メールを確認した段階ですぐに「遅くとも明日の午前にはお戻しします」といった返答を行う。これを行うためには，前述の「必要稼働時間の見積り力」が必須となる。

　担当弁護士2名で相談を行いながら，コミュニケーションについても改善を繰り返すことになる（例えば，契約書レビューにおいて，事業部門側の作業が増えないようにするために，必ず契約の相手方当事者にそのまま送ることのできるコメントを添えるなどのルールを担当弁護士内で設けることもある。この他，法務回答が事業部門側担当者の前提知識に合わせた解像度になっているかについて相談することもある）。

⑤　法務依頼フロー整備

　法務依頼のガイドライン整備は，対応スピードを含むクオリティ確保に不可欠である。そもそもどのような場合に法務チェックが必要か。今回依頼する契約書を作るためには法務にどのような情報を渡す必要があるか。事業部門側からみると，そういったことは通常これまでに生きてきた過程で学ぶものではないため，法務の側が依頼ひな型や依頼ルートを用意する必要がある。手戻りを少なくすることは，コストやお互いのストレスを減らす役割を果たす。

　原則としてすべての契約書，発注書をレビューすることが求められること，新規事業をする際には早い段階で法務に声をかけるほうが結果として法務の工数が少なくて済むことなどを事業部門に理解してもらうことが重要になる。また，典型的な契約書については，「依頼時に共有すべき情報」を簡単なガイドラインとして渡しておくことも重要になる（これは「契約相手」「契約期間」「取引内容」といった基本情報のリストになる。たとえばNDAであれば情報開示当事者，渡す情報の中身などになる。契約類型や作業内容に合わせた必須情報を設定しておくことになる）。また，作業類型ごとに「標準対応期間」を掲げている。原則として即日回答を行うが，作業類型によってはどうしても時間がかかるものもある。「標準対応期間」の設定は，法務の事業部門に対する期待値コントロールだけでなく，事業部門側の取引先コントロールのためにも必須である（急ぎの対応を要する場合には，その理由とともに対応期日を設定してもらうことにしている）。

　この他，メールを用いた法務依頼については「件名」「事業部門名」「日付」「作業内容（契約書レビュー，契約書作成，リサーチなど）」をタイトルに入れるルールを設けている。これにより検索をかけやすくなりメール履歴は有用なアーカイブとなる。

⑥　バックオフィステック

　DXと呼べるほどの跳躍はないにせよSaaS導入による業務のデジタル化にキャッチアップすることは必須となりそうだ。コストを減らし，作業者のストレスを減らすことに貢献するサービスは多く登場している。人事労務や経理等

に関わる一部のサービスは間違いなく欠かせないものになっており，法務についても今後は同様にクオリティが高まるはずである。

　法務受託において弁護士はバックオフィステックをさまざまな企業に導入する経験を積むことができ，また，今後は，そのようなノウハウを得た弁護士が求められることになりそうだ。

　バックオフィステックは一定の専門性を要する領域ではあるが，法務受託とセットで提供されればより本質的なバックオフィスサポートとなりうる。

索　引

【執筆者紹介】

第1部

柴山吉報（しばやま・きっぽう）

弁護士・機械学習エンジニア。阿部・井窪・片山法律事務所所属。
AIの開発を行うベンチャー企業に参画し，法務組織の立上げ・ガバナンス体制構築・著作権法改正を踏まえた新規サービス立案等を行った経験を有する。
主要著作に『経験者が語る　Q&A電子契約導入・運用実務のすべて』（共著・中央経済社，2021年），『Q&A　AIの法務と倫理』（共著・中央経済社，2021年），『第4次産業革命と法律実務－クラウド・IoT・ビッグデータ・AIに関する論点と保護対策－』（共著・民事法研究会，2019年），「カメラ画像等の利活用時における企業の対応事項」（ビジネス法務2021年9月号），NewsPicksの連載「AI/DXと社会」等。

官澤康平（かんざわ・こうへい）

弁護士。法律事務所ZeLo・外国法共同事業所属。
2014年長島・大野・常松法律事務所入所後，2019年法律事務所ZeLoに参画。ルールメイキングやM&A業務を行っていることに加え，ジェネラル・コーポレート分野の業務として，上場企業やベンチャー企業に対する定期的な訪問などを通じた法務オペレーション構築支援にも従事。
主要著作に「総会IT化を可能とするシステム・技術への理解」（ビジネス法務2020年12月号），「アウトソーシングの契約条項およびデータマネジメント等DX関連契約書における審査・交渉の着眼点」（共著・ビジネス法務2021年1月号），『ルールメイキングの戦略と実務』（共著・商事法務，2021年），『シェアリングエコノミーの法規制と実務』（共著・青林書院，2022年）など。

深津幸紀（ふかつ・こうき）

薬剤師，弁護士，ITストラテジスト。
株式会社ファストトラックイニシアティブ　キャピタリスト（主にヘルス・バイオテック）。製薬会社のエーザイ株式会社に入社し，社内弁護士としてM&A，事業開発，製造，株主総会関連等の業務に従事。途中，ICT部に異動し，データインテグリティー，セキュリティー，高速ネットワーク関連プロジェクトを主導。その後，大手外資系コンサルティングファームの一時的滞在を経て，2019年5月より株式会社ファストトラックイニシアティブに参画。

投資業務をメインにしつつも，地方シーズ創出支援，アドバイザー就任(ex. 札幌バイオビジネスアドバイザー)，ヘルスケア・ディープテック支援など，幅広くエコシステム形成に向けて活動。

堀切一成（ほりきり・かずなり）

株式会社キャンサースキャン　法務マネージャー
商社での営業，司法書士事務所勤務を経て法務パーソンに転身。JASDAQ上場ITベンチャーでの法務マネージャー，東証一部上場インターネット広告会社での法務マネージャー・経営企画，スマホゲーム開発会社での法務マネージャー・投資担当，MaaS スタートアップの法務ライブ配信プラットフォームの法務マネージャー兼財務経理に従事し，現在は予防医療におけるソーシャルマーケティングサービス提供会社の法務マネージャー。主な著作は「一人法務の心得：業務品質向上のための4つの能力」(ビジネス法務2019年10月号)，「一人法務・複数法務：立場別　人事評価の「しかた」・「されかた」」(ビジネス法務2020年9月号)，「一人法務がアウトソーシングする業務の見極め」(ビジネス法務2022年4月号)，「契約書業務における財務経理との連携」(ビジネス法務2022年8月号)，企業法務ナビ〈https://www.corporate-legal.jp/〉での「ゼロから始める企業法務」の執筆など。

高岸亘（たかぎし・わたる）

弁護士。阿部・井窪・片山法律事務所所属。
外資系大手製薬会社法務部，国内大手メーカー知財部への出向経験を有し，幅広い業務に従事するとともに，スタートアップ企業からのご相談も多く受けている。
主要著作に『経験者が語る　Q&A電子契約導入・運用実務のすべて』(共著・中央経済社，2021年)，『早わかり！　ポスト働き方改革の人事労務管理 現場の悩み・疑問を解決するQ&A125問』(共著・日本加除出版，2019年) 等。

桑名直樹（くわな・なおき）

弁護士。桑名綜合法律事務所代表。
都内法律事務所に弁護士として勤務後，ボストンコンサルティンググループにて経営コンサルティング業務に従事。その後参画したフリー株式会社では法務オペレーション構築・東証マザーズへの上場準備・新規事業開発等の幅広い業務を担当した。
主要著作に『経験者が語る　Q&A電子契約導入・運用実務のすべて』(共著・中央経済社，2021年)，「法的・ITリテラシーの差異に配慮したオペレーションの構築」(共著・ビジネス法務2021年5月号) 等がある。

第2部

飯田裕子（いいだ・ゆうこ）

LAPRAS 株式会社　法務部門責任者

中央大学法学部卒業後，SIer 営業，司法書士補助者，士業コンサルタントグループを経て現職。

現在は一人法務として契約審査から社内教育まで幅広く法務業務を行いつつ，働く環境作りや新入社員オンボーディング，PR 等バックオフィスを幅広く担当している。また，新卒時に希望した法務職に就けなかった経験から，法務を志す人に対してエールを送りたいという想いで，「法務のいいださん（@iidasame）」として note にて法務業務への想いや日常の気づきを継続的に投稿している。

岩塚知世（いわつか・ともよ）

企業法務部員。高校でコンピュータを学んだ後，2008年一橋大学商学部卒。新卒で外資系コンピューターメーカーに入社後，インターネット関連ビジネスを行うベンチャー企業やスタートアップ企業でビジネス，オペレーション構築を経験。2016年頃より当時所属していたスタートアップ企業にて法務にキャリアチェンジ。一人法務として，契約書法務，商事法務，資金調達サポートや社内規程整備など広範な法律業務を担当。法律知識は契約書を中心とした実務を通じて現在も習得中。現在は上場企業子会社の法務マネージャー。

橋詰卓司（はしづめ・たくじ）

弁護士ドットコム株式会社　政策企画室

明治大学法学部卒業後，電気通信業，人材サービス業，ウェブサービス業ベンチャー，スマホエンターテインメントサービス業でそれぞれ法務・知財の責任者を務める。2017年より現職にて電子契約の公共政策・リーガルデザインおよびマーケティングを担当。

『【改訂新版】良いウェブサービスを支える「利用規約」の作り方』（技術評論社，2019年），『新アプリ法務ハンドブック』（日本加除出版，2022年），『会社議事録・契約書・登記添付書面のデジタル作成実務 Q&A－電子署名・クラウドサインの活用法』（日本加除出版，2021年）ほか共著。

石渡真維 （いしわたり・まい）

ココネ株式会社取締役副社長，城山タワー法律事務所パートナー弁護士，カカオピッコマ株式会社社外取締役等を兼任。

2002年弁護士登録後，企業法務，一般民事案件などに取り組み，シンガポール大手法律事務所 Rajah&Tann ジャパンデスク勤務等を経て，2014年ココネ株式会社入社。2015年取締役 CLO に就任。ココネ株式会社では，CLO として IT 分野に特化した法務コンプライアンス案件を担当するほか，取締役として人事，総務，子会社管理など企業マネジメント全般に携わる。2023年2月副社長に就任。また，ココネ株式会社の子会社であるココネエデュケーション株式会社代表取締役としてインターナショナルモンテッソーリ幼児園の経営に携わるほか，カカオピッコマ株式会社社外取締役等も兼任。『トラブルを防ぐ！ビジネス法律力トレーニング』（TAC 出版，2009年）監修，『企業責任の法律実務』（共著・新日本法規出版）等。

草原敦夫 （くさはら・あつお）

READYFOR 株式会社執行役員 CLO，一般財団法人 READYFOR 財団代表理事，弁護士。

東京大学法学部・東京大学法科大学院卒業。2013年弁護士登録（第二東京弁護士会）。2014年より森・濱田松本法律事務所でコーポレート・ガバナンス，ベンチャーファイナンス，会社訴訟・非訟，M&A その他企業法務一般に従事。2018年 READYFOR 株式会社に参画。法務・コンプライアンス，リスクマネジメント，新規事業の企画・検討等を担当。

著作として「グループ会社管理の実務における諸論点(2)親会社取締役の子会社管理責任」（旬刊商事法務2158号，2018年），「【連載】展望2020年の企業法務　第1回スタートアップ法務の2020年のトレンド－ベンチャー・ファイナンスから法規制の動向まで－」（BUSINESS LAWYERS，2020年）等。

高野慎一 （たかの・しんいち）

1981年東北大学法学部卒業。同年リクルート入社。1984年 IPO および管理部門立上げのためコスモスイニシアに出向・転籍し JASDAQ 上場。1985年人事課長，1995年賃貸事業部長，2006年執行役員管理部門担当。日本初の事業再生 ADR を主導後退職し，2010年ぎょうせい入社。2011年執行役員管理本部長。2015年日本交通取締役管理部長に転じ，同時期にツクルバ社外取締役就任。2017年 Mobility Technologies 社コーポレート部長を兼務。同年日本交通常務取締役。2019年ツクルバ東証マザーズ上場。同年日本交通常務取締役を退任し独立。ベンチャーの経営者・メンバーのグレイヘア・コンサルタントとして活動する傍ら，2021年アサンテ（東証一部）監査役就任，ツクルバ社外取締役を退任し同社監査役に就任。

長澤斉 (ながさわ・ひとし)

ナイル株式会社　取締役　コーポレート本部本部長
1985年生まれ。中央大学法学部卒。2007年よりインターン生としてナイル株式会社に参画。デジタルマーケティング事業においてセールス業務に従事しつつ，管理本部の構築を担う。その後執行役員を経て，2010年，取締役に就任。コーポレート本部担当として法務・財務・会計・IRなどバックオフィス関連業務全般を幅広く管掌する。これまで事業側と管理側の幅広い業務をこなしてきたことにより，新規事業，新規サービスのスキーム構築，論点整理をし，一気通貫で実行，実装に導くことを得意とする。

内藤陽子 (ないとう・ようこ)

フリー株式会社　社外取締役監査等委員　公認会計士
慶應義塾大学商学部卒業。証券会社入社後公認会計士試験に合格し，新日本監査法人へ入所。主に証券会社や地銀など金融機関の会計監査業務に携わる。2018年，IPO準備中のフリー株式会社に参画，常勤監査役に就任。会社が監査等委員会設置会社へ移行したことに伴い，現在は社外取締役監査等委員。子会社であり，電子契約サービスを提供するフリーサイン株式会社および中小企業向け金融・財務サービスを手掛けるフリーファイナンスラボ株式会社の社外監査役を兼務している。

品川皓亮 (しながわ・こうすけ)

京都大学法学部，京都大学法科大学院を卒業後，弁護士としてTMI総合法律事務所に勤務。
2016年8月，女性のライフキャリア支援事業等に取り組むベンチャー企業，株式会社LiBに入社。現在に至るまで，自社の一人法務，人事責任者，ベンチャー企業への採用コンサルティング業務，ヘッドハンティング業務に従事。
『これから勉強する人のための日本一やさしい法律の教科書』（日本実業出版社，2011年），『読み方・使いこなし方のコツがわかる　日本一やさしい条文・判例の教科書』（日本実業出版社，2015年），『法学部，ロースクール，司法研修所で学ぶ法律知識──主要10法と法的思考のエッセンス』（ダイヤモンド社）など，ロングセラーとなる法律入門書の執筆も手がける。

齊藤源久 (さいとう・もとひさ)

株式会社パソナ　マーケティング統括部／法務領域担当
東京大学法学部・日本大学大学院法務研究科を卒業後，ITベンチャー企業にて法務責任者，事業統括マネージャーを担当。2014年より，法務特化型の人材サービス会社，株式会社More-Selectionsの専務取締役に就任。エージェントとして各社の法務職採

用の支援を行う傍ら，法務担当者約3,000名が登録する総合情報サイト「企業法務ナビ」の運営・管理を行う。その後，M&Aによる会社売却を機に，2021年9月からは，売却先である株式会社パソナのマーケティング統括部にて，主に法務領域のマーケティング業務を担当している。

藥師神豪祐（やくしじん・こうすけ）

法律事務所 fork　代表弁護士

1984年生まれ。東京大学経済学部卒業。東京大学法科大学院修了。合同会社DMM.comを含むDMMグループの法務を担当する合同会社DGホールディングスでの勤務等を経て，主に法務部門のアウトソーシングを引き受ける形で多数の企業にリーガルサービスを提供している。

実践 ゼロから法務！
～立ち上げから組織づくりまで～

2023年5月1日　第1版第1刷発行

編著者　平　成　亘　樹
　　　　報　紀　　　継
　　　　吉　康　幸　一
　　　　　　　　　　直
　　　　山　澤　津　切　岸　名
　　　　柴　官　深　堀　高　桑
　　　　　　　　　　本
発行者　山
発行所　㈱中央経済社
発売元　㈱中央経済グループ
　　　　パブリッシング

〒101-0051　東京都千代田区神田神保町1-31-2
電話　03（3293）3371（編集代表）
　　　03（3293）3381（営業代表）
https://www.chuokeizai.co.jp
印刷／昭和情報プロセス㈱
製本／㈲井上製本所

© 2023
Printed in Japan

＊頁の「欠落」や「順序違い」などがありましたらお取り替えいた
しますので発売元までご送付ください。（送料小社負担）

ISBN978-4-502-45451-6　C3032

JCOPY〈出版者著作権管理機構委託出版物〉本書を無断で複写複製（コピー）することは、
著作権法上の例外を除き，禁じられています。本書をコピーされる場合は事前に出版者
著作権管理機構（JCOPY）の許諾を受けてください。
JCOPY〈https://www.jcopy.or.jp　eメール：info@jcopy.or.jp〉